金社课［2020］YB2020137 号

中国五金行业的转型发展

以脉链集团为例

陈子侠　徐伟强　胡　栋　胡璀璀　著

中国财富出版社有限公司

图书在版编目（CIP）数据

中国五金行业的转型发展：以脉链集团为例 / 陈子侠等著．—北京：中国财富出版社有限公司，2021.7

ISBN 978－7－5047－7321－0

Ⅰ．①中…　Ⅱ．①陈…　Ⅲ．①五金制品—制造工业—工业发展—中国　Ⅳ．①F426.89

中国版本图书馆 CIP 数据核字（2020）第 263299 号

策划编辑　张　茜　李　丽　　**责任编辑**　邢有涛　于珊珊

责任印制　尚立业　　**责任校对**　孙丽丽　　**责任发行**　杨　江

出版发行	中国财富出版社有限公司		
社　址	北京市丰台区南四环西路 188 号 5 区 20 楼	**邮政编码**	100070
电　话	010－52227588 转 2098（发行部）		010－52227588 转 321（总编室）
	010－52227588 转 100（读者服务部）		010－52227588 转 305（质检部）
网　址	http：//www.cfpress.com.cn	**排　版**	宝蕾元
经　销	新华书店	**印　刷**	北京九州迅驰传媒文化有限公司
书　号	ISBN 978－7－5047－7321－0/F·3312		
开　本	710mm×1000mm　1/16	**版　次**	2021 年 7 月第 1 版
印　张	15.25	**印　次**	2021 年 7 月第 1 次印刷
字　数	274 千字	**定　价**	68.00 元

前　言

五金制品是关系到消费者日常生活的重要产品，与百姓的衣食住行密不可分。改革开放40多年来，五金制品的产品类别从原来的3大类逐步增加至现在的11大类。传统五金制品融入了新兴元素，五金行业规模从小到大、由弱转强，特别是大数据、云计算、区块链、物联网等新一代信息技术的应用，给五金行业带来了生产、流通、服务领域全方位、全渠道的转型升级。

来自中国五金制品协会的统计数据显示，2018年全年，中国五金行业销售额约1.5万亿元人民币，全行业进出口额1280.20亿美元，五金制品出口200多个国家和地区，规模及以上企业数量已达50000多家。根据海关统计数据显示，2019年1—6月，中国五金制品行业累计完成进出口额694.72亿美元，同比增长8.34%。其中：累计完成出口额569.53亿美元，累计完成进口额125.19亿美元。另据国家统计局数据显示，2019年中国五金市场数量67个，五金市场摊位数42748个，五金市场营业面积436.3万平方米，国内五金市场成交额958.1亿元人民币（其中五金零售市场成交额为56.5亿元人民币，五金批发市场成交额为901.6亿元人民币）。

实际上，中国五金行业的发展历程迂回曲折，从国内五金制品的生产制造和销售，到国外五金品牌的贴牌（OEM：Original Equipment Manufacturer）加工，借助OEM提炼内功，提升国内五金制品的设计制造水平、提升五金企业管理能力和客户服务水平，再到国产自主五金品牌的开发研制与国内市场化运营，最后通过云平台实现五金制品的全球实体资源与服务共享，实现“买全球、卖全球”！

本书基于对“田忌赛马”博弈论、比较优势理论、产业内贸易理论等进行分析，通过对国内五金行业转型升级迭代进行梳理，找到一条满足中国五金行业发展需求、符合五金市场差异化发展的国内五金行业发展特色之路。为了展示我国五金行业实施跨境贸易建设的光辉历程，本书以国内五金行业跨境贸易建设的积极践行者、中国五金行业走向海外市场的先驱之一——脉链集团为经典案例，通过对统计数据的收集、分析求证与推断，深入剖析脉链集团从事跨境贸易建设、实现全球五金制品资源配置的艰辛创业创新历程，着重分析脉链集团在不同发展阶段、不同跨境贸易建设国家、不同五金制品专业等级等多个维度视角下，对五金企业转型升级和对市场战略决策的影响。

脉链集团是改革开放的受益者和五金行业发展中的佼佼者。集团创立不久，其五金工具就成功打入中东、南美、东南亚、北美市场。脉链集团是我国五金行业从事跨境贸易建设的积极践行者，是我国五金行业走向海外市场的先驱。因为脉链人知道，只有站在祖国巨人的肩膀上，才能站在现在看未来，才能真正融入跨境贸易建设的大潮，为企业发展贡献力量。脉链集团从一个小型企业转型升级成为国内五金行业的引领者，这些年，脉链人辛勤创业、孜孜创新，不断突破原有发展瓶颈，舍弃旧我，成就新我。那么，从五金工具的制造出口，到转型云平台开展综合服务，脉链集团是如何书写其成功传奇、引领中国五金行业驰骋于跨境贸易建设市场的呢？

这正是《中国五金行业的转型发展——以脉链集团为例》一书撰写的意义所在！也是本书撰写初衷的由来！本书通过对中国五金行业的发展现状、跨境贸易环境、脉链集团发展历程的深入剖析，诠释了中国五金行业在积极从事跨境贸易建设的过程中，特别是脉链集团在多年的发展历程中，如何应用经济管理理论，实现国内五金制品跨境贸易建设的市场运营、实现五金制品资源的全球配置布局。

全书共分7章，第1章是概述，简述了中国五金行业发展概况和竞争环境分析及中国五金企业内部环境分析、中国五金行业开展跨境贸易建设的路径与策略；第2章是国内外五金行业发展调研分析，包括国外五金行业发展概况、国内五金行业市场调研分析、2021—2025年中国五金行业发展趋势预测、中国五金工具行业发展的数据分析等；第3章是中国五金行业跨境贸易建设研究，包括中国五金行业跨境贸易建设发展现状分析、比较优势理论和产业内贸易理论支撑跨境贸易分析、中俄跨境电商贸易的发展模式研究、跨境贸易视域下海外仓选址决策分析、中国民营五金企业融入跨境贸易建设策略研究等；第4章着重对“田忌赛马”博弈论与五金市场最优策略分析进行阐述，包括“田忌赛马”博弈论对企业战略决策的影响、五金市场“田忌赛马”博弈论应用最优策略分析等；第5章通过脉链集团30多年发展分析研究，对集团进行综合介绍，阐述了脉链集团的主营业务和脉链集团各发展阶段面临的主要挑战等；第6章是脉链集团跨境贸易建设发展轨迹研究，内容包括脉链集团跨境贸易建设发展轨迹探析、“田忌赛马”博弈论在脉链集团30多年发展中的具体实践、“脉链云”平台对五金行业的资源整合与分享；第7章是脉链集团“三大创新”赋能跨境贸易建设，讲述“脉链云”“买全球、卖全球”策略分析，脉链集团管理创新、技术创新、服务创新赋能跨境贸易建设等。

本书与同类书相比，主要有两方面的创新。一方面，本书重点阐述中国五金行业如何走出国门，积极从事跨境贸易建设；另一方面，本书基于“田忌赛马”博弈论、比较优势理论、产业内贸易理论等，分析脉链集团在不同发展阶段、不同跨境贸易建设国家、不同五金制品专业等级等多个维度视角下，对五金企业转型升级和对市场战略决策的影响。

本书案例可以作为省级高校机械类、经管类教学实用案例。浙江省是中国五金行业大省，拥有中国科技五金城（浙江永康）、中国五金制品产业基地（浙江余姚）、中国工具产业基地（浙江金华）、中国厨卫配件产业基地（浙江奉化江口）、中国建筑五金产业基地（浙江遂昌）等五金产业基地，脉链集团经营案例还可以为上述产业基地的五金企业提供转型升级的学习经验。因为脉链集团的成功，为我国五金行业未来的发展提供了全新的理念、思路和路径。

本书能顺利出版，要感谢浙江大学的楼程富教授，浙江工商大学的施寒潇博士，上海脉链集团的徐伟强董事长、胡栋总监、胡璀璀部长，金华脉链周丽琴副总监、全勇骅副总监，以及浙江广厦建设职业技术大学的奚建华教授、沈兵虎教授、周鸣阳教授、路永华副教授、祝捍敏副教授等，他们对本书的撰写给予了热情指导与大力支持；感谢金华市哲学社会科学2020年度课题对本书出版的支持；感谢浙江广厦建设职业技术大学对本书出版经费的资助。

由于作者水平有限，成书时间仓促，书中难免会出现不当之处，敬请各位读者提出批评意见，我们将于再版时更正完善，谢谢。

陈子侠
2021年7月于浙江广厦建设职业技术大学

目　录

1　概述

1.1　中国五金行业发展概况和竞争环境分析及中国五金企业内部环境分析

1.1.1　中国五金行业发展概况

五金，古时泛指五种金属。五金一词最早出现于《吴越春秋 阖闾内传第四》："臣闻越王元常使欧冶子造剑五枚……五金之英，太阳之精。"《现代汉语词典》中五金指金、银、铜、铁、锡，泛指金属或金属制品。

据中国五金制品协会行业报告显示，"五金"一词统称五金制品，共包含11大类，包括工具五金、建筑五金、日用五金、烹饪炊具及铝制品、锁具、拉链、燃气用具、吸油烟机、不锈钢制餐具、卫浴产品、厨房设备。五金制品的产品特点分析如表1-1所示。

据中国五金制品协会理事会报告显示，中国五金制品数量大、品种繁杂，行业内中、小型集体所有制五金企业居多，企业分布范围广，一度出现部分五金企业基础差、技术力量薄弱的现象。改革开放40多年来，中国五金企业实力大幅增强，据不完全统计，2018年全年，中国五金制品整体销售额约1.5万亿元人民币，全行业进出口金额1280.20亿美元，五金制品出口200多个国家和地区，规模及以上企业数量已达50000多家，资产规模超亿元的企业从1988年的三环、张小泉、固力、长城精工、文登威力等14家企业，迅猛上升到现在的100多家。中国整个轻工业的出口额约占全国出口总额的25%，五金行业的出口额排在中国轻工业出口额的前三位。中国的五金制品几乎遍布世界的每一个角落，中国正在成为名副其实的五金行业大国。随着市场的发展和使用范围的扩大，五金制品的产品类别在不断地增加新品种，五金制品的产品类别从原来的3大类（日用五金、工具五金、建筑五金），增加至现在的11大类，众多新类别、新产品在改革开放后得以问世，大大丰富了五金制品的内涵。

表 1－1　　五金制品的产品特点分析

产品特点	产品特点分类	产品特点表现
需求特点	需求前置期短	客户普遍要求及时送货，须及时响应
	产品种类多	五金产品分 11 大类，包括工具五金、建筑五金、日用五金、烹饪炊具及铝制品、锁具、拉链、燃气用具、吸油烟机、不锈钢制餐具、卫浴产品、厨房设备
	需求不稳定、交易重复率低	个别产品只在某一时期，或生产某一产品时需要
	需求数量不等	产品的需求数量有一个或上千个、上万个
供应特点	现货采购居多	产品多为成品，现货采购
	国内外供应商数量多，竞争激烈	基于品类多样，不同的产品多来源于不同的供应商
产品的物流配送及售后特点	物流配送成本高，特别是跨境物流成本高	采购商一般要求即时配送，呈现少批量、多批次配送的特点
	售后维修、培训等服务成本高	专业性强，维护保养周期长

1.1.2　中国五金行业竞争环境分析

20 世纪 90 年代以来，中国五金行业在国内一直保持着高速发展的态势，目前已成为全球五金价值链中重要的一环，随着中国经济法规的逐步健全，以及全球化的进程不断加快，具备现代管理体系、现代生产设施、先进技术设备和优秀环保措施的五金企业越来越多。另外，技术的不断创新和进步，以及信息通信技术的完善，给五金行业带来了新的特点，即资本运作比较活跃，带动企业间资源共享；企业的发展出现两极分化，带来了市场理性竞争；五金制品高科技含量增加，提升了五金制品的市场竞争力，五金行业的竞争愈演愈烈。

(1) 现有竞争者的分析

五金行业现有竞争者之间的竞争，目的在于为本企业争取有利的市场地位，有竞争力的销售价格。广告战、价格战、产品介绍和提升顾客及售后服务水平是竞争者之间常用的竞争手段。一方面，某种形式的竞争，如价格竞争，可能会对行业稳定发展具有较大的破坏性，有可能侵蚀行业的平均获利水平；另一方面，广告战扩大了行业总体需求或提高了产品的差异程度，此种竞争形式有利于行业内大部分企业良性发展。

此外，国内、国际范围内行业间的兼并随时都在发生。自 2006 年以来，国内品牌五金企业乐家五金收购了鹰牌卫浴，国际品牌五金企业日本伊奈五金收购了美标五金。兼并导致竞争加剧，企业忧患意识逐渐加强，最终落后的企业会被淘汰。国外五金企业进入国内市场也存在有利的影响，即国内企业能学习国外企业的先进技术和管理经验，促进五金行业综合实力整体提升。

(2) 潜在进入者的威胁分析

潜在进入者的威胁是指行业内现有企业的利润被新竞争者侵蚀的可能性，威胁程度取决于行业的进入壁垒，以及目前竞争者的反应速度。行业进入壁垒主要包括企业规模、产品差异化、资本要求、转换成本、分销渠道等。

目前，国内市场的潜在进入者主要是一些小型五金企业，这些企业一般是一些小作坊式的五金企业，其之所以会出现，主要是因为大品牌的五金制品价格相对昂贵。虽然对大品牌的仿制是部分小型企业的主营业务之一，但对高质量五金制品的需求是小型企业所不能满足的；另外，小型企业的服务体系还不够完整。所以，国内的潜在进入者对整个市场的威胁较为可控。

但是，国际市场会有较多潜在进入者将进军中国市场。国际产品的进入会稀释中国企业的市场份额，国际潜在进入者会加大国内市场对原材料的需求，导致五金企业生产成本增加。国际潜在进入者还有可能加快企业之间的兼并，行业资源慢慢地集中于大型企业，这样就会加大整个五金行业的竞争程度，同时整个行业的格局也会发生变化。

(3) 替代品的威胁分析

五金制品种类繁多，各类五金制品并不是孤立的，一些五金制品的转换使用也很常见。再加上各类五金企业逐渐重视技术在企业生存和发展中的重要作用，特别是对一些具有专业技术水平的企业管理者而言，通过技术创新开发新产品，用以替代原有的旧产品、老产品，对企业的发展至关重要，而每一种新产品的出现将会给行业内带来一定程度的冲击，形成替代品的威胁。

五金行业更新较快。从以前用铁、铝作为原材料，到现在采用铜、不锈钢、锌合金和钛合金等作为原材料，短短几年时间，产品就进行了升级。只要有新材料出现就会被快速地应用到产品生产中，进而挤占原有材料产品的市场份额。随着科技的进步，网络、物联网、智能化等新概念的出现，必然会影响五金行业的发展。不同的产品设计也会对现有产品产生替代，当出现一种新的设计后同样会对原有市场产生较大的冲击。譬如，从传统的木质门，到后来出现的卷闸门、防盗门、玻璃门等。市场上的替代品层出不穷，这就要求五金企业必须与时俱进，跟上市场和行业发展的步伐。

国外产品的引进也会替代国产产品，主要因为国外五金行业发展时间更长，其产品设计和产品质感从某种程度上更加迎合消费者的需求，尤其是欧式的产品设计更是深受消费者的青睐。这就要求国内五金企业要加强同国外企业的合作，提高本国五金企业的产品设计能力。同时，国内五金企业要深入挖掘我国优秀的传统文化，设计出古朴、典雅的产品，增强本国产品的竞争力。

虽然替代品的出现加剧了企业之间的竞争，加大了企业的危机感，但同时也会促进企业进步。企业要借机把握市场方向，增强自主创新能力，提升本企业的核心竞争力。

（4）消费者的议价能力分析

消费者通过反复议价，争取更高质量的产品或更好的服务，从而促使行业间的竞争者展开竞争，这种消费者的议价能力可能会侵蚀行业的获利空间。五金行业与群众的生活息息相关，因此面临着较大的消费者议价压力。

比如家庭装修，以往是消费者采购五金卫浴材料后，请装修工人帮忙安装，由于大部分个人消费者进行房屋装修的次数有限，消费者对市场上产品的价格和质量的了解并不充分，所以议价的能力较低。现在出现了房屋装修设计团队，为消费者提供一站式服务，消费者只需要选择设计产品和设计方案，这些设计团队就会根据其需要，帮助消费者完成产品的购买和整体房屋的设计。由于这些设计团队具有较高的专业水平，熟悉市场上产品的价格，所以往往能以较低的价格买到产品；另外，由于他们拥有稳定的客户群，一些五金企业不得不与他们合作，这些无疑都降低了产品的价格。

另外，一方面，现在建设的房屋大都是标准化设计，建筑公司会拥有较多的订单，这样就会吸引很多五金企业和这些建筑公司签合同，这些建筑公司的议价能力通常很强，产品价格也会得到有效控制。另一方面，五金建材市场产品琳琅满目，消费者选择余地大，可以通过货比三家来提高对产品的认知能力，从而能够在一定程度上降低产品的价格。

消费者的议价能力在不断提升，因而市场的竞争也在不断加强。这些因素会促使五金企业寻找替代性的原材料来降低产品价格，但是生产者还必须保证产品的质量、特性不能出现较大的区别，这就对生产者提出了更高的技术要求。

（5）供应商的议价能力分析

如果供应商提供的产品对下游行业生产具有很强的重要性，且对下游行业产品质量有明显影响，供应商可以通过提高产品价格或者降低产品服务质量来提高议价能力，实力强大的供应商可以挤压下游企业的利润空间，以致下游企业不能弥补投入的原材料成本。

由于国内五金市场潜力巨大，五金行业内的企业如雨后春笋般地出现，供应商在原材料提供上面临着多重选择，供应商不仅可以通过原材料的价格谈判来进行议价，还可以通过提高投入要素价格或者降低单位价值质量来影响企业的价格策略。五金行业所需要的原材料主要为钢、铁、铝等金属，这些原材料的供应商往往具备雄厚的资本、高度垄断的地位，所以具有较强的议价能力。对于生产设备的采购，由于大多数五金企业的生产设备来自进口且价格昂贵，企业分布较为分散，所以企业的议价能力处于弱势地位。

对于五金机器设备供应商的议价能力而言，此类供应商主要提供生产用的大型精密电脑控制压铸机床及精密数码机床，五金企业对这些设备的要求很高，这些设备的科技含量也很高，所以供应商的议价能力自然也很强，但是行业内的企业对这些设备的需求并不像对原材料的需求那样持续不断，因而对企业的影响不是很大。

1.1.3 中国五金企业内部环境分析

（1）中国五金企业利益相关者分析

中国五金企业利益相关者分析是系统地辨别能够对企业及其竞争对手施加重大影响的重要团体和个人。对利益相关者进行分析能够帮助企业管理人员分析利益相关者对企业及其竞争对手实施的具体行为，如他们的利益是什么，何时、如何对他们采取相应的措施，以及如何在关键利益相关者之间分配资源，从而使竞争成功的可能性最大化。利益相关者可以用价值链管理来进行分析，价值链管理涉及行业内所有参与企业生产和运营活动的供应商、消费者、社会团体、内部员工、企业管理者等群体，通过价值链管理来进行分析能够更好地提炼出对公司的生存和发展，以及帮助公司取得竞争优势起重要作用的群体或个人。

依据价值链管理分析模型，企业的基本活动包括采购和供应、运营和生产、产品输出和管理、市场营销和销售、售后服务和管理等，辅助活动包括技术开发、人财物管理、企业办公一体化、企业基础设施建设和维护等。

（2）中国五金企业组织能力分析

中国五金企业组织能力分析是将组织的职能与设计看作公司资源的一种集合。组织的职能是企业发展战略的基础，企业发展战略的制定要符合组织的结构，要基于组织的目标来确定，并对组织内外部资源进行分析。企业发展战略一旦确定，就必然要通过适当的组织结构来安排战略的执行。组织职能中存在着职责划分、资源分配、内部关系、组织文化方面的问题，这些问题导致企业发展战略的制定和实施将会面临较大的阻力。

（3）中国五金企业财务能力分析

通过分析企业的财务比率，可以衡量销售收入和费用之间的关系以及资产和负债之间的关系，对于广大消费者来说，企业的财务报告是获得企业信息的必要途径，通过对企业的财务能力进行分析，可以深入了解企业的财务决策和经营绩效。对一家企业的财务状况分析越深入，对该企业的产品和企业本身的了解就越透彻。

（4）中国五金企业技术能力分析

技术能力是一家企业取得核心竞争力的重要源泉，在对技术密集型行业的竞争优势进行分析的过程中，技术能力的创新成为企业生存和发展的重要推动力量。技术能力创新一旦成功，在需求方面，通过消费者购买新产品和新服务取得竞争优势；在供给方面，则获得竞争对手在一定时间内难以模仿的优势。技术能力创新能够为市场带来新的工艺和新的产品，这些来源于企业的资源和研发能力，五金企业在融资、生产、销售等方面都有相应的技术能力创新需求。

（5）中国五金企业人力资源分析

企业未来要取得成功，必须依靠人才，企业中所有的员工都要具有适当的技能，拥有正确的价值观和态度。企业必须持续发展、强化、加固这样的技能，价值观和态度，必须激励每个员工，使他们把精力集中到企业的目标和目的上来。在企业的可支配资源中，人力资源是最具能动性的，也是最具能量及爆发力。任何一家企业想要追求卓越，在市场竞争中保持优势，就必须重视人力资源的建设和管理。人类社会已经步入知识经济时代，在激烈的市场竞争中，人力资源是最主要的资源，市场的竞争更多地体现为人才的竞争。

（6）中国五金企业营销能力分析

企业的营销能力是企业盈利的根本保证。在营销时代，企业只有具备与该时代相匹配的营销能力，才能在激烈的市场竞争中获得竞争优势。

五金行业是一个传统行业，营销主要是通过经销商营销、专卖店营销、工程直销等传统的方式进行，通过渠道策略来获得一定的市场比例。随着物价的上涨、互联网技术的发展、消费者思维的改变，对网络销售渠道的使用与日俱增。渠道的选择，不仅关乎企业的利润，更关乎企业的市场占有率和销售规模。然而五金制品购买之后还需要安装、维修。对于大件的五金制品，网络销售渠道就显得非常不方便。因此，传统销售渠道的营销方式不能被完全更换掉，要在结合传统销售渠道营销手段的基础上加入新的元素。

国内五金企业必须将被动的专卖店营销和主动营销策略相结合，五金制品营销必须融入现代新兴元素，特别是在大数据、云计算、区块链、物联网等新一代信息技术应用的推动下，采用线上线下、国内国外、城市农村“三位一体”的营销模式，全方位拓宽五金制品的营销渠道，并且致力于五金制品技术能力创新、企业内部管理创新、营销渠道服务创新，才能彻底改变传统五金行业被动营销的局面。

1.2 中国五金行业开展跨境贸易建设的路径与策略

五金制品的11大类产品涉及人们日常生活的衣、食、住、用、行，是日常生活不可或缺的必需品。因此，从行业发展的大前景看，五金制品涉及民生，五金行业是充满希望的朝阳行业。目前国内五金制品 11 大类中，除吸油烟机、燃气用具、厨房设备以外，其他如建筑五金、工具五金、日用五金、拉链、锁具、不锈钢制餐具、烹饪炊具及铝制品、卫浴产品等与开展跨境贸易建设国的合作程度非常高。受益于产业链转移，五金制品出口迅速增加，如工具类、建筑类五金，拉链已经占据近一半的国际市场份额。目前，我国五金制品的品质和整体质量水平较过去已有明显提升，但与国外高档五金制品相比，质量还有很大差距。根据比较优势理论，高端五金制品适合从国外进口，中高端或中端五金制品适合由国内五金企业生产制造，由于近年来中国劳动力成本逐步提高，低端五金制品更适合由劳动力成本相对低廉的国家（如东南亚、非洲等地区的国家）生产。

1.2.1 中国五金行业开展跨境贸易建设分析

本书从政治、经济、社会和管理学的相关理论出发，以 SWOT（态势分析法）、PEST（宏观环境分析法）为分析框架，综合分析了中国五金行业开展跨境贸易建设的内外部环境，归纳总结中国五金行业开展跨境贸易建设所具有的优势、劣势以及所面临的机会与威胁，使中国五金行业开展跨境贸易建设的定位及可能的发展方向更为清晰和明朗。

1. SWOT 分析法

SWOT 分析法起源于 20 世纪 80 年代，由美国旧金山大学教授韦里克提出，是一种对企业或者组织进行当前市场分析和研究竞争战略的手段。通过对企业自身的既定内在条件进行分析，找出企业的优势、劣势及核心竞争力。SWOT 是 Strength（优势）、Weakness（劣势）、Opportunity（机会）、Threat（威胁）的缩写，其中 S、W 代表着企业（行业）内部的变化因素，O、T 代表着企业（行业）外部的环境因素。SWOT 分析法的主要目的是构建一套高效简洁的策略系统，将具有复杂性或困难性的问题陈列出来，由此制定合理的战略和竞争对策。通过运用 SWOT 分析法，管理者只要认真找到企业内外部当前所对应的因素，然后将这些因素进行归类、整合和分析，就可以较为客观地评价出企业所处的实际地位，为企业制定科学合理的发展策略并提供有价值的依据，SWOT 分析战略方向如表 1 -2 所示。

表1-2 SWOT分析战略方向

外部环境	内部优势（S）	内部劣势（W）
外部机遇（O）	SO战略 （依靠内部优势，利用外部机遇）	WO战略 （利用外部机遇，克服内部劣势）
外部威胁（T）	ST战略 （依靠内部优势，回避外部威胁）	WT战略 （减少内部劣势，回避外部威胁）

2. PEST分析法

美国学者约翰逊和斯科尔斯于1999年提出PEST分析模型，其通常运用于企业所处的宏观环境下的各种力量分析对比。所谓PEST，即Politics（政治）、Economy（经济）、Society（社会）、Technology（技术）。PEST分析包括研究对象所处的政治法律环境、经济环境、社会文化环境和技术环境四个方面的分析内容。政治法律环境包含企业所在国家或地区的政局稳定情况、市场法规的制定情况、市场的开放情况以及企业所在国家或地区的经济政策制定情况等。经济环境主要包括宏观经济因素和微观经济因素，其中宏观经济因素包括GDP（国内生产总值）及经济周期分析、货币政策分析、财政政策分析等，微观经济因素指国民收入分配等。经济环境是四个方面中对企业经营活动影响最为直接和具体的环境。社会文化环境包括社会消费结构及消费倾向、消费者受教育程度、生活方式、社会习俗、社会人口构成和地理特征等。社会文化环境通常具有长期稳定性，大部分情况下企业只能选择适应而无法改变。技术环境主要包括企业所属行业未来技术发展的方向性问题、核心技术问题以及相关技术的变化趋势。

3. 中国五金行业开展跨境贸易建设的SWOT-PEST分析

SWOT-PEST分析将SWOT分析法和PEST分析法结合起来，本书借助此复合分析，将中国五金行业所面对的内部微观环境和外部宏观环境整合起来进行系统的研究，以期拓宽中国五金行业融入开展跨境贸易建设的渠道。

开展跨境贸易建设国之间具有错综复杂的政治、经济、科技、文化等关系，中国应该对潜在的开展跨境贸易建设的威胁提高警惕，既能紧抓全局、综合规划，又能关注细节、有的放矢。本书在SWOT-PEST综合评价矩阵的框架下，对中国五金行业积极开展跨境贸易建设的内外因素进行分析归纳，根据发挥优势、改变劣势、把握机会、应对威胁的原则，从S、W、O、T四个角度，对 P、E、S、T 四个方面进行比较分析，最后进行综合评价，以求对策。

（1）SO 共赢型举措：贸易畅通、资金融通

贸易畅通和资金融通是结合了中国五金行业所具备的优势及所面临的机遇而制定的有利于共赢的积极战略。

优点：贸易与投资是推动中国五金行业开展跨境贸易建设的“两个轮子”。贸易畅通和资金融通是将机遇与实力相结合，促进经济增长，强调充分抓住市场机会，发挥中国资金和商品价格的优势，实现贸易快速发展。金融支持开展跨境贸易建设的总体思路是：以“规划先行、金融先导”为基本原则，认真规划整合各方资源，以金融“走出去”统筹带动中国技术装备、标准等中国因素和企业“走出去”，创新金融体系，服务实体经济。

缺陷：忽略自身劣势和外部威胁，因而后劲难以持续。当该举措进入成熟期时，市场趋于平稳，技术优先者将凭借产品优势对市场重新洗牌。一些开展跨境贸易建设的国家由于受经济发展水平和政权不稳定等因素的制约，其政府财力有限，不能充分保障还款来源的稳定性，导致银行和企业的融资担保成本上升。一些国家还存在法律规章不健全、汇率波动较大等问题，不利于跨境贸易合作项目的顺利推进。

（2）ST 进取型举措：设施联通

设施联通举措是中国五金行业结合自身优势以抵御风险、迎难而上的进取型战略，给跨境贸易建设提供了多元化的发展空间。

优点：实现跨境贸易建设多元化交通体系，我国在高铁等基础设施建设方面具有一定的优势。设施联通可以被视为一种进取型举措，即利用自身优势抵御外部威胁。开展跨境贸易建设国可通过优化运输途径以扩展跨境贸易建设渠道，降低跨境贸易建设风险。

缺陷：未能充分意识到威胁，态度过于乐观。一方面，他国的社会政治环境和自然地理环境中会存在一些不利因素干扰基础设施建设。另一方面，中国过多的资金投入可能会分散资本投入，增加了投资风险和财政负担，不容易迅速形成规模优势。

（3）WO 扭转型举措：政策沟通

政策沟通是开展跨境贸易建设中的扭转型举措，该举措充分利用机会，化劣势为长期的竞争优势。

优点：不畏惧自身局限性。中国与开展跨境贸易建设的国家做好政策沟

通工作，根据跨境国的具体情况，在交通、贸易、金融、信息等领域做好配套政策改革，增强中国开展跨境贸易建设的能力。

缺陷：信息平台搭建不够完善、开展跨境贸易建设的国家政策突变、政局动荡、双边或多边的国际冲突、大国干扰和联盟或势力范围内部的矛盾与危机，这些问题都会对政策沟通造成困扰。在开展跨境贸易建设初期，以短期内快速占领市场为关键，进而促进区域经济一体化。但是加强与开展跨境贸易建设国家的政策沟通是一个长期的过程，只要中国的政策与制度逐渐调整至与跨境国相协调，后期就能发挥出优势。

（4）WT 防御型举措：民心相通

民心相通举措考虑着民心的向背，其相信民心可以被引导而达到齐心协力的目的。

优点：该举措强调认识本国的内忧外患，找出最具紧迫性的问题根源，主张通过自我优化，防御外部威胁，降低合作风险。开展跨境贸易建设国之间需要互惠包容，民心向背至关重要，中国研究且充分尊重他国文明，表现出充分的人文关怀，促进民间交流活动的开展。

缺陷：想法比较主观，缺乏对问题难度的全面性认识。但古语有云："人心难弃"，国内国际都是如此。开展跨境贸易建设跨越了不同的世界区域，而民心相通的提出是基于中国"和"字文化之精神要义。

（5）SWOT－PEST 分析综合评价

SO 举措作为积极的共赢型举措，将内部优势与外部机遇相结合，也是一种利用机会发挥优势的交叉举措。在开展跨境贸易建设的起步阶段，贸易畅通、资金融通显然是较为理想的。但 SO 举措忽略了关键一点，即本国内部的消极因素和外部环境的潜在风险，它制约着 SO 举措的执行效果。有的观点认为人民币国际结算量飙升代表着人民币的国际影响力增长，但是人民币币值在一定程度上受到部分发达国家金融活动的牵制，其国际结算职能并不完善，跨境人民币大量流动，必然增加央行的调控难度。

区域大市场与全球市场流通的拉动效应有利于开展跨境贸易建设，然而地缘经济可能成为地缘政治实现遏制目标的手段。设施联通是一个多元化的 ST 举措，它不是简单地提供基础设施建设，如修建道路、铺设管道等设施，而是一个区域化致富通道。从辐射地理范围的角度来讲，虽然跨境贸易建设是跨区域的全球性战略，但其目前的基本定位仍然是区域建议，这一点在基础设施建设范围上得到了明显的体现。跨境贸易建设致力于不断深化开展跨境贸易建设各国的海陆交流，开展跨境贸易建设需要大量中高级人才、熟练技术工人，但是国际化专业人才的相对缺乏已经成为其制约性因素。民心相通是一个重要的举措，为此中国要提高经济与科技水平，增强中国开展跨境贸易建设的自信心与吸引力。总之，要以贸易畅通为目的，以设施联通为桥梁，以资金融通为平台，打造利益联动链条，促进开展跨境贸易建设国家文明的地理空间和人民的心理空间相互连接。

通过以上分析可知，开展跨境贸易建设的走向由多方合力所决定，其定位亦需要多方补充与诠释。跨境贸易建设能否顺利开展，既与其他开展跨境贸易建设国的反应与配合程度紧密相连，亦与国内各利益相关方有密切联系。从可持续发展的角度来说，开展跨境贸易建设的后劲还取决于自然环境的支撑力，因而建设生态文明也是促进开展跨境贸易建设的重要条件。

中国五金行业开展跨境贸易建设的 SWOT – PEST 综合评价分析如表 1 – 3 所示。

表 1 – 3　中国五金行业开展跨境贸易建设的 SWOT – PEST 综合评价分析

SWOT – PEST 综合评价矩阵	优势 S： ◆稳健的财务基础 ◆行业形象优势 ◆自有的物流配送体系 ◆与供货商的良好合作关系 ◆代理五金产品的质优价平 ◆拥有重要客户的长期供货资格	劣势 W： ◆战略氛围薄弱 ◆每个企业五金制品品类不足 ◆组织构架不合理 ◆传统五金企业缺乏专业人才，员工素质普遍不高 ◆经营成本过高 ◆五金行业信息化建设水平低
机会 O： ◆国家政策扶持 ◆国民经济健康稳定 ◆行业竞争优势明显 ◆技术发展趋势良好 ◆行业需求窗口期被打开	SO 战略： （1）充分利用五金制品优势及积累的口碑继续提高现有市场的占有率，获得更高的利润 （2）利用稳定上下游关系抓住行业需求以期抓住机遇 （3）利用固定资产优势和财务基础扩大公司规模，抢占新市场	WO 战略： （1）采取专业化经营，分散劣势压力 （2）利用技术发展趋势良好的机会吸纳专业人才，及时更新自身的信息化建设水平，压缩经营成本 （3）加强战略管理意识

续表

威胁 T： ◆工业转型挑战巨大 ◆客户要求注重多样化、个性化 ◆行业对技术、资金要求高	ST 战略： (1) 提升服务水平，保持五金行业形象优势 (2) 利用客户优势和五金制品优势逐步积累资产，寻求其他行业的多元化发展	WT 战略： (1) 集中优势资源服务优质客户 (2) 完善内部运营管理，稳定现有市场阵地

1.2.2　中国五金行业开展跨境贸易建设的理论分析

1. “田忌赛马”博弈论分析

(1)“田忌赛马”故事的原型

“忌数与齐诸公子驰逐重射。孙子见其马足不甚相远，马有上、中、下、辈。于是孙子谓田忌曰：‘君弟重射，臣能令君胜。’田忌信然之，与王及诸公子逐射千金。及临质，孙子曰：‘今以君之下驷彼上驷，取君上驷与彼中驷，取君中驷与彼下驷。’既驰三辈毕，而田忌一不胜而再胜，卒得王千金。于是忌进孙子于威王。威王问兵法，遂以为师。”

“田忌赛马”这个故事可谓是众所周知，该故事发生在战国时期，齐威王和大将田忌赛马，根据马匹奔跑的速度双方各有上、中、下三种等级的马各一匹，田忌的马比齐威王同一等级的马跑得慢。比赛规则为三局两胜制，每局比赛各出一匹马，负者向胜者支付黄金一千两，显然相比之下齐威王的马占优势。在第一次比赛中，田忌以上等马对齐威王的上等马，以中等马对齐威王的中等马，以下等马对齐威王的下等马，结果连负三局。在第二次比赛中，田忌采纳孙膑的建议，以下等马对齐威王的上等马，以中等马对齐威王的下等马，以上等马对齐威王的中等马，结果胜两局负一局，田忌赢得齐威王黄金一千两，而自以为胜券在握的齐威王反而输掉黄金一千两。

(2)“田忌赛马”博弈论在企业管理中的运用

随着国有企业改革的不断深入，企业正处于全面适应市场经济、建立现代企业制度、加入 WTO（世界贸易组织）的三大考验中，作为自主经营、自负盈亏、自我发展、自我约束的独立法人实体和市场竞争主体，企业如何在激烈的市场竞争中，在存在大量不确定性竞争因素的影响下谋生存、求发展，已成为当前博弈论研究的一个课题。

重新审视两千多年前田忌与齐威王赛马的故事，可以品味当前企业的竞争与定位。竞争属于博弈理论的范畴，其经典案例就是田忌与齐威王赛马的故事。田忌在全局实力比齐威王差的情况下为什么还能赢呢？这里将企业竞争力分为有形竞争力、无形竞争力与核心竞争力三类，其中有形竞争力是指基于企业的设备工艺、原料与人力成本、信息化等企业有形资源形成的合力，无形竞争力是指基于企业文化、战略战术、品牌等无形资源形成的合力，核心竞争力是指企业的人力资源及知识管理能力。有形竞争力的刚性比较强，容易老化或被竞争对手所模仿；而无形竞争力不易为对手所复制，能促进企业持续发展；企业核心竞争力则是企业的有形竞争力与无形竞争力的源泉与保障。可以说，培育企业竞争力应从投资员工能力提升特别是投资中高层员工能力提升开始，卓越的企业一般都是由优秀的员工打造的。

2. 比较优势理论分析

比较优势理论是指两个国家不同商品劳动生产率的差距是不相等的，应遵循“两害相权取其轻，两利相权取其重”的原则进行生产。拥有绝对优势地位的国家，应该集中力量生产本国优势较大的产品，而另一个居于绝对劣势的国家可以集中力量生产本国劣势较小的产品。出口拥有“比较优势”的产品，进口具有“比较劣势”的产品，以实现国际贸易的更多收益。比较优势理论的核心内容就是“两利取重，两害取轻”，阐释了国家间产生贸易的基础以及贸易的利润来源，认为国家之间只要产品的成本率存在差异，就会使产品交换顺利进行，并使两个国家通过贸易同时获得收益。另外，这一理论对于欠发达国家和地区来讲意义深远，增强了这些国家和地区参与经济全球化进程的信心及驱动力。但是这一理论也有不足之处，即没有考虑比较优势相同的市场主体之间如何处理双方的关系。

英国经济学家大卫·李嘉图认为，各国间生产技术的相对差异导致生产成本和产品价格的相对差别，进而产生国家间的比较优势，并依据“两害相权取其轻，两利相权取其重”的原则进行国际分工和贸易。也就是说，即使一国在所有的产品上都不占据绝对优势，但只要其在某些产品上具有比较优势，其就可以参与国际贸易，且每个国家都应该集中生产并出口其具有“比较优势”的产品，进口其具有“比较劣势”的产品，从中获得“比较利益”，该学说也被称为“比较利益”理论。李嘉图认为比较优势源于生产技术上的相对差异，对于一国比较优势的判定可以通过产品的相对成本或产品的相对劳动生产率来衡量，其公式如下：

$$\text{产品} A \text{对产品} B \text{的相对生产成本} = \frac{\text{产品} A \text{的单位成本}}{\text{产品} B \text{的单位成本}}$$

$$\text{产品} A \text{对产品} B \text{的相对劳动生产率} = \frac{\text{产品} A \text{的人均产量}}{\text{产品} B \text{的人均产量}} \times 100\%$$

若一国某产品的相对生产成本低于或相对劳动生产率高于其他国家，则该国在这一产品生产上具有比较优势，反之占据比较劣势。尽管与亚当·斯密的绝对优势理论相比，比较优势理论具有更广泛的意义，但其仍存在不足之处，一方面，其虽然对劳动生产率的差异如何引起国际贸易进行了解释，但并没有揭示各国劳动生产率差异的来源；另一方面，各国按照比较优势进行完全的专业化生产的结论与现实有较大的冲突，现实中，各国均会生产一些与进口产品相替代的产品，并未完全遵从专业化生产。

3. 产业内贸易理论分析

国际产品贸易结构可划分为产业间贸易和产业内贸易。产业间贸易也被称为垂直贸易，是指在两国或两地区间，不同产业间的产品进行进口和出口的贸易交换。产业内贸易也被称为水平贸易，是指在生产要素禀赋相同或类似的两国或两地区之间，同一类产品进行互换的贸易活动。传统的贸易理论主要解释的是不同国家或地区间、不同产业之间的贸易。而 20 世纪 60 年代以来，随着世界经济的不断融合和发展，国际市场上出现了一些发达国家“既进口又出口同一类产品”的情况，而且以往是发达国家与发达国家间进行贸易往来，现在又出现了发达国家与发展中国家间的贸易往来。

1960 年，经济学家沃顿在对“荷比卢经济联盟”内部贸易结构变化进行分析时，发现经济联盟内各国会大量生产同一类别的产品，在进口的同时也会有出口。1966 年，巴拉萨研究欧洲经济共同体的贸易效应时也发现了此种现象，并将这一现象称为产业内贸易，并在统计研究的基础上，对产业内贸易进行了理论扩充，分析了产业内贸易形成的原因，并概括了产业内贸易的主要表现和特点。

产业内贸易理论认为，一定时期内，一个国家或地区可以大量生产同一种产品，并且同时参与出口和进口。它不同于传统的国际贸易理论，否认了国家、地区之间的贸易往来必须以资源禀赋差异为前提，而是更加贴合现实状况。它主要有以下几个特点：进行产业内贸易的国家或地区有相同或相似的资源禀赋，同类产品的互换，必须属于同一类别。产品多样化，既可以是轻纺织品，也可以是工业制成品。流向具有双向性，即一个国家或地区可以既出口又进口该类产品。可替代性，消费者可以有其他选择。该理论最重要的观点之一就是“同类异质性”，这也是产业内贸易能够产生的基础，异质性可以体现在很多方面，比如品牌、样式、宣传、服务、花纹、用途、包装、颜色，等等，通过异质性可以更好地满足不同阶层、不同年龄、不同地域人群的消费需求，即使是相同人群也存在着不同的消费心理。简单来说，就是同类产品在不同国家也是有产品差异的，同一类产品也可能参与到国际贸易中，实现在不同的国家之间的互换。相似性需求也是产业内贸易理论的观点之一，它阐述了如果两个进行贸易的国家或地区有着相似的文化背景、宗教信仰、经济能力、消费习惯等，那么就会促进产业内贸易。此外，还有一个观点：形成产业内贸易的根本原因是规模经济、产品差异的互相影响。规模经济在经济贸易中有举足轻重的地位，规模经济一旦产生，生产产品的成本就会下降，生产效率就会提高，生产就会走向专业化，从而推动异质性产品的生产，促进产业内贸易的发展。产品存在差异，也会促使生产企业走向专业化、规模化的道路，从而形成规模经济，而且能为生产企业的产品提供市场，满足消费者多样化的需求。这一观点也很好地解释了为什么要素禀赋相同或相似的国家之间也存在同类产品的大量贸易。

根据产业内贸易理论的相关解释，如果存在规模经济，而且两地区的消费者存在多样化的需求偏好，就会产生产业间的贸易，而且双方都会通过贸易获利。正如虽然中国、非洲可能在劳动密集型、资源型产品上存在着竞争关系，但这并不会影响双方贸易的开展。非洲的经济在不断发展，随着非洲人民物质生活水平的提高，需求也会日新月异，非洲人民对于基础的消费品、农产品的需求会降低，而对于有技术含量的工业制成品的需求则会增加。

4. 交易费用理论分析

交易费用理论是分析、研究产品市场交易费用的一种经济管理理论。交易费用是贯穿在整个交易过程之中发生的全部费用。交易费用分为市场型交易费用、管理型交易费用和政治型交易费用。

（1）市场型交易费用

由于跨境贸易是一个涉及多国的贸易方式，贸易行为主体为主权国家或地区，所以其交易费用的分析也应该站在国家层面进行。国家间进行区域经济合作，信息的获取以及国家间进行会谈和监督所耗费的资本将是主要的交易费用。具体来看，开展跨境贸易建设中存在的市场型交易费用可以分为信息获取费用、议价费用和决策费用、执行费用和监督费用几个类别。

开展跨境贸易建设中的信息获取费用分为一般性信息获取费用、国家间特有的信息获取费用。一般性信息获取费用包括广告费、参观考察费、通信费、文件邮递费、博览会举办费、第三方评估费等。国家间特有的信息获取费用包括境外考察、访问、会谈，境外实地勘察与现场交流，驻外办事处人、财、物与技术支持费等。

开展跨境贸易建设中的议价费用和决策费用是指国家间进行项目合作，需要对各项条款进行仔细斟酌、反复讨论、议价，直至做出最后决策，这期间所耗费的人力、物力，就是议价费用和决策费用。一方面，跨境贸易涉及国家多，各国的意识形态也各不相同，有个别国家的政局不稳定，法律环境不健全，很可能会出现谈判无效率的情形，所形成的成本就是议价费用。另一方面，双方达成合约的决策费用分为内部费用和外部费用。内部费用是团队内部对交易行为做出反应、达成共识、做出决策的费用，外部费用是指将已经收集到的各种信息进行汇总和整理，提取有效信息，或者将信息处理工作外包产生的信息处理费用。议价费用和决策费用是开展跨境贸易建设中较为重要的交易费用。

开展跨境贸易建设中的执行费用和监督费用是因部分开展跨境贸易建设国家存在不同程度的信用风险、政治风险和经济风险而产生的，跨境贸易需要在执行过程中对项目的进度、质量以及合约约定权利的边界进行监督，为此形成执行费用和监督费用。执行费用和监督费用的产生主要是因为机会主义行为的存在，部分国家刚开始开展跨境贸易建设时信任度和依存度低，会产生较高的执行费用和监督费用，随着各方合作的进一步推进，执行费用和监督费用会降低。

（2）管理型交易费用

开展跨境贸易建设国家在进行区域经济合作的过程中，国家间经济发展差异较大，制度标准不一致，文化差异明显，存在较大的政治风险，加上合作范围比较广，进而缺乏相应的制度保障。制度保障的缺失必然会降低合约的效用与合作的稳定性，为此合作的制度性交易费用也随之增加。具体来看，开展跨境贸易建设过程中存在的管理型交易费用可以分为信息获取费用、完善制度的费用、行政管理的费用几个类别。

信息获取费用。由于开展跨境贸易建设各国政治环境复杂，制度环境与技术标准不一致，存在严重的信息不对称，详细的信息搜寻和获取无疑将产生费用的支出。例如互联互通基础设施建设。对国际合作的制度进行完善、维持改善组织设计、促使组织顺利运行的费用，就是管理型交易费用中的信息获取费用。

完善制度的费用。改善合作项目中的人事管理制度，抓住互联网、大数据等信息技术优势，提高信息获取能力，加大对外公关人员的国际化培训力度，提高国际纠纷的解决能力和谈判能力，这些完善制度建设的措施，既是提高组织管理能力的重要抓手，也是完善制度的费用支出的组成部分。

行政管理的费用。开展跨境贸易建设国要想参与到世界经济发展之中，就要有独立的运行体制，能够有效地进行行政管理。然而国家内部运行需要耗费巨大的资源，内部机构人员的工资、决策的内部时滞、委托代理成本、产品在国内的滞留和运输费用都是行政管理的费用。

（3）政治型交易费用

国家间进行区域经济合作，需要一个稳定有序、公平竞争的市场环境和政治环境，跨境贸易作为惠及多个国家的制度安排，经济秩序的建立和维护需要多个国家的共同努力，同时跨境贸易在一定程度上可以看作公共物品，这种公共物品的提供也都会产生费用。这些费用就是政治型交易费用。

（4）跨境贸易交易费用指标体系的构建

为便于国家间对交易费用进行比较，需要构建跨境贸易交易费用指标体系。本书采用统计学“层次分析法”进行构建（跨境贸易交易费用指标体系如表1－4所示）。在市场型交易费用中，信息通信技术基础设施指标衡量信息获取费用、议价费用，市场准入指标和海关手续负担指标衡量监督费用。管理型交易费用中，交通设施基础设施指标和交通服务基础设施指标衡量行政管理的费用，商业环境指标、政府效能指数指标和法律制度指数指标衡量完善制度的费用。政治型交易费用的影响因素众多，在此选取了边境管理、政府稳定指数、军费占比指数三个指标作为代表。

表1－4　跨境贸易交易费用指标体系

一级指标	二级指标	占比	数据来源
市场型交易费用（A）	市场准入（A1）	1/3	历年全球贸易促进报告
	信息通信技术基础设施（A2）	1/3	历年全球贸易促进报告
	海关手续负担（A3）	1/3	世界发展指标（2017）

续表

一级指标	二级指标	占比	数据来源
管理型交易费用（B）	交通设施基础设施（B1）	1/5	历年全球贸易促进报告
	交通服务基础设施（B2）	1/5	历年全球贸易促进报告
	商业环境（B3）	1/5	历年全球贸易促进报告
	政府效能指数（B4）	1/5	全球治理指标（2017）
	法律制度指数（B5）	1/5	全球治理指标（2017）
政治型交易费用（C）	边境管理（C1）	1/3	历年全球贸易促进报告
	政府稳定指数（C2）	1/3	全球治理指标（2017）
	军费占比指数（C3）	1/3	世界发展指标（2017）

通过开展跨境贸易建设国家近五年不同指标（市场型、管理型、政治型）交易费用详细指标值的对比分析，可以得出如下几点结论：

第一，跨境贸易中东盟、西亚和中东欧这三个区域的总交易费用和各区域交易费用都比较少，而中亚、南亚的交易费用较高。这符合现实中跨境贸易提倡的推动进展方向。

第二，中亚地区民族众多，地缘政治关系复杂，也导致管理型交易费用和政治型交易费用较高。东盟国家多为岛国，向海而兴，主要依靠对外贸易发展经济，因此交易成本较低。中亚地区的交易费用处于平均水平，中国开展跨境贸易建设能够有效地沟通东亚和欧洲的贸易活动，也能带动东南亚的经济增长，通过经济合作，可以有效降低各个国家的交易费用。

第三，俄罗斯近几年移动互联网、消费互联网、工业互联网技术迅猛发展，促使五金行业的国内电商、跨境电商的贸易额逐年攀升，交易费用也随之下降。

1.2.3 中国五金企业开展跨境贸易建设的实践探索

前文中，将“田忌赛马”博弈论、比较优势理论、产业内贸易理论、交易费用理论对中国五金企业开展跨境贸易建设的可适性进行了理论基础上的简要描述。实际上，理论是实践的结晶与高度概括，反过来又需要实践的验证与提升！

(1) 基于交易费用理论的跨境贸易建设的实践探索

王雪建的《基于交易费用理论的一带一路建设对交易费用理论在“一带一路”沿线国家进行跨境贸易实践探索》，以国家作为交易行为主体，分析了国际合作中交易费用的来源，即国家在进行合作过程中存在的有限理性、机会主义以及资产专用性。在对“一带一路”存在的交易费用进行研究时，将交易费用分为市场型、管理型和政治型交易费用，并对其进行具体的理论分析和阐释。

王雪建认为，基于世界经济论坛和世界银行的数据建立交易费用指标体系，对“一带一路”沿线的主要国家进行区域研究和实证分析，认为“一带一路”沿线国家交易费用差距较大，受到经济基础和地理位置的约束，市场型交易费用在建设初期能推动区域经济合作，同时孟、中、印、缅经济走廊是“一带一路”建设中的难点，中国和主要石油国家在“一带一路”建设中有较大优势。王雪建还提出了以下几点建议：一是“一带一路”建设过程中应该构建大范围信息交流平台，降低信息不对称程度，因地制宜，梯度发展，实行不同的合作制度，充分发挥各国禀赋优势；二是加强政企合作，利用国际市场力量，共同治理，克服资产专用性难题，减少交易不确定性和机会主义行为；三是加强同沿线各国的交流，增进彼此可信赖程度，增加承诺有效性；四是继续推进亚投行和丝路基金建设，积极推进开发性金融机构建立，为“一带一路”建设提供资金支持。

(2) 基于比较优势理论的跨境贸易建设的实践探索

刘伟岩的《中国与“一带一路”主要国家贸易的竞争性与互补性研究基于比较优势理论》，在对中国与“一带一路”主要国家的贸易规模、双边贸易地位、商品结构进行研究的基础上，对中国与“一带一路”沿线15个国家间贸易的竞争性与互补性进行了测算和解析，结果显示：从双边贸易来看，马来西亚、俄罗斯、新加坡、印度、泰国在中国对外贸易中的地位最高，且贸易额大体上以增长为主，而与欧洲五国的贸易额相对较小，各国的商品结构则以其优势产品为主；在出口相似度上，中国与东南亚三国（马来西亚、新加坡、泰国）、中欧的波兰和捷克、南欧的罗马尼亚和斯洛文尼亚的产品结构十分相似，竞争性较高，而与其余国家则不存在严重的利益冲突；在贸易互补关系上，除印度、新加坡、乌克兰和埃及外，中国与其余11国的互补性均较强，且各国与中国在初级产品贸易上以产业间贸易为主，而在工业制成品上以产业内贸易为主，总体上来说，产业内贸易占据中国与各国贸易的主导地位。基于上述结果得出推动中国与“一带一路”国家间贸易的政策性启示，即：有选择、有重点、分阶段地推进与各区各国的贸易发展；趋利避害，提升国内外贸易互补性；借助于构建高标准的自贸区来提高贸易的便利化和自由化；构建以人民币为主导币种的“丝绸之路”货币区，推动贸易和投资便利化、自由化；通过加强对设施联通、资金融通、政策沟通和民心相通的建设来间接地实现“贸易畅通”目标。

天津师范大学贺晶晶发表的学位论文《中国与“一带一路”沿线国双边贸易成本研究》阐述了比较优势理论的含义及具体应用实践。该论文以比较优势理论为基础，分析了中国与“一带一路”沿线国家的贸易现状，具体测算2000—2016年中国与“一带一路”沿线国家的双边贸易成本及其变化。结果表明：①中国与“一带一路”沿线国家间双边贸易成本整体呈下降趋势，但在2012年后趋于稳定；②中国与东南亚国家的双边贸易成本最低，与中东欧国家双边贸易成本最高；③中国与“一带一路”沿线高收入国家间的双边贸易成本均值最低，而与其中的中高等收入、中低等收入以及低收入国家间的贸易成本均值依次升高。该论文还对中国与60多个“一带一路”沿线国家双边贸易成本的影响因素进行了实证分析，结果显示：①“一带一路”沿线国家的基础设施建设可以显著地降低贸易成本，这些国家对中国的贸易依赖度、开放度等因素与贸易成本呈显著负相关性，地理距离、通关时间是增加双边贸易成本的因素；②东南亚地区与中亚地区基础设施建设对双边贸易成本的降低作用不显著；③低收入国家的基础设施建设与贸易成本呈显著的正相关关系。

（3）基于产业内贸易理论的跨境贸易建设的实践探索

仓媛婕的《中非商品贸易互补性与贸易潜力研究基于产业内贸易理论》对我国与非洲国家（尤指开展跨境贸易建设非洲国家）之间的商品贸易互补性与贸易潜力进行了研究，认为在当前经济深度融合的大背景下，中非商品贸易的合作开展将会是中非经济共同发展的有利着眼点，商品贸易规模的不断扩大，既可促进中国当前的经济转型升级，又能拉动非洲当地的经济发展。

实践证明，中非贸易结合度高，且非洲对中国的出口依赖度更高，中国与非洲的贸易结合度也在稳步上升，合作往来越来越紧密。两地显示性比较优势指数存在差异，商品贸易结构存在很大的互补性，在包括主要以材料分类的制成品（SITC6）中，中国以工业制成品（如五金制品）为主；在产业内贸易指数的分析结果上，中非双方具有明显的产业内贸易趋势。该文献最后提出了以下几点政策性建议：首先中国应充分利用与非洲国家商品贸易存在的互补性，优化贸易结构；其次中国应加强与非洲国家的政治沟通，减少贸易摩擦；最后要大力推进中非经贸良好健康协调增长，开创中非经贸繁荣的新局面。

（4）基于“田忌赛马”博弈论的跨境贸易建设实践探索

本书后续章节将重点介绍国内五金行业资产规模超亿元俱乐部中的佼佼者——脉链集团。该企业的前身是浙江省金华市皇冠电动工具制造有限公司，公司成立于1983年，创始人徐朝省在浙江省永康市芝英镇上胡村的祠堂内创办溪岸公社上胡砂轮厂，随后在此基础上不断发展壮大，最终发展成为国内五金行业的知名企业。时至今日，脉链集团已有上海运营总部、瑞士品牌总部、金华制造基地与培训基地三个总部，在俄罗斯、印度、波兰等开展跨境贸易建设国家设立了海外分公司，每家分公司拥有8000平方米的仓储及展示中心，为海外客户提供服务体验。目前脉链集团下设丛远、脉链、和亨、皇冠工具、脉拓五大事业部，集团海外员工总数超过1200人。通过多年经营和国内外合作伙伴的协同运作，脉链集团在中国五金市场上率先建立起了以国际化形象、优质服务、多品类产品、培训和云平台五位一体为核心竞争力的连锁服务体系，门店品牌（CROWN，DWT，TOSAN，MYTOL）在国内及东南亚、南亚、中东、非洲、南美、中欧等地区形成了强大的国际化品牌影响力，产品在国际市场占有率名列前茅。

在五金行业竞争日益激烈的当下，脉链集团从一个村子中的小工厂，发展到现如今总资产超过30亿元的大型企业集团，它的发展理念和管理方案，一定有其独到之处。研究和发掘脉链集团的发展理念和管理方案中的独到之处，可以为同类企业和整个五金行业，提供一个系统性的参考架构，给后来的企业家们提供宝贵的经验。

1.3 相关研究小结

本章重点对中国五金行业发展概况、竞争环境、中国五金企业内部环境，以及中国五金行业开展跨境贸易建设的路径与策略（包括SWOT分析法、理论分析和实践探索等），进行了概述性分析与探讨。从中得出结论：中国五金行业开展跨境贸易建设的条件是具备的，支撑体系是完整的，中国五金行业开展跨境贸易建设的理论与实践相结合，其发展的成果也是有目共睹的，对中国五金行业开展跨境贸易建设的分析梳理，必要且及时。

2 国内外五金行业发展调研分析

2.1 国外五金行业发展概况

根据交易费用理论和比较优势理论，随着全球经济一体化、移动互联网技术的全面普及、新一代信息技术（大数据、云计算、区块链、物联网等）的逐步应用，全球五金市场将呈现以下两种变化。一是发达国家将中低档五金制品向第三世界国家转移。由于生产技术的飞速发展和劳动力价格昂贵的影响，发达国家已将中低档五金制品加速向第三世界国家转移，自己只生产一些高附加值的五金制品。二是 DIY（Do It Yourself）五金制品成为五金市场的新宠。近年来，欧美发达国家部分建筑类五金制品设计得容易安装和维修。所以，近年来可自行装配的手工五金制品及五金工具在市场上大受欢迎。

（1）国际手工五金制品市场

美国手工五金制品市场需求走稳。一是美国住房市场新房数量增加的同时，仍有大量现房无人居住，带来了很大的房屋翻修市场需求。二是机动车车辆平均车型和车龄越来越大，对汽车售后市场的手工五金制品销售起到了一定的促进作用。此外，锻造工具需求强劲，尤其是可调整的扳手。

德国手工五金制品需求增加。在德国，舒适省力的手工五金制品最受欢迎，其平滑的手柄和美观的外形都是激发消费者购买欲的重要因素。以手工五金制品种类而言，电动手工五金制品现在日益普及。此外，充电式手工五金制品也日趋流行起来。现在市面销售的新款充电式手工五金制品拥有多个充电电池插孔，可以在各种环境中使用。

（2）国际五金工具市场

全世界五金工具市场需求将不断增长。据海外媒体报道，全世界五金工具市场需求不断增长。其中，欧洲、北美国家市场需求增长稳定，特别是东欧国家；亚洲市场需求略有回升，市场需求潜力很大；拉美国家市场需求明显增长，尤其是墨西哥。近几年，亚洲五金工具市场之所以市场需求增长缓慢，一方面是因为五金工具的使用寿命增加了，消费者对五金工具制造过程提出了新要求，取代了许多机床和其他工具；另一方面是多功能五金工具的应用范围扩大，替代了很多以往只具有单一功能的五金工具。专家预言，今后消费者将更加强调生产厂商对五金工具的研究和发展，这不仅反映在材料和表面涂层技术领域，在五金工具生产工艺及过程中也会更加重视并注重运用先进技术，这将帮助五金工具制造厂商增加他们五金制品的市场竞争力。

从五金工具制造厂商合作趋势来看，未来在高新领域将出现很多大公司强强联合的局面。

（3）延伸导读：中德五金创新中心在德国挂牌

2019 年 5 月，中德五金创新中心挂牌仪式在德国科隆会议展览中心举行，行业首个海外研发公共服务平台——中德五金创新中心在德国正式成立。中国五金制品协会理事长石僧兰、副秘书长赵冬梅，德国现代厨房行业协会首席执行官 Volker Irle、大中华区董事总经理蔡泓毅，中国驻德国杜塞尔多夫总领事馆副领事张萌，科隆展 IN TERZUM 主办方 Koelnmesse 卡斯博瑞董事副总裁，埃森造型艺术学院 CEO 兼董事会代表徐杰、院长 Stecker，德国库尔兹·库尔兹设计事务所创始人、CEO Dorian Kurz、中国区 CEO 熊浩，德国五金企业驻中国办事处代表，德国五金及橱柜相关行业协会代表，中国知名地产、定制、橱柜企业代表等众多嘉宾出席。

中国驻德国杜塞尔多夫总领事馆副领事张萌在致辞中表示，非常支持中国企业赴德国发展，德国是全球五金和高端制造的代名词，来德国发展是明智之举，非常乐于见到中国品牌做大做强，走出国门，走向全球。张萌说，五金行业是中国实体经济的一个缩影，与中国大多数制造行业一样，经过改革开放 40 多年的发展，形成了够大但还不够强的局面，其最大的原因就是研发能力的不足。此次由行业组织牵头，直接在德国设立研发机构，是迅速弥补短板、提升研发技术水平的大胆创新举措，是将中国制造升级为中国创造的必经之路。张萌表示：虽然中国有全世界最齐全的工业门类，但很少看到其他行业走出这一步，五金行业有勇气和底气走出来，站在全球技术的最顶端，我们深受启发，也看到了希望。未来领事馆愿意提供力所能及的帮助，愿意作为沟通的桥梁，作为坚强的后盾，与大家一起努力，推动中国五金行业和中国制造的快速发展，早日实现中国梦！

中国五金制品协会理事长石僧兰在致辞中表示，在中国五金制品协会的引导、推动以及全体同仁的努力下，中国五金行业高速发展，取得了举世瞩目的成就。2006 年和 2017 年两次举办世界五金大会，中国五金的国际地位不断提升，中国的五金行业产销量已经是全球第一了。我们规模上去了，但是科技水平和品牌影响力还有差距，德国是全球高端制造的代名词。中德五金创新中心在德国落户，是进军欧洲的一个平台，这一平台的建立使今后在对接全球家居五金顶尖设计和资源整合，提升中国家居五金的创新和研发水平起到了重要的作用，也是中德五金制造发展史的又一个里程碑，将会促进中德产业交流和优势互补，实现全球五金产业资源共享、稳步发展，这在中国五金发展史上具有划时代的重要意义，具有里程碑式的历史意义。

德国现代厨房行业协会首席执行官 Volker Irle 在致辞中表示：德国现代厨房行业协会（AMK）是全球最大的厨房行业的行业组织，代表欧洲厨房市场超过 90% 的销量，有 140 多个成员单位，成立 76 年以来我们一直致力于帮助现代厨房行业的发展。中国市场非常重要，我们的会员单位也高度重视，我们非常高兴地看到德国生产的先进的厨房设备和橱柜继续秉承优质传统，在中国得到了广泛的认可，2013 年 AMK 在北京设立了子公司。Volker Irle 提到，德国现代厨房行业协会与中国五金制品协会有着长期的良好的合作关系，五金是橱柜产品的核心部件，对橱柜产品的质量、功能和消费者的使用体验起着关键作用，他们一直对中国五金行业给予高度的关注。质量是产品的生命，中国家居五金行业推动在德国建立中德五金创新中心这样的研发机构，表明中国企业对质量和技术的追求，已与全球顶尖品牌同步，相信未来中国家居五金的品质会越来越好，优秀的五金品牌会越来越多。中德五金创新中心的成立，将造福于中德的五金行业及上下游的关联行业，我们对中德五金创新中心的挂牌致以热烈的祝贺，也希望未来双方之间能成为合作伙伴。德国现代厨房行业协会愿意成为中德企业之间的纽带，推动中德企业的交流与合作，实现资源共享，共赢市场。

同期，欧派克五金、炬森五金、铭铂五金、欧锘斯五金德国研发中心、赛尔日盛家居中欧多变空间研究院相继签约落地德国并正式揭牌。

（4）延伸导读：五金工具营销渠道的重建

改革开放 40 多年来，中国的经济发展越来越融入全球经济发展。同时随着中国国民经济水平的提高，企业需要转型，产品需要升级，因此，中国对于能够大大提高生产效率和生产工艺水平的高端五金工具的需求越来越大。

五金工具加工制造是促进国民经济发展不可或缺的重要因素。虽然中国作为五金大国闻名于世，但是还远不是五金强国。尽管中国加工制造的五金工具的绝对数量在世界贸易总量中占据了极大的份额，但是从五金工具的单价、附加值、工艺要求、复杂程度以及最终的交易总金额而言，中国的五金工具都还处于相对落后的阶段。

对应中国五金工具的制造水平，中国市场上五金工具的销售水平也处于相对滞后的状态。销售仍然以五金工具批发市场为主要销售渠道。这种中国独有的销售渠道，在相当大的程度上满足了以往 20 年供需双方的需求，极大地促进了中国五金工具的发展。但是这种批发市场的销售渠道，从另一个侧面反映了中国当前五金工具的特点，即五金工具同质化和竞争恶性化。五金工具的生产制造企业受制于其严重同质化的产品，无法在整个五金工具销售渠道中获得相对应的优势。或者其采取被动的方式等待经销商、等待消费者上门挑选五金工具；或者用价格战赢得消费者的订单。

进入 21 世纪以来，中国各地大量五金工具生产企业面对越来越激烈的市场竞争，开始意识到之前的营销模式将无以为继，因此开始积极学习欧美市场经济发达国家的先进经验和营销模式，尝试各种新形态的营销渠道。选择连锁经营、自建渠道和批发商模式的五金工具企业的数量，占五金制品生产企业总数量的比例逐年提高。截至目前，尽管批发市场仍然是最主要的营销渠道，但上述三种新的营销渠道已经逐渐成为行业发展的共识和趋势。总体而言，国内五金工具营销渠道仍然处于摸索阶段。

同一时期，尤其是美国次贷危机爆发以后，国际知名的五金工具厂商已经不再仅仅将中国视为加工基地，而是逐渐将中国视为将来极具发展前景的新兴市场。在上述经济背景下，一些国际著名的五金工具生产企业开始大举进入中国市场。由于这些企业实力较强，有很强的融资能力、管理能力和丰富的人才储备，所以一般选用门店连锁（以美国史丹利为代表）或者自建营销渠道（以美国世达为代表）。这些营销渠道不仅帮助其迅速实现了预定目标，而且客观上极大丰富了中国五金工具的营销渠道，成了广大发展中的中国五金工具生产企业学习的榜样和模板。

在国际大型五金工具企业成功开拓中国市场的同时，在国际市场上占据重要份额的欧美中小型五金工具生产企业却在中国遇到了极大的困难，尽管他们对中国市场的兴趣和投入程度事实上远远超过了国际大型制造集团，但这些中小型企业的融资能力、跨国管理能力、人才储备状况一般而言都不足以支撑其在华组建自己的营销网络。而这些企业在本国或者欧美市场本来也是借助相对发达健全的市场化营销渠道为消费者提供产品和服务，自身相对缺乏独立建设营销渠道的经验和能力。而在当前的中国五金工具市场更是缺少强有力、专业和可靠的经销商。

最近几年，欧美成熟的大型渠道经销商，如欧洲的 Hoffmann（霍夫曼）集团等纷纷开始加快在中国的投资力度，这也正是发现当前中国市场需求和现存营销渠道形态存在巨大矛盾后做出的慎重决定。

德国 Schroeder（施罗德）公司是一家典型的来自欧洲的五金工具家族制造企业，其产品非常特殊。由于其原料领先、加工工艺先进，加上数十年的经验积累，已是工业、园林剪刀行业的领导者之一，在欧美尤其是欧洲市场占据绝对领先地位。自 2008 年开始，Schroeder 公司根据其在欧美市场的成功经验，选择了一家中国企业奈斯作为其在中国的独家代理，开始进军中国市场。但经过两年的销售实践，尽管合作双方通力配合，对合作过程也较为满意，但结果显示，这样的营销渠道无法实现双方对市场的规划和期待。由于受当前的行业发展状况限制，尽管奈斯是中国同类型经销商当中比较成功的和具有较大规模的企业，但其营销渠道仍然是深度大于广度，存在着覆盖面窄、终端消费者抵达困难等问题。

Schroeder 公司根据当前营销渠道的特点、存在的问题以及影响因素，在对其“狮牌”剪刀进行充分的市场分析与论证后，提出用“渠道立体化”理论升级其营销渠道，增加“狮牌”剪刀营销渠道点，减少线（营销渠道中经销商的层级）、扩大面（增加针对不同行业的经销商）。对于实际营销活动中影响“狮牌”剪刀销售效果的诸多因素，无论是定性或者定量的方法都验证了“狮牌”剪刀应该立体化现有营销渠道，将原有纵深的营销渠道改为扁平的营销渠道。在充分论证了新营销渠道的必要性之后，Schroeder 公司积极开始营销渠道重建工作，开始实施扁平化营销渠道，尽管新营销渠道实施时间短，还无法准确判断其将来的发展趋势，但目前的销售业绩已经说明，新的营销渠道取得了比较明显的效果。

德国“狮牌”剪刀营销渠道重建过程虽是个案，却也代表了部分国内外中小型五金工具生产制造商具有的特点，比较优势明显的中高端五金工具，在当前的中国市场尝试建立适合自身特点且绩效突出的营销渠道，相信这些做法对其他行业的类似产品的营销渠道的拓展也具有一定的借鉴意义。

2.2 国内五金行业市场调研分析

改革开放后，我国五金行业历经30多年的发展，五金制品制造在世界上占据着突出地位，已成为全球五金制品的生产和销售大国。近三年，我国五金行业在转型升级中获得了长足的发展，2016年行业年产值超1.5万亿元人民币，特别是2017年上半年，我国五金行业上半年对外进、出口贸易均保持了高比例的增长。据海关统计数据显示，2017年1—6月，我国五金行业累计完成进出口总额609.41亿美元，同比增长11.00%，其中：累计完成出口额500.64亿美元，同比增长12.30%；累计完成进口额108.77亿美元，同比增长5.42%。从行业发展深层次角度分析，五金行业在经历了高速发展期后，已形成了较强的制造能力和一定的营销能力，未来行业将进一步向高端、专业、精品领域拓展，并向服务型制造升级。

我国的五金市场主要分布在浙江、广东、江苏、上海、山东、四川等地，其中浙江和广东最为突出。浙江永康向来就被称为“五金之乡”，而且浙江人的市场操作意识相当强，从当初的火锅产品、不锈钢保温杯到风靡一时的滑板车，都给永康带来了滚滚财源。浙江永康的中国科技五金城与上海国际机电五金城、江苏华东五金城、山东临沂五金批发市场、成都万贯五金机电城，被称为国内五金产品与品牌“线上线下”交易的5大主战场。广东顺德的勒流镇是亚洲最大的金属滑轨生产基地和国内最大的铰链生产基地，并对全国相关行业的发展起着重要作用，被中国五金制品协会授予“中国滑轨产业基地”“中国铰链产业基地”“中国家居五金之都”荣誉称号。

本书附录1是中国五金制品协会遴选出来的中国五金制品行业特色产业集群数据统计，供读者参考。

2.2.1 中国五金行业发展优劣势分析

1. 优势分析

（1）制造大国地位稳固

据不完全统计，2018年年底，中国五金行业总体规模达到1.5万亿元人民币，行业年进出口额从2014年的1243.7亿美元上升为2018年的1299.34亿美元，5年平均增速为4.47%；其中，出口额由877亿美元上升到1051亿美元；进口额由234.92亿美元上升到247.65亿美元；行业龙头骨干企业实力进一步增强，涌现出一批销售额超80亿元人民币的优质企业，主营业务收入过百亿元人民币的企业也在增加，上市企业已达25家，中国成为全球主要的五金制品制造国和出口国。

（2）行业发展正值机遇期

目前，欧美传统五金制造大国的行业发展面临衰退，中国五金行业正在向专业化、集群化、网络信息化方向发展。行业骨干企业要全方位采用先进的锻造、模具加工和修复、数控机床多工位组合加工机床、可控气氛热处理和中、高频感应加热、环保电镀等先进技术改造传统技术，提高劳动生产率，提高五金制品质量、档次、附加值，转变发展方式，走高标准、高质量、高效率的创新发展道路。同时，要在加强国内外交流的基础上进一步推动行业在制造、销售、标准和检测方面的建设，增强中国五金工具在全球五金工具产业链中的话语权。

伴随着综合实力的增强，中国高端制造业如高铁制造，已得到全球认可，这也为工业级五金制品获得国际认可打开了一扇大门。中国制造业的崛起，既需要高端制品的应用与输出，也离不开工业基础制品制造水平的全面提升。目前大力推广的跨境贸易，也为五金制品走向新兴市场做了渠道铺垫。

在内销方面，随着国内专业制造领域需求的增大和营销渠道的逐步完善，以往企业担心的国内销售量小、回款慢的情况也有了较大改善。企业既可以自建国内营销渠道，也可以与综合实力强的贸易经销商合作共同开拓国际市场。国内销售市场稳固，不仅有助于企业有效抵御国际市场风险，还可以为企业的发展带来更多的商机。没有国际市场，企业做不大；没有国内市场，企业做不稳，五金行业未来的发展仍需保持内外平衡。

（3）向服务型制造升级

向服务型制造升级，将成为未来制造业发展的方向。五金工具是为制造业发展提供基础性支持的工业服务型产品，也是五金行业细分中服务型制造发展的典型。目前，行业内骨干企业不再局限于单纯地提供售后服务，而是实现了服务前移（从设计研发开始）、联合开发和制造过程全覆盖，正在努力完成由生产型制造向服务型制造升级。

虽然部分五金企业在服务国内高端消费者方面已取得一系列成绩，一些五金企业也已开始为高铁建设、汽车维修、船舶制造等专业领域提供五金制品和服务，但行业发展仍然面临着困难和挑战。五金企业在坚持追求高标准、高品质、高效率、高利润的同时，还应强化打造营销渠道和树立品牌意识，力争使国产五金制品收获更多的认同感和影响力。

未来几年，五金行业要继续坚持由粗放型向集约型转变，由劳动密集型向技术密集型转变，由量的扩张向质的提升转变，由低成本、低价格向高附加值、高利润率提升转变，由以贴牌出口为主向逐步提高自主品牌出口比重转变，树立高标准、高品质、高效率、高利润的发展理念，采用先进技术改造传统行业，加大科技与研发投入，提高五金制品附加值，真正实现由大到强的转变。

（4）中国五金制品市场份额逐步增大

当前，我国五金行业中至少有70%为民营企业，这些企业是我国五金行业发展的主力军。我国正逐步成为世界五金制品制造大国和出口大国，拥有广阔的市场和消费潜力。目前，五金工具市场规模已经达到千亿元级，未来随着制造业的转型升级，以及借助“互联网+”和产业互联网的新型经济模式，五金工具市场将会形成更大的经济体量，同时也将助力中国成为世界制造强国。

据介绍，在新一轮世界经济一体化的浪潮中，全球制造业加速向中国转移已是大势所趋，中国也将逐步发展成为制造业基地。同时，由于近年来中国每年会花费近10亿美元进口模具，其中精密、大型、复杂、使用寿命长的模具占多数，所以从减少进口的角度出发，五金制品的市场份额也将逐步增大。

中国日用五金快速发展，五金工具作为我国出口的主要五金制品之一，其销量以及销售额一直不容忽视。尤其是随着全球经济一体化进程的加快，五金工具加工工业逐步成为世界五金制品生产工业的主力军。无论是在全球五金工具市场，还是在我国五金工具市场，五金工具的应用之广、需求量之大超乎想象。一些发达国家对五金工具的需求每年以百分之十几的速度递增。品牌和质量作为消费产品的关键，对消费者的消费行为具有非常大的影响力。大部分消费者在初次购买五金工具时，对于品牌的认识不够，很大一部分人是在购买和使用后才了解五金工具的品牌和其质量状况。可以说，树立五金工具的品牌影响力是我国五金工具企业走出国门的保障。

(5) 延伸导读：浙江永康——中国科技五金城的生态建设之路

永康，以其“永葆安康”的美好寓意，寄托着生活在这片土地上的人们无限的热忱与期待。改革开放40多年的热潮涌动，使永康这座城市又彰显出另一个特质——永远奋斗，方得安康。2018年10月，“践行金华精神、打赢九场硬战”暨“改革开放40年看金华”主题采访活动走进永康，见证了这座“五金名城”的“奋进之路”。

几年来，永康城乡的美丽蝶变成了永康人引以为豪的“大事件”，更是永康人向外推荐家乡的“热门话题”。通过创建全国卫生城市和省示范文明城市，永康城区的垃圾少了、绿化多了，乱停乱放的车辆少了、整洁路面多了，市民的抱怨少了、微笑多了；通过城中村改造，建成“西山新城”“美丽周塘”“和美东库”，以前“脏乱差”的城郊村变成了“高大上”的新社区；通过美丽乡村建设，园周村等传统样板村游人如织，塘里村、大陈村、福建寮、高镇等新兴“网红村”更是成为小有名气的旅游目的地。可以概括为一句话：政策好、肯吃苦、善团结，就是永康人的致富密码。

“永康富”成了外地人对这座城市的最初印象，“永康蓝”频频刷爆朋友圈，永康空气质量指数常常位居全浙江省前列，五金城生态建设成了越来越多永康人的共识和底气。1992年，在永康发展史上，有两件事值得永康人铭记，一是永康撤县建市，二是中国科技五金城开业。在改革开放的春风里，中国科技五金城搭上市场经济的翅膀，开启永康从“小五金”到“大五金”转变的新征程。自此，永康五金奏响了动人心弦的华章。

翻开中国科技五金城的成长史，大手笔接连不断：1993年1月1日，中国科技五金城市场试营业，当年市场成交额为3亿元人民币；1994年1—9月，成交额超过6亿元人民币；1997年3月，一个1.2万平方米全国最大的屋顶花园落户中国科技五金城，同年10月建成1.3万平方米的五金广场；2007年，1.8万平方米的七区市场投入改造，并于2008年投入使用……从首期17656平方米的建筑面积、757个店铺，到现在市场总营业面积80万平方米、营业店铺4500间；从1993年的3亿元人民币，到2017年的458亿元人民币，一组组数据真实地记录了中国科技五金城的振兴之路。

“从1996年的首届五金博览会，到今年刚落下帷幕的第23届博览会，我每年都参加，我见证着这个市场从无到有、从小到大，也让我有了如今的家业。”永康“钻夹头大王”胡振钱在五金城市场内经营着名为“钻夹头大世界”的商铺，他既是五金城发展的见证者，也是亲历者、受益者。

20年间，从刚开始做钻夹头生意在市场内只有一个30平方米的小摊位，到代理的钻夹头占据全球20%的市场份额，每年销售额达2亿元人民币，胡振钱早就和五金城血脉相连。“我愿与中国科技五金城风雨同舟，希望未来这个市场在专业化、科技化和国际化上再添新动能，实现更好的发展。”胡振钱对五金城满怀憧憬。

“买五金、卖五金，要到中国科技五金城。”而今，中国科技五金城已是一个集群化、产业化、现代化的开放型五金交易市场，汇集五金制品与生产资料交易、信息发布、五金展会、网上市场于一体。目前建有金城市场、金都市场两个实体市场群、建有“尚五金”电商平台和17万平方米的国际会展中心。市场交易品种达19大类上万种，辐射全国各地及世界170多个国家和地区，2017年实体市场成交额458亿元人民币（不包括博览会），市场成交额及成交额增长幅度连续多年位居全国同类市场之首。

在永康的荣誉墙上，“中国科技五金城”“中国五金之都”“中国电动工具之都”等近20项“国字号”荣誉贴得满满当当。永康历届市委市政府始终坚持“工业强市”战略不动摇，掀起一场场“效能革命”，全力推动智能制造和产业转型升级，让“永康制造”向“中国制造”全速迈进，努力打造中国乃至世界先进制造业基地。

永康这片神奇的五金热土涌现出一批又一批创新型企业，永康本土企业家正用实干和担当演绎新时代的企业家精神，诠释着永康如何从“什么都有”向“什么都精”转变，如何从“小五金”向“大五金”跨越。“星月未来的路，就是推进制造产业全面转型升级。”星月集团总裁胡济荣指出企业的发展路径。作为“永康制造”最具代表性的企业之一，30多年前，星月集团从一家12人的小厂，逐渐发展成为拥有近6000名员工、产值超25亿元人民币的中国民营500强企业。如今的星月集团，除了传统的门业、车业、五金工具等领域，其业务范围已经涉及簇绒地毯、农业装备、生物医药、新风系统等新领域。正如胡济荣总结的“星月精神”——信念不倒、梦想不变、精神不垮、诚信不丢，这正是新时代永康企业家精神的真实写照。

同样在改革浪潮中飞速发展的飞神集团，在创新产业、创新科技、创新品牌驱动和军民融合等方面不断探索，其产品小到滑板车、沙滩车，大到越野车、房车，应有尽有。“下一步我们要做行业转型升级的排头兵，积极布局智慧医疗、健康体育等行业，不断加快智能制造步伐。”飞神集团副总经理汤敏说。

在新的宏观经济形势下，企业运营面临出口压力增大、原材料价格快速上涨、运行成本增加等困难，炊大王炊具却逆势而上，该公司董事长王鹏道出了其中的“秘诀”：“要用全球化的眼光思考企业发展方向，坚持品牌建设，诠释让中华美食文化走向世界的使命，将产品与炊具文化有机结合。加大智能化改造，实现生产制造、仓储智能化；加大新材料、新技术开发，实现产品升级。”

企业对制造业发展的自信，源于永康市“一揽子”政策激励体系和资金扶持。据统计，近年来，永康每年的专利授权量、申请量排名均居全省前列。截至2018年10月中旬，永康全市累计申请专利43375件，累计授权专利41161件，有国家、省级、金华市和永康市四级专利试点示范企业168家；累计拥有注册商标42748只，各级政府质量奖及提名奖33次。永康企业共主导或参与1项国际标准、54项国家标准、72项行业标准的制定修订。

2. 劣势分析

中国的五金市场主要分布在几个经济发达的省市，其中以浙江和广东最为突出。目前，在深圳周边及珠江三角洲地区聚集了6000多家生产模具的五金企业，从业人员超过10万人。

由于我国五金市场准入门槛相对较低，导致国内五金企业多、产品多，但部分企业技术过于粗糙。非官方调查数据表明，过去一段时期内我国五金企业在研发上投入的资金不到营业额的1%，而国外五金企业，其技术研发资金高达营业额的10%～30%。这也是我国五金制品为何频遇外贸壁垒和反倾销的原因。

随着时代的发展，五金制品品种更加丰富是人们能够切身感受到的。仅以小小的锁具为例，以前锁具家族只是一般的家用锁、自行车用锁，但随着摩托车、汽车工业、高档住宅的发展，一些企业也随之开发出了适合现代交通工具的各类摩托车锁、汽车锁、防盗安全锁，不仅锁的品种增加了，而且传统产品显示出融入高科技的走向，电子锁、指纹锁等相继问世，迫使传统五金企业进行转型升级。园林工具种类也开始向纵深延伸，简单的修剪枝杈的剪刀已逐步被新开发的适合家庭和社区建设的手工、电动工具、锄草机等替代。

从企业自身来看，不少五金企业采取的是加工贸易方式，技术创新能力不强，这使得中国五金行业的后劲不足，在国际市场的竞争中可能会慢慢丧失优势。在今后的发展过程中，对于主要依靠劳动力成本比较优势的五金行业来说，在比较优势相对减弱的同时，将越来越需要依赖增强竞争优势来保持和提升本行业的国际竞争力。目前，我国形成了珠三角、长三角和胶东半岛三大五金行业区，出现了浙江永康、中山小榄、江苏启东等五金行业集群。

从国产五金品牌建设角度来看，虽然国内五金行业的自主品牌近年来取得了巨大的进步，但是从五金企业功能划分来看，“南行业、北经销”是中国五金行业当前的发展特点。当前我国五金行业的自主品牌在国内市场的主要竞争力仍然是依靠低价格。随着合资品牌企业国产化程度的不断提高，以及生产规模的进一步扩大，其生产成本势必会大幅下降，自主品牌五金制品低价优势将越来越不明显，面临的挑战也会更大。同时，一些跨国五金企业，正计划把在国外市场取得成功的一些中低档五金制品引进中国。凭借着品牌效应、时尚的外形和高科技含量，这些安全、环保、节能的经济型五金制品将给国内五金行业的自主品牌带来巨大压力。

总体而言，中国五金行业发展存在的主要问题有：

一是行业龙头企业带头作用不够强大。五金龙头企业在国内国际五金市场的开拓技术、营销手段、行业服务能力等领域的总体竞争力不明显。

二是五金制品的创新研发投入偏弱，五金制品科技含量不够。国外五金制品大量采用了新技术、新材料、新工艺，相比之下，国内五金制品科技含量则相对不高。

三是市场构造过于单一。五金制品重要业务订单来自外贸订单，出口依存度过高，在国际金融危机引发的经济危机影响下，部分五金企业出口市场急剧萎缩，很容易造成资金链断链而停产倒闭。

四是自主品牌建设相对滞后，档次有待提高。除了少数品牌可以归属到中高档以外，绝大多数自主品牌均属于低档品牌。许多五金企业的生产制造仍然依靠贴牌，缺乏适销对路的自主品牌及其市场竞争力。

五是五金公共服务平台较为匮乏。一方面，虽然有中国五金制品协会和协会旗下的五金行业分会，但行业自律性普遍偏弱，协会发挥的中心作用非常有限；另一方面，新一代信息技术引导下的我国五金行业云平台建设，目前才刚刚起步，因此急需推广应用，以实现五金制品资源共享、服务能力共享的目标。

2.2.2 中国五金行业转型升级研判

随着互联网技术，特别是新一代信息技术（大数据、云计算、区块链、物联网等）的发展，中国五金行业不能再维持以前的“老式”做法了，急需转型升级。

（1）中国五金行业转型升级的方向

中国虽然拥有6000多家五金生产企业，却仍不是五金强国，从历史沿革看，世界五金制造业经历了从欧美国家向日本、印度以及我国台湾地区转移的过程，又从日本、印度转移到中国长江三角洲、珠江三角洲等地区，中国大部分五金企业仍然是以粗放型加工出口贸易为主，或为美国、日本等许多大经销商代加工，五金制品价值和附加值较低。

面对严峻的宏观经济环境，中国五金行业积极探索，对比国际五金行业的发展和中国五金行业的现状，五金行业只有适应市场，参与国际竞争，对标世界先进水平，积极调整五金制品结构，拓展竞争空间，才是中国五金行业发展之路。

目前，中国五金行业正面临五大转变：

一是由粗放型生产模式向精品型生产模式转变。目前上海五金企业生产的传统五金制品大多加工粗糙、功能较低、耗能高，大多数企业采用碳素钢材料作为五金制品的生产原料，产品利润在8%~10%，一把钢丝钳，一把扳手的利润只有几角几分，卖价在人民币10元以下，而国外五金制品生产采用的原材料以铬钒合金钢为主，生产的精品五金制品价格都在人民币100元左右，差价10倍，这种状况与上海国际综合性大都市的地位极不相称，而国内外经销商、消费者都期待着高品位精品出现。

二是由传统五金制品向自主创新五金制品转变。我国五金制品具有广阔的发展空间，据报道，美国斯耐昂工具公司生产经销的五金制品就有3000余种，上万个规格，相当于我国五金制品总和的6倍，所以国内企业不能故步自封、停滞不前，而是要打开思路，如果不在五金制品品种和款式上有大的突破，就无法适应国际国内市场的要求，五金制品品种和生产数量要有大幅度的增加；另外，应加大对新五金制品开发的力度和速度，迅速填补五金制品的空白点，最好年年有新制品、新品牌出现，五金行业才能彰显新的活力与生机。

三是由传统销售模式向现代网络销售模式转变。建立现代市场营销体系，要做到六个延伸：①向国内一流交易会、一流五金城延伸，使五金制品成为一个全方位的展示、交流、合作交易的媒介；②向国际化方向延伸，以优惠政策吸引更多的国外客商；③向无形市场延伸，逐步实现电子商务网上交易，建立和拓展网上市场，扩大交易订单；④向配送市场延伸；⑤向连锁市场延伸，在全国各地建设统一名称、统一标识、统一配送的连锁分市场；⑥在全国各地设立营销机构，使之成为五金制品推向全国的前沿阵地。

四是向实施品牌战略转变。国内五金行业知名品牌营销专家罗百辉认为，企业应制定品牌建设规划，加大技术改进和技术创新投入，提高产品质量，向专、精、特、新的品牌方向发展，以吸引市场注意力，跻身世界品牌之林。

五是改变单打独斗的现象，向走联合、走品牌合作之路转变。现在我国的工业发展状况日新月异，五金制品要跟上我国工业发展的大趋势，才能满足各行各业对五金制品日新月异的新需求。

（2）五金行业未来发展的关键点

五金行业的发展空间是很大的。国际模具及五金塑胶行业供应商协会负责人罗百辉曾表示，通过对 8 万多个消费者与零售商、五金市场的调查显示，30% 左右的五金制品需求出自房屋装修，50% 的五金制品需求取决于一些国内的五金供应商的供应能力。更多的中国家庭希望零售商能够提供更多的五金制品。经过调查，本书作者发现在整体厨房设计中，每年会增加 16% 的市场需求。

作为五金制品批发零售商，必须要了解市场和消费者的需求，根据需求制定解决方案，批发零售商在营销过程中必须注意以下几点：

一是关注个性化消费需求。在世界范围内，五金行业正从传统意义上的工具行业转向时尚行业。消费正趋向个性化、注重质量、价格合理及更多的选择。要顺应潮流，五金批发零售商要毫无选择地向消费者提供具有创意的工具，满足消费者的个性化消费需求。

二是提升五金制品质量。五金制品质量是营销的基础。虽然良好的人际关系有助于营销渠道的打开，但五金制品质量才是长期合作的保证。

三是加大五金制品营销。在具备过硬的五金制品质量的基础上做好营销。批发零售商要善于推销自己、宣传自己，通过宣传把自身在五金行业的品牌优势、质量优势、资金优势等展现出来，让更多消费者了解和认识自身。有了五金制品质量基础后，如何推销就成了关键。同档次的五金制品之间，要善于“错”营销，这方面就如本书第4章、第6章介绍的“田忌赛马”博弈论一样，在营销过程中先用自身的三等品和他人的一等品进行比较，再用自身的一等品和他人的二等品比较，最后用自身的二等品和他人的三等品进行比较。懂得错位营销，就能发挥自身的优势。

四是调整五金制品结构。大力发展具有高科技含量、高附加值的五金制品的生产和销售。同时，在努力吸收和转化先进技术的前提下，从各个环节入手，通过实施费用节减计划、能源结构改造等方式方法，尽可能减少浪费，提高企业管理水平，降低单位成本，提高五金制品的出口竞争力。

五是应用电子商务和云平台。众所周知，通过电子商务和云平台开展贸易，不仅能节省大量人力、物力，降低交易成本和库存，还能为中小五金制品生产企业进入国际市场创造一个自由平等的竞争环境和更为广阔的合作空间，给我国五金企业提供新的发展机会。

六是规避金融风险。在对外贸易中可采取提高合同的首付比例来降低汇率变动风险，防止汇兑损失，如签订合同首付率从以前的5%~20%提高到30%~40%；也可以在合同中约定升值极限，超过极限值就相应地调整产品出口价格。此外，专家还建议五金企业可以进行贷款切换，提前归还人民币贷款，再换成美元贷款；或是直接利用金融工具规避汇率风险，进行远期交易，提前锁定远期汇率；在对外贸易中力争用人民币结算。

（3）延伸导读：我国五金行业的新旧动能转换

五金行业是一个既传统又新兴的行业，推动其新旧动能转换，是一项庞大而复杂的系统工程。在加快“新动能”方面，五金行业通过新技术的引入，打造新的行业模式，形成行业发展的新动力；对于“旧动能”而言，通过实现转型升级，提升发展效率和质量，进而转化为行业发展的“新动能”。

对于五金行业而言，新旧动能转换，有可能成为行业发展的新引擎。对于企业而言，只有实现新旧动能的转换，通过行业升级、产品再造、模式创新、管理变革、营销裂变等不同维度的新旧转换来实现企业的自我革命。

近年来，五金行业面对后金融危机时期带来的复杂严峻、不断变化的国际经贸形势，积极主动地抓住国内市场消费升级的重大机遇，努力调整国际市场布局，以需求为导向，使得行业基本保持了健康平稳的增长。根据国家统计局数据，自2014年以来，不锈钢日用制品年产量从215.07万吨减少到142.29万吨，减幅达33.84%；家用燃气灶具年产量从3557.93万台增加到

3894.85 万台，增幅为 9.47%；家用燃气热水器年产量从 1476.66 万台增加到 1950.27 万台，增幅为 32.07%；家用吸油烟机年产量达到 2910.85 万台。以上数据表明，为响应国家节能减排政策，五金行业对不锈钢日用制品的生产进行了合理的控制，到 2019 年，5 年间不锈钢日用制品产量减幅超 30%。家用燃气灶具和家用燃气热水器产量 5 年间增幅较大，家用吸油烟机产量基本持平，这表明目前厨电产品市场发展前景较为广阔。

根据中怡康时代统计数据，自 2014 年以来，厨电行业进入一个新发展时期，市场规模从 2014 年的 1424 亿元人民币快速突破 2000 亿元人民币大关，成为增长稳健、盈利能力强的优质板块。比如产量年增长率近 30% 的洗碗机、产量年增长率接近 20% 的家用净水器、产量年增长率超过 30% 的集成灶等，均成为中国百姓升级生活品质、升级消费品质的好产品。

根据奥维云网统计数据，近年来随着我国各项针对装配式住宅装修政策的出台，厨卫产品的市场占有率大幅增加，这对于厨卫产品市场的拓展无疑是个利好因素。

近几年，全球经济增长较为低迷，中国经济增速放缓，结构性矛盾凸显。面对严峻复杂的国内国际环境，五金行业要加速变革与创新。五金行业开始积极面对三方面的变革，即质量变革、效率变革、动力变革。通过变革解决市场不规范、五金制品标准滞后、五金制品质量不稳定和售后服务不到位等方面的问题。新形势下，五金企业要加快科技创新与技术攻关力度，提升五金制品质量，提高创新能力；五金企业要进一步加大科技投入，突破行业共性关键技术难题尤其是“卡脖子”的技术，真正全面实现五金制品质量的提升以及使用方便的需要，满足人们对美好生活的新向往和新需求。

在一系列行业政策的指引下，五金行业不断引入新兴元素，实现创新发展，五金制品质量更加过硬，新技术、新材料、新工艺、新装备不断应用，不仅带来了行业全方位的发展，同时也持续升级了消费者的体验。通过优化五金制品设计和升级五金制品技术，五金行业不断推出新的五金制品以满足消费需求，进一步提高五金制品档次，推动消费升级，以实际行动落实供给侧结构性改革。跨界融合通过创新的手段得以实现，通过物联网技术将厨房的家用吸油烟机、炒锅及家用燃气灶具进行智能联动，推出“智联饪”系列产品，让新兴厨电和传统烹饪厨具实现了完美融合。

数字时代让大规模的合作与协同成为可能，五金行业也应从“竞争逻辑”转变为“共享共生”，追求线上、线下平衡发展。

2.2.3　中国五金工具行业市场消费现状与行业的营销模式分析

1. 中国五金工具行业市场消费现状

从中国五金工具行业市场消费现状来看，五金工具分类拓展到各种手动、电动、气动、切割工具、汽保工具、农用工具、起重工具、测量工具、工具机械、切削工具、工夹具、刀具、模具、刃具、砂轮、钻头、抛光机、工具配件、量具刃具、磨具磨料等。就我国的五金工具企业而言，国内手动工具企业大多数是以生产低端五金制品为主或者代工贴牌，而高端五金制品仍然为欧美国家和地区所把持。

相信大多中国五金企业都会思考这个问题：若能在国际五金市场占有一席之地，扩大自有品牌影响力，那该多好！当然，提升五金制品质量也是必然的趋势，随着现代科技成果被不断应用，五金行业的竞争也越来越激烈。无论是想在五金行业的哪一个领域站稳脚跟，都要充分了解市场的发展动态。

据相关分析可知，五金工具由于其使用范围的广泛性而占据了买家热搜榜中的第一位，其电动工具在工业、农业以及家庭中使用便捷，市场需求较高。近几年，房地产经济繁荣，家装建筑类五金工具需求量较大，促使五金工具的总产值也以每年20%的比例增长，市场需求刺激五金制品供应高速发展。

从区域分布数据中可以看出，江浙一带为中国五金企业聚集地，该区域五金企业产值占工业总产值的90%，为目前中国五金行业最大的聚集地，因而其五金市场情况亦反映出当前整个五金行业及其所代表的传统制造业的现状。

随着中国融入全球经济环境进程的加快以及经济实力的快速崛起，中国已经成为全球最有活力的经济地区。中国经济设施比较完善，行业发展比较成熟且劳动力成本相对较低，具有成为全球五金制造业中心的比较优势，五金制造业外向型发展特征明显。

家庭五金作为刚需品，随着二次装修带来的替换市场爆发，消费升级带来的智能家居安防需求，家庭五金将拥有超过2000亿元的市场容量。作为家居场景中的核心功能部件，五金市场正在迎来市场的全面扩容。

2. 中国五金工具行业的营销模式分析

（1）中国五金工具行业的营销模式

中国五金工具行业从20世纪80年代发展到今天，有五种营销模式，即产品营销、服务营销、品牌营销、标准营销、方案营销。这五种营销模式既具有独立性，又具有相互的兼容性。每一种模式的产生和发展都有其具体的经济环境。以下从中国五金工具行业的发展环境出发，分析每一种营销模式产生的必然性。

产品营销。产品营销是营销的最初模式，也就是以企业的生产为主，并不是站在消费者的角度来设计、研发、制造产品，遵循的理念是“生产什么，就卖什么”。这一模式主要产生在计划经济时代和市场经济初期供小于求的时期。20 世纪 90 年代初期，中国五金工具行业步入市场经济阶段，大量民营企业崛起，并且基本上都存活到了 2000 年后，主要的原因就在于市场刚刚开放，市场供小于求。只要生产出产品就能够卖掉，致使企业无须考虑消费者需求的差异化，只要埋头生产就可以赢利。在这种环境下是不可能诞生其他营销模式的，因此，产品营销就这样统治着那个时期的营销领域，在企业部门设计中也没有市场部的位置，生产部和销售部在企业的发展中占据主导地位。

服务营销。所谓的服务营销是指把对消费者的服务作为营销的重点，在产品营销的基础上开展全方位的服务营销，获得消费者的信赖和依赖。中国五金工具行业在经历了产品营销时代后，产能逐渐过剩，供大于求的状况开始出现，加上国外大型企业的冲击，整个行业开始思考有别于产品营销的服务营销。作为工业品的五金工具，尤其是专业性的工具，对于销售过程中的咨询、培训、维修等环节要求比较高，因此，消费者购买的不单单是产品，在很大程度上是购买产品生命周期的服务，于是许多企业开始了服务营销模式。在今天看来世达工具的成功具有很多原因，既有时机的，也有企业品牌的，更有服务的。人们往往只看到了世达品牌营销的成功，却忽视了品牌背后的服务营销。“世达工具，终身保用”这一句广告词反映了品牌的核心价值和差异化个性，“终身保用”体现的是品质与服务的双重保障，在当时产品质量普遍较差、服务没有保障的情况下，服务营销就是对消费者最好的承诺。

品牌营销。所谓的品牌营销就是指企业通过利用消费者的品牌需求，创造品牌价值，最终形成品牌效益的营销策略和过程，通过市场营销运用各种营销策略使目标消费者形成对企业品牌和产品、服务的认知过程。目前，中国五金工具行业正式跨入品牌营销时代，几乎所有的规模企业都开始品牌营销。当服务营销成为一种普遍现象的时候，就很难在消费者心目中形成差异化，于是品牌营销开始盛行。在五金工具行业，世达与史丹力的品牌大战已经持续十几年，并且还将持续下去。双方针对消费者的营销策略对中国五金工具本土企业产生了积极而又深远的影响，影响最深的是对品牌营销的理解和运用。品牌营销的精髓在于寻求品牌的差异化定位，提升品牌营销高度，将品牌的附加值变成消费者的信赖和利润的增长点。

标准营销。所谓的标准营销是指利用企业在行业中参与国家标准制定者的角色，把这一资源作为公信力，进行传播。标准营销并不是真正意义上的营销模式，而是一种极少数企业才可以运用的营销战术。由于中国的五金工具企业对品牌营销的理解和坚持存在严重的问题，导致消费者对品牌的信任度开始降低。另外，由于许多打着品牌旗号的工具企业，在品质上并没有达到国内或者国际先进标准，从而使得标准成为一种稀缺资源，于是一些具有制定标准能力的工具企业开始向行业输入“标准”，诺霸就是其中的典型。

方案营销。所谓的方案营销就是基于消费者的个性化需求，为消费者提供具体的差异化整体解决方案。由于许多使用工具的消费者在具体的工作环境上存在着差异，就产生了定制化的需求。这对于部分有实力的企业来说，可以在品牌营销的基础上，利用自身的人才、技术、制造以及供应的优势，为消费者提供个性化的服务。诺霸、杰杰工具都在此领域展开营销。

（2）中国五金工具行业营销模式的选择

对于目前的中国五金工具行业来说，如何选择营销模式，存在着一定的认识问题。由于在低、中、高端五金市场对于五金工具的理解和认识存在着一定的差异性，因此在营销模式上存在着一定的区别。

对于如何选择营销模式，需要考虑以下几种情形：

市场所处的阶段：对于产品营销而言，存在于市场经济初期，当供需发生变化的时候，企业自然就选择服务营销作为替代模式。有人会质疑：在当时也可以选择品牌营销和其他模式啊，这样的质疑看似有道理，但企业都会从成本的角度来实施营销，其他模式会加大公司的投入，当时只要能够做好服务就可以把产品销售出去，所以为何还选择其他的模式呢？因此，市场处在什么阶段、经销商和采购商如何看待五金工具，成为企业必须研究的课题。

竞争对手的营销模式：营销的最终目的是推动销售，以获得更大的市场份额与利润，而不是卖弄。考察竞争对手的营销模式和状况，可以有针对性地选择最为合理的、最节省成本的营销模式。例如，诺霸进入中国时间不久，但发展速度很快。重要原因就是诺霸看到很多国外品牌企业，如吉多瑞等在扭矩领域品牌知名度已经很高了，要想成为扭矩领域第一品牌，必须从其他角度入手，于是选择了标准营销，在品牌运作的同时，让行业知道自己就是标准的制定者，这样的营销模式需要对主要竞争对手在市场中的发展情况和其使用的营销模式有深入的研究和理解。

企业自身的实力：只有充分考虑到企业自身的资源情况才可以选择合适且能够始终得到贯彻和执行的营销模式。目前，中国五金工具行业都在运用品牌营销模式，但对品牌的理解、对品牌战略的执行严重不到位，出现了所谓的品牌（也只是商标）多、品牌营销少的局面。此种现象很大程度上是由企业实力不济造成的。这里的实力不只包括资金、技术、产品、渠道等，还包括对品牌营销的认识。博世在实行品牌营销的时候，在品牌传播上采取了直接向大众传播的模式——电视媒体在其传播中发挥了重大作用，使得博世品牌迅速成为电动工具第一品牌，帮助博世轻易、迅速地建立了自己在中国的渠道网络。可见合理的营销模式需要以企业实力做保证才能发挥作用。

由于中国五金工具行业品牌之间的混战，导致品牌营销的实际威力下降（当然，只要对品牌营销理解到位，操作得当，品牌营销还是主导），企业就需要在品牌营销的同时采用其他营销作为补充，以达到与主要竞争对手差异化发展的目的。

（3）中国五金工具行业营销痛点分析

对于企业的营销来说，寻找出差异化是营销的核心问题，也是企业能否具备核心竞争力的问题，是否具备，关系企业生与死。

本书不同章节介绍的“田忌赛马”博弈论，其核心就是根据目标客户群的心智，寻找出差异化的定位，如果定位没有差异化，那就是失败的定位。差异表现在很多方面，包括产品、品牌、服务等。作为企业也许做不到各方面都很完美，但是可以做到一点完美，如果这一点是基于客户的需求特点，那么就足以支撑该企业的发展。

中国五金工具行业营销痛点主要体现在以下几个方面：

一是产品之痛。中国五金工具本土众多品牌在最近几年的生存压力很大。由于大家的产品基本上处在同一档次，甚至 OEM 的企业都是一样的，所谓产品的区别也顶多是颜色和外包装的区别，产品的区别最终也就剩下产品线长短的区别了，这种局面的形成是企业发展模式决定的，企业都想在短时间内挣到钱，不想着去找差异化，都想成为所谓的“品牌企业”，结果只会是可怜的“搬运工”。

二是品牌之痛。最近几年，所谓的五金品牌一拥而上，都叫喊着自己是某某品牌，为了寻找到品牌的支撑，有的打国家和地区牌，什么来自美国的、德国的以及中国香港的、中国台湾的等，哪个地方能够为品牌核心价值提供支撑，就说是哪个国家或是哪个地区的，但现在这招不管用了。通过分析可以发现，这些国内品牌在品牌知识和运作技巧上存在巨大问题。最主要的问题就是对品牌营销的系统知识掌握得不够，在产品相似的情况下，不能从品牌上寻找出差异化点，顶多是商标不一样、色彩不一样、包装不一样、口号不一样，严重缺乏品牌核心价值的差异，更找不出支撑品牌价值的故事，这是最可悲的品牌之痛。

利用品牌差异化进行营销是最合适的营销方式，但是品牌故事，首先，要讲圆了，不能大而化之，太过粗糙。其次，品牌的差异化可以提高企业的竞争力。对于工业品而言，品牌最核心的支撑是产品及服务。不在产品上下功夫，时间久了，与经销商的合作肯定会出现问题。五金行业需要的技术研发要求并不高，要做一个纯粹的品牌运营商也可以，但是必须对产品有一定的控制系统，这套系统必须从市场的需求特点入手，如果你做足了市场的功夫，经销商和消费者也会看在眼里，这样的真功夫和差异化还是会对企业的品牌建设起到积极作用的。总之，品牌要想真正发挥作用，必须在产品和服务上下功夫。

三是渠道之痛。既然产品和品牌的差异化都不明显，那么渠道会怎样呢？现在的五金工具市场，渠道商拥有绝对的话语权，因为各品牌都是一样的，并且在市场上品牌的知名度都差不多，代理谁的产品就看谁给的利润高了，因此就出现了每年在展会上看到的奇特的景象：送车大战。企业用返点购买车辆奖励销售量大的代理商，看似企业豪气，实乃无奈之举。因此，渠道才是关键，渠道商可以是合作伙伴，渠道商是否合作，取决于短期利益和长远利益，也就是说，真正稳固的渠道关系必须是基于短期利益和长远利益的结合。

2.2.4 浙江省五金行业出口发展的问题与对策

从20世纪80年代开始，浙江省的五金行业，跟随着全国五金行业的步伐，快速经历一轮又一轮的发展阶段，其制造产能不仅可以满足国内市场的需求，而且还大比例满足国际市场的需求。

2008年爆发了全球次贷危机，出口订单急剧减少，当年中国的出口额严重下滑，浙江省五金行业也受到严重影响。随后经过市场经济调节，浙江省五金行业经历了一定范围内的优胜劣汰后，生存下来的五金企业努力开始了二次创业升级。在目前全球产业价值链网络连接的新时代，世界已经进入新一轮的制造业转移时期。浙江省五金行业的转型发展和对外出口，一方面遇到了国内扩大内需和海外市场拓展的新机遇，另一方面也面临着国内产业转型升级和海外市场激烈竞争的严酷挑战。

1. 浙江省五金行业出口现状分析

（1）浙江省五金品牌海外市场地位的确立

经过改革开放40多年的发展，全国的基础经济设施建设得到不断完善，制造业体系发展已经达到较为成熟的阶段。浙江省五金行业充分利用了全球第一次制造业转移浪潮和中国加入WTO的发展契机，开动马力发展外向型经济，在国际市场的占有率得到不断提高。目前，浙江省的五金企业数量接近3万家，占全国数量的30%，产值占全国总额的26%，在国内和国际市场都树立起了品牌知名度。随着浙江省五金行业品牌影响力的不断发展，越来越多的海外买家来到浙江采购中国五金制品。

（2）面向国际市场出口的局面已经初步形成

从2004年开始，浙江省五金行业就基本打开了国际市场。2005年，浙江五金制品出口的国家数提高到了152个，只有少数经济低迷和市场封闭的国家和地区没有包含在内。2006—2015年，浙江省五金制品的主要海外出口市场为亚洲、欧洲、北美洲，分别占出口总额的24%、29%、27%。其中以欧洲市场的出口增长最为迅速，主要出口对象中的德国、法国、英国、意大利的五金制品进口总额连年增长。对北美洲的出口总额保持着比较平稳的增长；对亚洲地区的东盟、中东、日韩等的出口则保持着中等速度的增长。

（3）国际大环境的转变影响

进入21世纪，浙江省五金行业出口发展遇到了四个变化：一是全球产业链价值链的深入发展，推动了浙江省五金行业出口飞速增长，并保持了一定的比较竞争力；二是全球资本市场急剧喷发，越来越多的国内外资本进入传统制造业，也部分流入了浙江省五金行业；三是市场经济的调节手段，让行业内部形成了两极分化，较大规模的五金企业在市场竞争中积极应变，保持了持续增长，而一大批产品质量差和产能低的小企业则被淘汰出局；四是五金制品的生产技术水平获得了提高，生产效率和产品质量提升了层次，增强了浙江省五金制品的海外市场竞争力。

2. 浙江省五金行业出口发展现存问题分析

（1）内部无序竞争、互打价格战

由于浙江省五金企业数量众多，企业自身素质和竞争力良莠不齐，在激烈的海外市场订单的争夺过程中出现了不正当竞争的现象。特别是近年来，行业的总产值持续增长，国内需求增长速度滞后，海外市场的接单量成为很多五金企业的“救命草”。一些面临生存危机的五金企业，为了避免因为经营困难而破产的局面发起残酷的价格战，抢夺海外订单。这样一来，许多原来经营良好、出口稳定的五金企业的业务也受到不同程度的影响，无可奈何也陷入价格战的泥潭。这种无序竞争给浙江省五金行业的大局造成了严重的损害，成为出口发展中的突出问题。

（2）自主出口比例不高、品牌影响力不够

虽然浙江省五金行业出口这些年保持了较高的发展速度，但是自营出口的比例不高。以浙江省永康市为例，2013 年五金制品出口 40.2 亿美元，自营出口只占 34%，属于严重偏低水平。浙江省五金企业数量虽然高达 3 万多家，但是获得国家批准的具有进出口权限的只有一成左右。大多数企业要想出口五金制品，只得依靠出口代理公司。

影响浙江省五金行业出口发展的一个因素是普遍缺乏海外品牌影响力。实际上，浙江省五金行业，就算是一些大规模的龙头企业，都存在大而不强的问题。在进军海外市场的过程中，品牌影响力的缺失问题更加严峻。在当今高度发达的商业社会，没有品牌影响力，就意味着无法在市场上制定有足够利润空间的价格，大大降低了盈利能力。没有品牌影响力，在相当程度上阻碍了产品的市场推广速度，减缓了出口进程。

（3）缺乏自主的国际业务渠道、海外市场信息不对称

直到今日，浙江省五金制品在出口发展和海外市场拓展的道路上，仍然主要依靠传统的低端出口模式。这种低端出口模式，主要是把五金制品以低价出售给国内的出口代理公司，或者低价接受国际渠道经销商的采购订单。目前，整个浙江省五金行业范围内还没有哪家企业在海外拥有自己的营销渠道。由于营销渠道掌握在国外经销商手里，所以浙江省五金企业在出口行为中没有足够的议价优势，只能获得较低的利润空间。这种形势下，浙江省五金制品从我国出口到海外最终消费者手中的过程中，由终端价格获利的部分大比例流到了别人的口袋。

由于浙江省的五金企业没有意识或者没有能力在海外建立自己的业务渠道，所以无法及时获悉海外五金市场的变动信息。在市场上消费者、经销商、生产商三者的大博弈中，浙江省五金企业作为生产商没有办法参与到终端消费环节，因此也就无法掌握终端市场消费者的需求动态。在此过程中，浙江省五金企业在生产出口型五金制品时，容易因为错误判断市场趋势而制造出较多的无法被海外市场接纳的五金制品。

（4）存在较高的贸易壁垒

浙江省五金行业出口的区域虽然十分广泛，可是三个主要海外市场的出口额占总体出口额的比例高达 80% 以上。如此集中的市场份额分布，极有可能引发进口国家设置贸易壁垒的可能性。

2008 年经济危机爆发后，主要出口目的地国家的经济增长遇到瓶颈，国民失业率上升，越来越多的国际民众发声要把布局在中国的制造业转移回国。虽然由于发达国家的劳动力等很多项目的成本依然高于中国，发达国家将制造业转移回国后效率低下，但是经常会出现出口目的地国家的个别政客和党派向政府和立法部门施压，要求增加对从中国进口产品的政策制约条款。

2003 年，欧盟发布《报废电子电气设备指令》，该指令要求所有电子电气产品的制造商要承担产品的报废回收和环保处理的费用。2006 年，欧盟公布行政指令，要求在欧盟销售的电子电气产品不能含有六种带毒性质的化学物质。这两项指令都跟浙江省五金行业出口相关，使行业增加了五金制品出口的成本。预计未来，主要出口目的地国家对五金相关制品的限制命令还会出现和增加，浙江省五金行业出口面临的贸易壁垒非常高。

（5）融资矛盾突出、不积极引用外资

浙江省制造业经济的主要发展模式是“内源式”增长发展，五金行业也不例外。因为地方经济发达，本省民间资本活跃程度相当高，降低了五金企业利用外资的机会和意识。事实上，海外资本活力对制造业产业结构调整有巨大的推动作用，而民间资本不具备这样的优势。国际资本力量除了给行业带来资金外，还会伴随着引进国外先进技术、前沿的管理模式、国际化的营销策略，从而促进传统制造业快速升级换代，帮助本地企业对接国际市场。

相关市场调查结果显示，在整个浙江省五金行业范围内，就算是龙头企业，对吸收外资的兴趣也不高，很少有企业的经营管理者能够充分意识到利用外资的优势和作用。这种现象造成浙江省五金行业无法充分利用国际资金资源来解决急切的融资需求。

3. 浙江省五金行业出口发展对策分析

（1）增加行业内部企业之间的合作

要想在激烈的全球市场竞争中始终保持核心竞争力和市场优势，对于浙江省五金行业来说，增加企业间的合作是必经之路。现在资本的快速扩张发展，已经改变了以往企业单独发展的路线，需要越来越多的同行企业之间进行资源共享，从而获得更多的合作机会。应该充分发挥地方政府和行业协会的组织协调作用，大力发展区域品牌，并且引导企业共享营销渠道、联合开展促销，从而提高浙江省五金行业的出口竞争力。

以永康为例，通过永康政府主导，积极地在各大媒体宣传永康“中国五金之都”“中国科技五金城”的区域品牌，使永康“中国五金之都”的品牌得到全方位的传播和推广，增加永康五金行业在国内国际市场的影响力。结果吸引了很多国际客户来到永康采购五金制品。在永康的案例中，政府帮助单个五金企业降低了广告宣传费用，使得区域品牌获得了更加形象和直接的传播，让行业内部的每个企业都获益。

在五金行业的出口的过程中，合作型的营销模式彰显示了越来越明显的作用。通过多个五金企业之间的联合促销行动，提高了企业新产品的美誉度，共同开发了新市场，降低了销售成本，增加了信息渠道，提高了新产品的专业化程度，降低了市场风险。在广告宣传、促销活动、品牌建设、渠道开发、营销推广等方面，浙江省五金企业之间的合作空间和合作潜力越来越大，也必将带动出口形势持续向好。

（2）开创新的集聚模式

国外经验和学者研究证明，处在集聚效应之内的企业，比单个企业更加容易创新。在集聚效应之内，整个行业的知识储备和基础设施利用效率会更高，增加了创新萌发的机会。

目前浙江省五金行业依然有一多半的企业为小型私有企业，在企业发展和规模扩大的过程中，面临的局限性越来越大。浙江省五金行业要以飞跃式的发展速度走向海外市场，必须提高集聚程度和开创新的集聚模式。由政府部门主导，引导五金企业积极进行制度创新，推行现代企业管理制度，改善企业目前的封闭发展模式。政府和行业协会应该更加积极地参与行业结构调整，贯彻以市场需求为主导的基本方针，推进企业之间的资产重组，扶持有潜力和符合条件的企业登陆股市交易所，争取培育出一批具有行业领导地位的大公司。

只有坚持继续扩大集聚效应，才能提高整个浙江省的五金行业整体竞争力，承受住各种可能的海外市场变化风险。

（3）加大品牌建设力度

浙江省五金行业发展面临的瓶颈和严峻的出口形势，使得品牌建设成为当务之急。浙江省五金行业必须继续加大区域品牌的建设，扩大区域品牌的影响力。对于企业来说，自有品牌建设也成为迫切的需求和优先发展的战略内容。各个企业的领导者必须树立品牌建设的战略意识，重视品牌建设对企业发展的促进作用。

对于绝大多数还没有注册商标的企业来说，设计和注册好商标，是建设自有品牌的第一个步骤。而那些有出口业务的企业，不仅要注册国内商标，还要在主要出口市场所在国家注册当地的商标。注册了商标还不等于完全拥有了自己的品牌，商标只有和产品相互捆绑，打入市场被消费者认可，才能算具有了一定的品牌知名度。

要想提高品牌建设的速度，还得投入一定的人力、物力、财力进行广告宣传，并且做好知识产权的保护工作，防范各类非法侵权以及假冒生产行为。同时，品牌的建设离不开质量的保障，五金制品只有质量过硬，品牌才能经得起市场的检验。在对外出口过程中，浙江省五金行业必须要重视各种国际认证标准，保证做到按质量标准进行生产。达到国际质量标准和环保认证体系的要求是浙江省五金行业打入海外市场的通行证。

（4）利用国际展会打开市场

在海外市场推广中，国际展会的作用越来越重要。越来越多的采购商会参加展会以寻求符合自己需求的五金制品；越来越多的生产企业也开始积极参与国际展会，利用展会的平台，更好、更直接地向全世界的客户展示自己的优势产品。近年来，国内国际五金行业国际展会的成交额得到快速提升，有力地促进了浙江省五金制品的出口和海外市场的开拓。

（5）加大政府支持力度

政府的政策支持和扶持力度对推动浙江省五金行业的出口增长具有举足轻重的作用。针对浙江省五金行业，政府可以加快出口基地建设，加强工业园的集聚能力，优化基础设施配套工程，从而推动浙江省五金制品的出口规模。同时，政府要发挥好本身的公共资源管理者的角色，给浙江省五金行业创造开放包容、公平竞争的公共环境，提高公共服务的效率和便利性，提供有针对性的创新服务，规范市场竞争的秩序。地方政府要积极响应中央政府依法治国、依法行政的原则，优化行政审批制度和流程，创新改良服务方式，做到一站式服务，强化知识产权保护，改善投资软件、硬件设施，积极吸引国际资本入驻。

政府还可以发挥主管机制作用，培育大量满足市场经济需求、管理运作合法规范的行业协会，大量增加法律咨询、投资管理、信用担保、产权交易、技术支持、资产评估等社会中介服务机构的创立。

2.3 2021—2025年中国五金行业发展趋势预测

2.3.1 中国五金行业竞争发展趋势预测

中国五金行业竞争发展趋势，主要表现在以下几个方面。

（1）五金工具市场竞争格局

近几年，实体经济中发生的一个无法忽视的问题就是实体企业向大向强发展的趋势。从上游到下游，从互联网领域到周期性行业，似乎都能看到大者愈大、强者恒强的现象。一时间，行业龙头企业市场占有率提升、小散乱弱企业逐步出局成了大势所趋。

在新的市场形势下，五金工具市场竞争格局将呈现出以下特征：一是部分中小企业被淘汰出局，五金工具企业数量会逐渐减少。二是市场集中度越来越高。随着部分中小企业被淘汰出局，加上消费者越来越倾向于购买品牌产品，市场小、散、乱的局面将逐步改变，品牌企业的市场份额将逐步提高。三是随着市场集中度的提高，品牌企业追求的将会是企业的整体效益和可持续发展，追求企业的市场份额和行业地位。总之，未来市场的变化将改变市场竞争格局。企业要想在市场竞争中胜出，必须提高自身竞争力。

（2）行业重组竞争

行业重组为企业创造了很多的机会，如果企业能抓住行业重组的机会，就有可能在下一轮的竞争中脱颖而出。

行业重组的目的是使国内企业及行业的市场集中度能够提高。国内大部分五金企业呈散、弱、小状况，没有足够的力量集中资源进行基础科学、基础技术的研发，导致中国众多五金企业在基础技术方面和欧美、日本等发达国家和地区的差距依然非常显著。而要攻克这些技术难关，通常只有大企业有能力解决，中小五金企业可以在细分市场上、在一些特殊的技术领域取得领先优势，但是夯实基础技术一定是大企业带头完成的。这就需要提高行业的集中度。

（3）五金市场竞争

五金市场竞争可以从以下几个方面进行分析：一是从广告战走向品牌战。中国五金企业跑马圈地的竞争已经进入了品牌营销时代。二是从价格战走向价值战。用价格战来抢占市场份额也会给企业自身的发展带来不少问题。各种以次充好的产品泛滥已引起消费者的强烈不满。在价格战将整个行业的利润降至冰点之后，各五金巨头均不约而同地将竞争的重点转移到价值战上，进一步提升品牌的附加值。三是从渠道战走向服务战。在五金市场日益细分的竞争领域，销售环节的作用越发重要，市场竞争在另一个层面反映出来的就是营销渠道的比拼。营销渠道的畅通不仅有利于降低成本，更有利于拓展客户。想要在市场竞争中占有更大的市场份额，就必须重视服务。四是从产品战走向资本战。对于五金企业来说，只有做大才能在市场上拥有发言权。纵观五金市场的发展，经历了区域市场竞争时期、区域市场整合时期，目前已经到了全国市场垄断竞争和区域市场垄断竞争并存的时期。随着外资巨头对五金市场的不断渗透，市场竞争趋势已然从小品牌间的纷争发展为大品牌间的抗衡。

（4）高新科技工艺的竞争

进入21世纪，高新科技工艺成为五金市场的一个竞争点，同时也是五金行业经济效益的新增长点。面对行业结构的调整，中国和欧美、日本等国家和地区纷纷投入资金和人力抢先占领高新科技工艺五金制品的市场制高点。具体涉及五金制品的功能、性能、卫生、健康、环保、智能等方面。五金行业早已从粗放经营转变为集约经营。一个企业拥有的自然资源丰富与否会影响这个企业的竞争力。然而，自然资源竞争大多是粗放低值的。只有具有高新科技工艺含量的产品才会有高附加值，才能赢得更多的利益，高新科技工艺已成为企业竞争的重要内容。现在科技发展日新月异，新产品不断出现，一个产品如果没有高新科技工艺含量，这个产品就很难被市场接受，也很容易被淘汰。因此，一个企业只有保持较强的研究与开发能力，不断进行技术创新，不断引进高新科技到企业管理与生产经营之中，才能保证企业立于不败之地。

（5）五金企业的管理竞争

随着国内国际五金市场的逐步成熟、行业相对饱和，企业能够获得的机遇逐渐减少，企业之间的竞争将变得持久而多样化。从前，一家企业依靠一个点子或创意、凭借某一方面的资源来建立优势就有可能赢得市场，但这种情况在未来已不太可能了。五金企业的经营已从粗放型数量经营方式向集约型质量经营方式转换，微利时代的到来使企业要靠管理增加资源的利用效率，深挖内部潜力，才能赢得竞争。实际上企业的管理就是有效地配置资源，就是提高资源的综合利用率。规范化的市场竞争的时代一切靠真正的实力，而真正的实力靠良好的管理来建立。五金企业的二次创业核心实质就是管理提升与管理革命。

（6）五金企业品牌竞争

买方市场中五金制品同质化现象越来越严重。同质化使同类五金制品的质量、价格、服务、促销、广告等许多方面几乎大同小异，五金制品彼此是可以相互代替的。五金制品不再靠功用价值来获取消费者的信赖，而是依靠品牌形象。因此，从竞争的角度来看，五金企业竞争将从五金制品竞争转向品牌竞争。五金制品是可以相互替代的，而品牌不可以，品牌的个性及价值是独特的，是不可取代的。五金制品是有生命周期的，而品牌没有，品牌可以被传承。建立良好的品牌意识及观念，掌握先进的品牌管理技术将是未来五金企业竞争的一个很重要的因素。

（7）五金制品服务竞争

在知识经济社会，服务是核心。在过去，价格竞争是五金企业有力的竞争武器，而今天以至于未来，服务才是关键。过度的价格竞争是一种恶性循环，其随着五金市场的规范也将被改变。提供良好的服务才是真正为顾客创造价值的策略。在工业制造社会，消费者购买的是产品，服务是附属品；在未来，物质相对丰富，消费者追求更舒适、更自由的生活，服务将成为核心，产品只不过是一种载体，人们希望通过服务来实现对人性的重视，以满足内心深处的渴求。通过不断增强的服务来满足消费者日益更新的需求是企业发展的方向和策略。在未来的社会中，70%以上的行业将是服务业，人类社会将步入服务经济时代。随着制造业和服务业融合程度的加深，服务化已经成为引领制造业升级和保持可持续发展的重要力量，也是制造业走向高级化的重要标志之一。服务型制造日益成为新的行业趋势，推动制造企业从单一产品提供商向产品与整体解决方案提供商转变，产业价值链重心由生产端向研发设计端、营销服务端转移，推动产品全生命周期管理、推动总集成总承包、电子商务等新业态、推动新服务模式快速兴起。

（8）渠道竞争

进入买方市场后，企业发展将转向市场与销售驱动，先建营销网络，再开工厂，渠道在市场中的地位将越来越重要。营销网络将主宰市场。产品有生命周期，但是营销网络没有生命周期，可以长久地发展下去。它既可以加快分销速度，缩短产品转移到消费者手中的时间，降低流通渠道环节中的成本，还可以更快地获得市场信息，让企业对市场的变化做出快速反应，及时应变。大数据、人工智能、区块链等技术与电子商务的快速融合，将构建更加丰富的交易场景；线上电子商务平台与线下传统产业、供应链配套资源的快速融合，将构建更加协同的数字化生态；社交网络与电子商务运营的快速融合，将构建更加稳定的用户关系；电子商务还将进一步促进内外贸市场的融合，以加快资源要素的自由流动。

（9）资讯竞争

未来统领五金市场者必是掌握资讯最多、反应最快的企业。在以消费者为导向的时代，企业产品必须要符合消费者需求，要适应其需求的变化。技术的差别已经缩小，关键是谁先获得市场资讯，最快地提供市场需要的服务。因此，在资讯社会，知识主管、知识工作者的出现，企业管理系统的信息化等，均显示出信息越来越为企业管理者所重视。

2.3.2 中国五金行业生产制造及技术发展趋势预测

进入21世纪以来，特别是国际金融危机以来，新一轮科技革命和产业变革不断孕育突破，发达国家重新审视发展战略，纷纷提出以重振制造业为核心的战略布局，全球制造业格局发生深刻调整，新一轮产业变革蓄势待发，并带来制造业技术体系、生产模式、组织形态的重大变革。

（1）中国五金行业“新制造”的趋势

近几年，我国经济发展进入新常态，人口红利逐渐消失，原材料价格持续上涨，传统制造业面临产业升级的迫切需求。而传感技术、运算能力、深度学习等技术的不断发展，窄带蜂窝物联网（NB－IoT）标准核心协议落地，极大地推动了新制造的发展。

新制造在物联网和人工智能的推动下，智能制造业拥有设备网络化、数据可视化、文档无纸化、过程透明化、现场无人化等特点，实现高效、低耗、灵活的智能化生产。

综合来看，新制造的驱动力主要有传统制造业升级的内需以及 IoT（The Internet of Things，物联网）与 AI（Artificial Intelligence，人工智能）快速发展的外因。此外，随着传感技术的不断发展，窄带蜂窝物联网（NB - IoT）标准核心协议落地，万物互联时代逐渐到来，海量数据得以被采集，而这又为人工智能提供了数据基础。同时，随着运算能力的不断提升，深度学习技术日臻成熟，上述数据得以被使用，其潜藏的大量信息逐渐被发掘（新制造的内需与外因如图 2 - 1 所示）。因此，除了产业升级的内需，物联网与人工智能技术的日趋成熟以及国家政策的扶持也成为新制造发展的外部驱动因素。

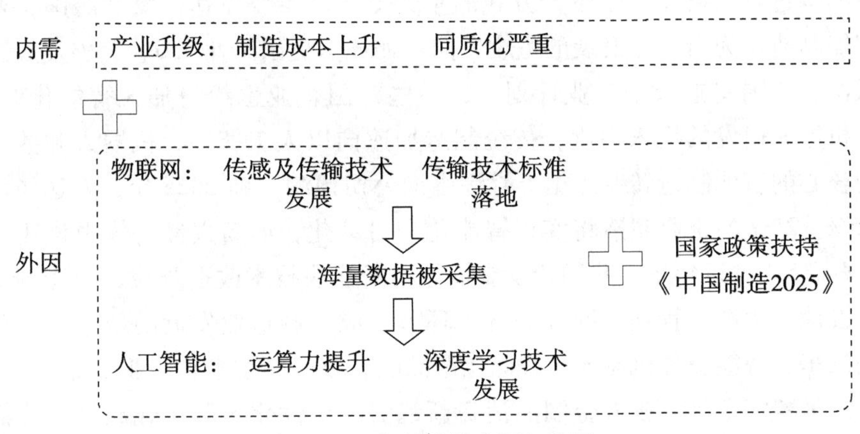

图 2 - 1　新制造的内需与外因

高能耗、低效率的传统制造业面临着不断压缩的利润空间和越发激烈的市场竞争，智能化的产业升级也成为传统制造业的迫切需求。而新制造是通过物联网技术采集数据并通过人工智能算法处理数据的智能化制造，其核心逻辑是由分布在节点处的传感器采集数据，通过通信网络传输，对数据进行分析以获取有价值的信息，并最终将其用于优化研发、生产、运输、销售等环节。相比传统制造业，新制造能够更合理地分配闲置生产资源，提高生产效率；能够更准确地把握用户特性与偏好，以便满足不同用户的需求，扩大盈利规模。

（2）中国五金行业智能化的趋势

智能化趋势的核心在于人工智能技术。人工智能是基于大数据采集和多维度识别系统对数据进行智能处理，并通过互动界面和应用场景与人产生信息交互的一项技术。而该项技术的应用点在于接收用户数据并进行分析和反馈。

一是人工智能等新技术被广泛运用。人工智能等新技术的广泛运用包括人脸识别、扫码支付、免密支付、VR 设备、智能货架、智能履带、智能显示屏等在内的高科技产品与技术将会得到广泛、全面、深入的运用。而其中人工智能的威力将初现端倪，虽然人工智能可能还要经过更长时间的市场验证才能在零售业得到更广泛的认可，但人工智能将会是诸多五金企业发展新方向的主流。

二是生产方式更加智能化。随着新一代信息技术的发展以及信息化水平的普遍提高，数字技术、网络技术和智能技术日益渗透融入产品研发、设计、制造的全过程，推动产品生产方式的重大变革。主要发达国家和跨国企业均把智能制造作为新一轮发展的主攻方向，如德国提出工业 4.0、美国发展工业互联网、法国实施未来工业计划等，一些跨国企业也纷纷加大智能化改造、先进机器人研发的投入力度，传统制造加速向以人工智能、机器人和数字制造为核心的智能制造转变。据麦肯锡咨询公司预测，到 2025 年，发达经济体中 15%~25% 的企业制造将实现智能化和自动化，而新兴经济体中该比重将占 5%~15%。近年来，我国传统制造业不断加快技术改造步伐，智能制造贯穿于设计、生产、管理、服务等各个环节，成为制造业发展的新趋势。智能网联汽车、智能服务机器人等智能化产品已有较好的技术和产业基础。

三是智能定制引领五金制品消费新趋势。个性化定制五金制品离我们还有多远？这是很多想要个性定制但又囊中羞涩的消费者想问的问题。如今，技术进步和消费升级正在推动消费大规模个性化定制时代的到来。不少五金企业在市场、运营、销售等环节引入智能技术，不仅加快了企业转型，也为消费者提供了更多的选择。五金制品个性化定制是大势所趋，是五金行业发展的重点方向。随着消费加速升级，消费者主导这一趋势在中国市场越发明显，也弥补了消费者对个性和品质的需求，成为当下被追逐的热点。

（3）中国五金行业数字化的趋势

一是产业数字化加速推进。数字化将全面推进零售业态创新、提升商品质量和消费者体验，零售业竞争力逐步从经营商品向经营消费者、经营场景转变。B2B（Business-to-Business，企业对企业）电子商务将进一步促进工业制造及供应链数字化转型，成为推进工业互联网的重要突破口。

二是大数据将改变消费者体验。收集有价值的消费者数据是提高营收和优化消费者体验的重要方式。这也能增加消费者和零售商/品牌之间的互动，从而加强消费者的忠诚度和黏性。随着电商平台影响力的增大，零售商需要充分了解消费者以更好地利用机会。这就要求零售商要通过大数据收集更有价值的消费者信息，优化消费者的体验方式，增加消费者和零售商在品牌之间的互动交流。

（4）中国五金行业由规模化生产向定制化生产转变的趋势

随着传统工业与互联网的快速融合，在消费时代变革的关键时期，制造业正在经历一场前所未有的巨变，逐渐从原来的规模化生产向定制化生产转型，新一代的消费者注重自由和个性，他们不仅购买产品，还购买定制过程的“参与感”。定制化生产对中国制造业来说，既是挑战，又是机遇。

对制造业产生最大影响的变量就是需求，制造业体系的升级随着需求的升级而变化。从需求侧来说，差异化的需求由人的个性化决定，特别是当需求升级到一定阶段后，消费者愿意为差异化付费；从供给侧来说，标准化的生产是最容易组织和管理的，可以把产品成本尽可能地控制到最低，就是规模经济。规模化生产与定制化生产本身是矛盾的，那该怎么解决呢？只有依靠制造业的生产体系具有的更大的柔性和灵活性。

定制化生产带来挑战的同时也带来了更大的利润空间，其最大的好处在于以零库存的方式生产，大大降低了企业的库存成本。而且由于其具有个性化特点，能够卖出品牌溢价，所以企业盈利的空间更大。

（5）中国五金行业新材料、新技术、新工艺引领创新发展的趋势

目前，中国五金行业市场导向逐步增强，设计理念积累日益增多，与国际前沿设计交流进一步加深，设计水平不断提高，与国际先进设计水平差距逐步缩小。同时，新材料、新技术的开发和利用逐步向五金行业渗透，提升并拓展了五金行业的发展空间。各种信息技术的不断发展，提高了五金企业的快速反应能力。对于品牌五金制品来说，设计、版型、工艺技术的结合决定了五金制品品质和受欢迎的程度，只有通过科学合理的工艺手段，才能呈现出更好的设计作品。

2.3.3 “工业互联网+五金行业”发展趋势预测

建设工业互联网，实现智能制造，被认为将是第四次工业革命的核心，同时也是欧美制造业强国目前努力的方向。

（1）工业互联网是五金行业发展的必然趋势

当前，我国制造业开启从“中国制造”到“网络制造”的深刻变革，全球制造业与互联网融合，是未来的必然趋势。

工业化时期，制造业通过规模经济来满足需求从而获得丰厚的利润，这也是“中国制造”快速发展的根本原因。但在新时代，信息化、数字化、网络化取代了劳动、资本和土地，成为决定制造业“附加值”的最大要素，从而将促使制造业的需求端呈现出分散化、个性化等特征，并冲击着传统制造业全价值链的整个过程。

2017年11月，国务院发布的《国务院关于深化“互联网+先进制造业”发展工业互联网的指导意见》提出三个阶段发展目标：到2025年，覆盖各地区、各行业的工业互联网网络基础设施基本建成；到2035年，建成国际领先的工业互联网网络基础设施和平台；到21世纪中叶，工业互联网创新发展能力、技术产业体系以及融合应用等全面达到国际先进水平，综合实力进入世界前列。这是推进我国工业互联网建设的纲领性文件，它明确了“互联网+制造业”是未来产业发展的必然趋势。

（2）工业互联网的“话语权”

“工业互联网不仅需要单项技术的突破与应用，更重要的是，需要建立跨行业、跨领域的工业互联网平台架构与技术标准体系，以解决数据集成、互联互通等基础瓶颈问题。”中国工程院院士、合肥工业大学教授杨善林说：“企业家应抛弃快速弯道超车的简单愿望，没有这些核心技术和基础工作，实现真正意义上的工业互联是不可能的，光靠花钱是买不来工业互联网的”。

美国依托其互联网和ICT（Information Communications Technology，信息通信技术）技术的绝对优势，欲占领未来产业链的最高端，力图在生产系统最基础的原料端（能源和材料）、工业产品的使用服务端（互联网技术和ICT服务），以及在不断由创新驱动的商业模式端，牢牢掌握住工业价值链当中价值含量最高的几部分。杨善林教授说：“这样即便德国的制造设备再先进、中国的制造系统再高效，美国都可以从源头和价值的投放上确保其竞争力的核心优势。”

2016年1月，青岛海尔与通用电气（GE）达成协议，作价54亿美元收购通用电气旗下家电业务相关资产。海尔采用了云—网—端结合的工业互联网架构，连接海尔内部员工、外部合作方、资源提供方及平台每位用户，形成了海尔创新生态圈。

（3）发展工业互联网需解决的问题

中国工业互联网总体发展水平与发达国家相比还存在一定差距，核心技术和高端产品对外依存度较高，关键平台综合能力不强，企业数字化、网络化水平有待提升，缺乏龙头企业引领，距建设制造强国和网络强国的需要仍有较大差距。

工业互联网要推动实现生产方式的“大变身”，即从规模化生产向定制化生产转型、从生产型制造向服务型制造转型、从要素驱动向创新驱动转型。发展工业互联网的三大体系（平台、网络、安全）可以从生产端、产品端以及平台端切入，其中，要解决五个“如何”的问题，即如何将客户的需求快速转变为方案和产品；如何减少人工工序以提高品质管控；如何通过生产过程的透明化以缩短产品交付周期；如何使信息流快捷有效；如何有效降低成本。

有专家指出，与美国、日本和德国这样的发达国家相比，中国工业互联网的发展水平和现实基础还存在着较大差距。主要表现为产业支撑能力不足、核心技术和关键装备综合能力不足、标准体系不完善、企业数字化网络化水平有待提升、缺乏龙头企业引领、产业生态尚待建立、人才支撑和安全保障能力不足等。

2.4 中国五金工具行业发展的数据分析

2.4.1 中国五金工具行业发展概况

这里以2016年中国五金行业进出口统计数据进行分析。2016年全年，全国五金行业累计完成利润总额同比增长8.63%，增速较去年同期提高了2.41个百分点。前三季度总体呈平稳走势，四季度开始逐月快速提升，12月完成利润总额为全年最高值，利润额同比增长6.04%。

其中建筑、安全用金属制品制造和金属制日用品制造业完成利润占比较高，分别为42.01%和27.96%，且其利润总额增速相对较快，均高于行业平均值。全行业中，只有农林、园艺用手工工具及日用金属工具制造和搪瓷制品制造出现了负增长。2016年，建筑、安全用金属制品制造完成累计利润总额同比增长10.62%，金属包装容器制造完成累计利润总额同比增长3.23%；农林、园艺用手工工具及日用金属工具制造完成累计利润总额同比下降

1. 11%；搪瓷制品制造完成累计利润总额同比下降3. 12%。

2016年，我国五金行业总共公布专利数260552件，占轻工全行业的33. 77%，是本年度公布专利数量最多的行业，行业公布专利数量较2015年同期同比增长9. 54%。2016年公布的专利主要集中在浙江、江苏、广东三个省份，公布数量均超过2万件，明显高于其他地区，三省份合计公布数量超过五金行业全年新公布专利总数量的1/3。专利数量体现了企业的创新能力和水平。

我国五金工具行业，历经30多年发展，其产品制造在世界上占有突出地位，已成为全球五金工具产品的生产和销售大国。2016年，五金行业销售额超过1000亿元人民币，出口超过140亿美元。从行业发展深层次角度分析，五金工具行业在经历了高速发展期后，已形成了较强的制造能力和一定的营销能力，未来行业将进一步向高端、专业、精品领域拓展，并向服务型制造升级。

2016年中国制造网五金工具行业热门关注度排行如图2－2所示。从图中可以看出，我国五金工具各子行业中，手工工具买家的关注度最高，其次是五金配件。

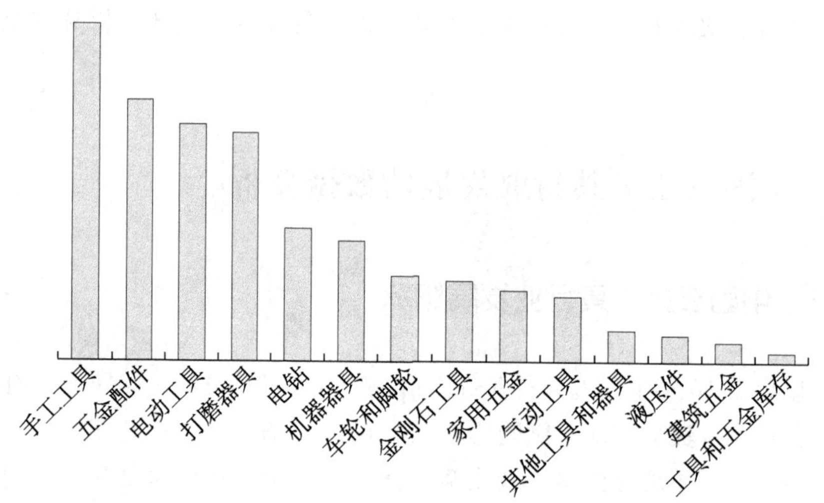

图2－2　2016年中国制造网五金工具行业热门关注度排行

资料来源：中国制造网，www.made-in-china.com。

2.4.2　中国五金工具行业出口数据分析

五金工具HS编码、商品名称、商品类别如表2－1所示，共分六大类。下面分别对其出口情况进行量化图形分析。

表 2－1　　五金工具 HS 编码、商品名称、商品类别

HS 编码	商品名称	商品类别
8201	农林、园艺用手工工具	锹、铲、镐、锄、叉及耙；斧子、钩刀及类似砍伐工具；各种修枝用剪刀；镰刀、秣刀、树篱剪、伐木楔子及其他农林、园艺用手工工具
8202	手工锯	手工锯本体；各种锯的锯片（包括切条、切槽或无齿锯片）
8203	钢锉等类似手工工具	钢锉、木锉、钳子（包括剪钳）、镊子、白铁剪、切管器、螺栓切头器、打孔冲子及类似手工工具
8204	手动扳手	手动扳手及扳钳（包括转矩扳手，但不包括丝锥扳手）；可互换的扳手套筒，不论是否带手柄
8205	其他手工工具	其他手工工具（包括玻璃刀）；喷灯；台钳、夹钳及类似品，但作为机床附件或零件的除外；砧；轻便锻炉；带支架的手摇或脚踏砂轮
8467	手提式工具	手提式风动或液压工具及本身装有电动或非电动动力装置的手提式工具

资料来源：中国制造网，www. made-in-china. com。

1. 中国农林、园艺用手工工具出口分析

（1）中国农林、园艺用手工工具出口金额及与去年同期相比的变化

图 2－3 所示为 2013—2016 年中国农林、园艺用手工工具出口金额走势。

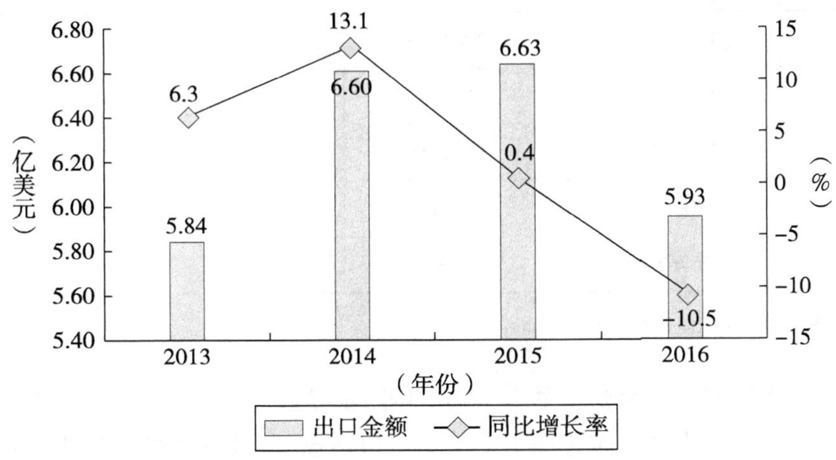

图 2－3　2013—2016 年中国农林、园艺用手工工具出口金额走势

从图 2 －3 中可以看出，2013—2016 年中国农林、园艺用手工工具出口金额呈倒 V 字形走势。2016 年中国农林、园艺用手工工具累计出口金额达 5. 93 亿美元，与去年同期相比下降了 10. 5%。

2016 年中国农林、园艺用手工工具出口数量和出口金额及与去年同期相比的变化如表 2 －2 所示。

表 2 －2　2016 年中国农林、园艺用手工工具出口数量和出口金额及与去年同期相比的变化

月份	出口数量（千克）	出口金额（美元）	与去年同期相比的变化	
			出口数量变化百分比（%）	出口金额变化百分比（%）
1	25338716	69576026	－15. 0	－15. 6
2	16191741	42428243	－37. 0	－40. 6
3	17832621	42032700	52. 7	23. 8
4	21802890	52771928	4. 7	0. 8
5	21707349	53954247	2. 7	－1. 0
6	21502021	50330404	－3. 3	－15. 4
7	17805091	44510281	－9. 9	－12
8	15280854	39578854	2. 7	－4. 6
9	18004404	39961733	6. 0	－10. 9
10	16279249	39654453	－6. 0	－14. 1
11	21046137	51455019	11. 0	－0. 1
12	24002033	67857418	－6. 0	－8. 3
总计	236768080	593493310	－3. 3	－10. 5

资料来源：中国制造网，www. made-in-china. com。

（2）中国农林、园艺用手工工具出口国家/地区的分布

2016 年中国农林、园艺用手工工具出口国家/地区分布情况如表 2 －3 所示。2016 年中国农林、园艺用手工工具出口金额占比情况如图 2 －4 所示。

表2-3　2016年中国农林、园艺用手工工具出口国家/地区分布情况

序号	国家/地区	出口数量（千克）	出口金额（美元）	比去年同期	
				出口数量变化百分比（%）	出口金额变化百分比（%）
1	美国	33251992	113102895	-7.8	-11.1
2	英国	7055062	27594742	-12.2	-16.7
3	肯尼亚	16715092	22780490	4.5	-4.0
4	日本	5591034	21895599	-30.4	-25.2
5	德国	6442906	21420408	3.3	-6.3
6	荷兰	5924494	19732983	-9.6	-13.4
7	坦桑尼亚	14038887	18244579	44.7	17.6
8	澳大利亚	5571181	16255152	0.7	0.4
9	越南	3293998	14524453	5.7	-22.1
10	加拿大	3919727	13218459	-5.3	-9.5

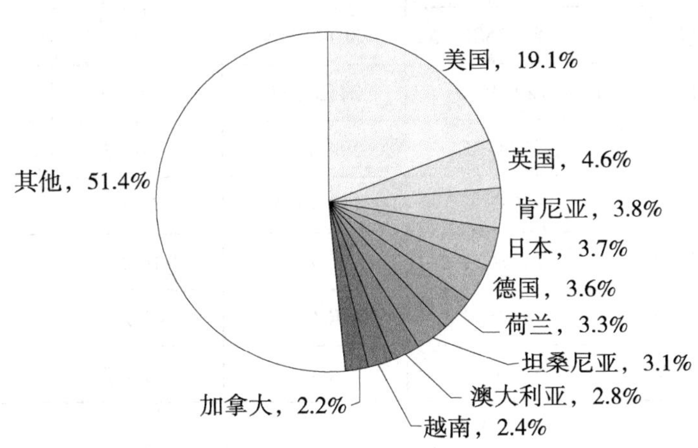

图2-4　2016年中国农林、园艺用手工工具出口金额占比情况

从2016年的出口数据可以看出，中国农林、园艺用手工工具的主要出口国家/地区是美国、英国、肯尼亚、日本、德国、荷兰、坦桑尼亚、澳大利亚、越南和加拿大。

美国是中国农林、园艺用手工工具的主要出口市场，对美国的出口金额占中国该产品出口总金额的19.1%。

2016年，中国农林、园艺用手工工具前10大出口国家/地区的出口金额与去年同期相比大多都出现了不同程度的下滑，仅坦桑尼亚和澳大利亚的出口金额与去年同期相比有所微增，分别增长了17.6%和0.4%。

（3）中国农林、园艺用手工工具出口货源地分布

2016年中国农林、园艺用手工工具出口货源地分布情况如表2－4所示。2016年中国农林、园艺用手工工具出口货源地出口金额占比情况如图2－5所示。

表2－4　2016年中国农林、园艺用手工工具出口货源地分布情况

序号	省区市	出口数量（千克）	出口金额（美元）	比去年同期	
				出口数量变化百分比（%）	出口金额变化百分比（%）
1	浙江	50790740	194609114	3.7	1.4
2	河北	110122461	150995111	－2.0	－11.9
3	广东	27422998	128300673	－7.3	－14.3
4	江苏	8885585	30144370	－7.2	－11.0
5	山东	12993695	24133931	－16.0	－25.8
6	上海	5674775	19452645	－14.3	－12.0
7	天津	9101236	16948879	7.4	－6.4
8	江西	2478629	7039201	10.5	－8.3
9	辽宁	1838560	4701379	－30.6	－31.8
10	新疆	973172	4204317	－23.7	－12.8

浙江、河北和广东三省是中国农林、园艺用手工工具的主要出口货源地，2016年，这三个省的农林、园艺用手工工具出口数量占中国该产品出口总数量的81.63%，出口金额占中国该类产品出口总金额的79.6%。

2016年中国排名前10位的农林、园艺用手工工具出口货源地中，仅浙江的农林、园艺用手工工具出口金额和出口数量与去年同期相比均实现了小幅

增长，分别增长了 1.4% 和 3.7%。

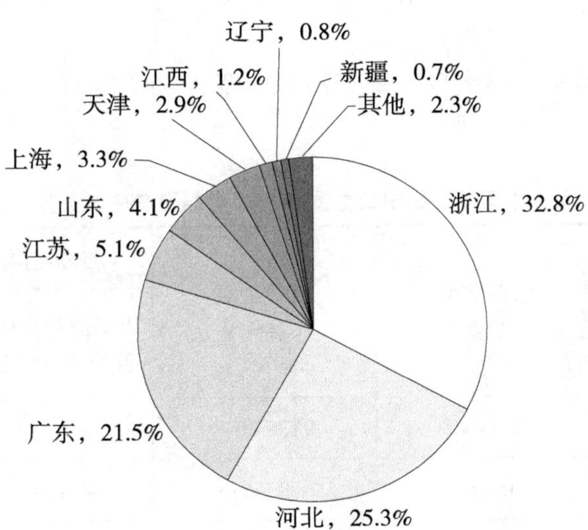

图 2-5 2016 年中国农林、园艺用手工工具出口货源地出口金额占比情况

2. 中国手工锯出口分析

(1) 中国手工锯出口金额及与去年同期相比的变化

2013—2016 年中国手工锯出口金额走势如图 2-6 所示。

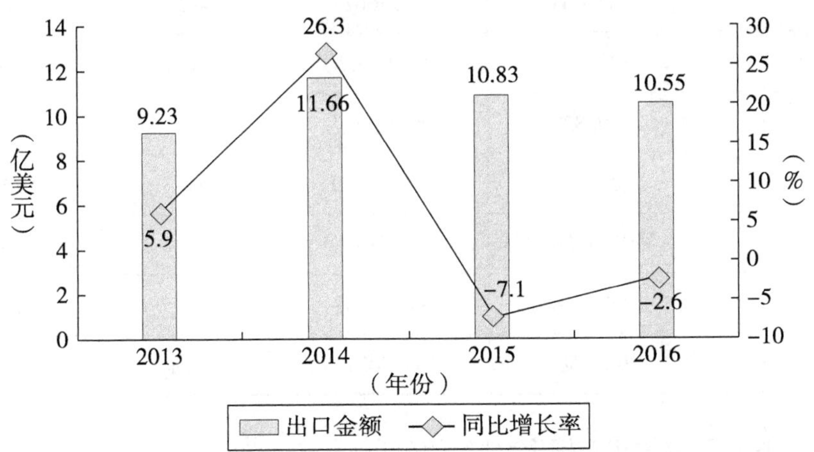

图 2-6 2013—2016 年中国手工锯出口金额走势

从图2－6可以看出，2013—2016年中国手工锯出口金额主要呈倒V字形走势。2016年累计出口金额达10.55亿美元，较去年同期下降了2.6%，较2013年同期增长了14.3%。

2016年中国手工锯出口数量和出口金额及与去年同期相比的变化如表2－5所示。

表2－5　2016年中国手工锯出口数量和出口金额及与去年同期相比的变化

月份	出口数量（千克）	出口金额（美元）	与去年同期相比的变化	
			出口数量变化百分比（%）	出口金额变化百分比（%）
1	11911648	91784961	－10.2	－16.3
2	8153255	62935573	－31.8	－30.7
3	8560166	74924815	20.5	22.4
4	12150738	90514290	13.2	7.3
5	13379732	97016356	－0.9	－0.8
6	12406146	93518499	5.3	3.3
7	12853435	99946617	－2.5	3.6
8	13754452	101187076	16.2	5.0
9	10602822	81074537	－10.5	－13.8
10	11237343	78451750	21.1	0.5
11	10744758	84771884	2.9	1.9
12	13523648	98655147	－2.0	－1.4
总计	139280685	1054743117	0.4	－2.6

（2）中国手工锯出口国家/地区的分布

2016年中国手工锯出口国家/地区分布情况如表2－6所示。2016年中国手工锯出口国金额占比情况如图2－7所示。

表2-6 2016年中国手工锯出口国家/地区分布情况

序号	国家/地区	出口数量（千克）	出口金额（美元）	比去年同期	
				出口数量变化百分比（%）	出口金额变化百分比（%）
1	美国	16547308	160933666	6.3	8.3
2	印度	17064197	113589489	7.3	-4.2
3	德国	6632090	57096086	5.3	-5.0
4	巴西	6364360	56691946	-19.2	-6.7
5	日本	6167450	55801208	3.4	-2.5
6	越南	4585686	41108125	8.2	-22.7
7	英国	3728256	32301179	4.5	5.9
8	俄罗斯	4927949	30687944	6.5	1.1
9	荷兰	3082607	29764206	11.1	12.0
10	伊朗	3225156	25867294	47.6	30.6

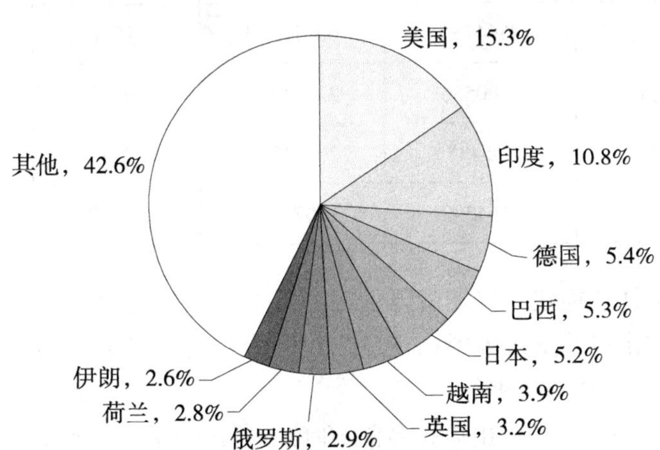

图2-7 2016年中国手工锯出口国金额占比情况

从2016年的出口数据可以看出，中国手工锯的主要出口国家/地区是美国、印度、德国、巴西、日本、越南、英国、俄罗斯、荷兰和伊朗。

美国和印度分别占中国手工锯出口总金额的15.3%和10.8%。2016年，中国手工锯前10大出口国中，对伊朗的出口金额增长最快，与去年同期相比增长了30.6%。

（3）中国手工锯出口货源地分布

2016年中国手工锯出口货源地分布情况如表2－7所示。2016年中国手工锯出口金额占比情况如图2－8所示。

表2－7　2016年中国手工锯出口货源地分布情况

序号	省区市	出口数量（千克）	出口金额（美元）	比去年同期	
				出口数量变化百分比（%）	出口金额变化百分比（%）
1	江苏	37133528	289477535	3.2	－0.4
2	浙江	37165397	217836935	5.4	2.5
3	福建	15091295	134499478	－13.4	2.8
4	广东	12600537	105651391	－6.4	－20.0
5	山东	11298055	73731784	6.5	－4.8
6	河北	7262918	67370735	7.5	－0.5
7	上海	7564751	65677360	－3.6	－9.2
8	湖北	3800556	22181712	0.7	6.3
9	湖南	735488	20951911	9.4	13.9
10	北京	1164399	16072733	－8.0	－0.5

江苏、浙江和福建三省是中国手工锯的主要出口货源地，2016年，上述三省的手工锯出口数量占中国该产品出口总数量的66.8%，出口金额占中国该产品出口总金额的60.9%。

2016年，中国手工锯出口排名前10位的货源地中，只有浙江、福建、湖北和湖南的手工锯出口金额与去年同期相比实现了微增，分别增长了2.5%、2.8%、6.3%和13.9%。

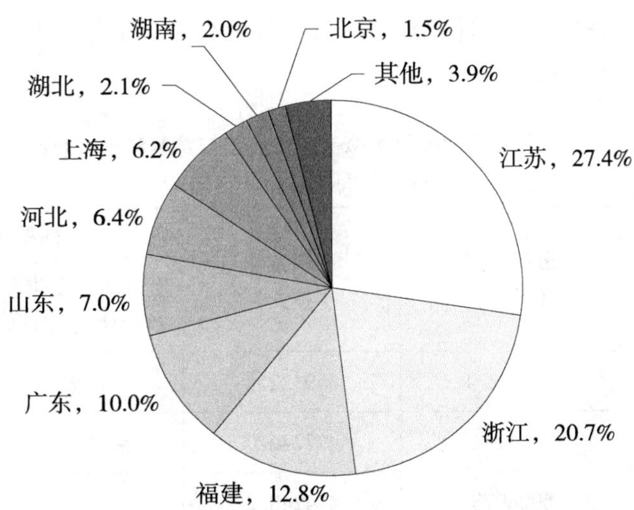

图 2－8　2016 年中国手工锯出口金额占比情况

3. 中国钢锉等类似手工工具出口分析

（1）中国钢锉等类似手工工具出口金额及与去年同期相比的变化

2013—2016 年中国钢锉等类似手工工具出口金额走势如图 2－9 所示。

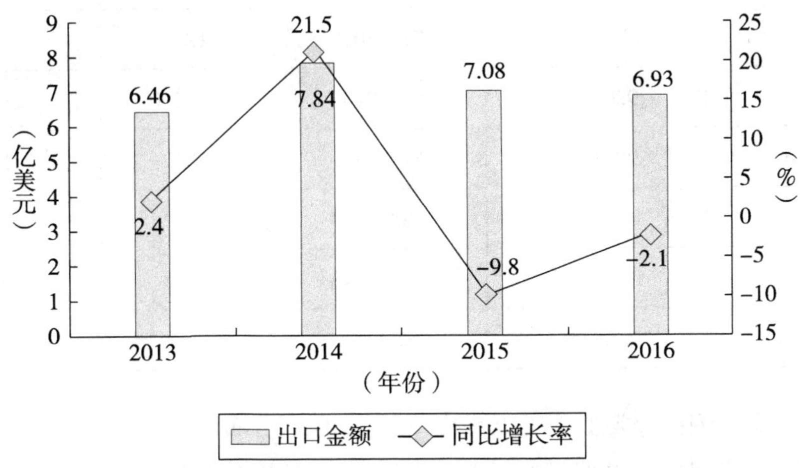

图 2－9　2013—2016 年中国钢锉等类似手工工具出口金额走势

从图 2－9 中可以看出，2014—2016 年中国钢锉等类似手工工具出口金额呈下降趋势。2016 年累计出口金额达 6. 93 亿美元，较去年同期下降了 2. 0%，较 2013 年同期增长了 7.3%。

2016 年中国钢锉等类似手工工具出口数量和出口金额及与去年同期相比的变化如表 2－8 所示。

表 2－8　2016 年中国钢锉等类似手工工具出口数量和出口金额及与去年同期相比的变化

月份	出口数量（千克）	出口金额（美元）	与去年同期相比的变化	
			出口数量变化百分比（%）	出口金额变化百分比（%）
1	10646274	61913253	－6.9	－11.2
2	7481184	42224620	－29.2	－29.8
3	6908978	42424852	42.4	33.2
4	10337558	60849963	9.1	12.9
5	10757441	59981103	－5.7	－5.9
6	10913595	60409689	0.3	－2.4
7	10450263	60303473	1.2	1.0
8	12806862	71013059	12.1	7.2
9	9209102	52119453	－13.0	－22.4
10	9881275	57464979	7.2	2.5
11	10816060	58235799	21.2	12.7
12	12178841	66339343	12.8	1.3
总计	122382541	692883641	2.1	－2.1

（2）中国钢锉等类似手工工具出口国家/地区分布

2016 年中国钢锉等类似手工工具出口国家/地区分布情况如表 2－9 所示。2016 年中国钢锉等类似手工工具出口金额占比情况如图 2－10 所示。

表 2-9　　2016 年中国钢锉等类似手工工具出口国家/地区分布情况

序号	国家/地区	出口数量（千克）	出口金额（美元）	比去年同期	
				出口数量变化百分比（%）	出口金额变化百分比（%）
1	美国	31200287	217283987	5.8	2.1
2	越南	3654057	29178887	25.0	23.0
3	德国	3468426	19938091	16.2	5.0
4	墨西哥	5145903	19698989	1.5	-8.1
5	英国	3270553	19394090	9.5	-1.6
6	俄罗斯	3786966	18063662	8.4	10.4
7	荷兰	3191800	15849719	3.0	-4.2
8	法国	2059205	15675135	-10.6	-13.8
9	日本	1860494	15663241	-0.7	-4.2
10	印度尼西亚	4304281	14763181	15.5	5.2

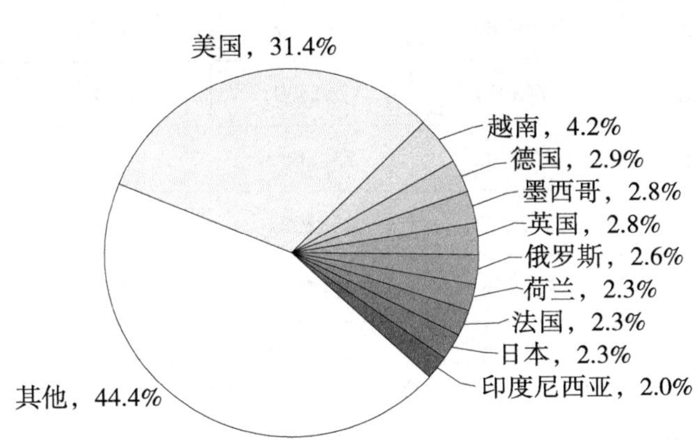

图 2-10　2016 年中国钢锉等类似手工工具出口金额占比情况

从 2016 年的出口数据可以看出，中国钢锉等类似手工工具的主要出口国家/地区是美国、越南、德国、墨西哥、英国、俄罗斯、荷兰、法国、日本和印度尼西亚。

美国是中国钢锉等类似手工工具的最大出口国，对美国的出口金额占中国该产品出口总金额的31.4%。2016年，中国前10大出口国中，对越南的出口金额增长较快，与去年同期相比增长了23%。

（3）中国钢锉等类似手工工具出口货源地分布

2016年中国钢锉等类似手工工具出口货源地分布情况如表2-10所示。2016年中国钢锉等类似手工工具出口货源地出口金额占比情况如图2-11所示。

表2-10　2016年中国钢锉等类似手工工具出口货源地分布情况

序号	省区市	出口数量（千克）	出口金额（美元）	比去年同期	
				出口数量变化百分比（%）	出口金额变化百分比（%）
1	浙江	49468586	275421115	4.6	1.4
2	江苏	29021645	141132833	-0.5	-2.6
3	广东	11145451	112903267	3.0	-4.5
4	上海	12852913	75547164	-0.9	-3.5
5	山东	10764400	46121572	-0.2	-3.5
6	河北	3743911	12613397	27.3	18.9
7	天津	493096	5548662	-8.8	-5.9
8	新疆	537027	4632024	40.9	72.1
9	湖南	997614	3615333	-26.4	-24.3
10	重庆	995243	3465579	-3.5	-41.5

浙江、江苏和广东是中国钢锉等类似手工工具的主要出口货源地，2016年，上述三省的钢锉等类似手工工具出口数量占中国该产品出口总数量的74.68%，出口金额占中国该产品出口总金额的76.4%。

2016年，中国钢锉等类似手工工具排名前10位的出口货源地中，新疆的钢锉等类似手工工具出口金额与去年同期相比实现了较快增长，增长了72.1%。

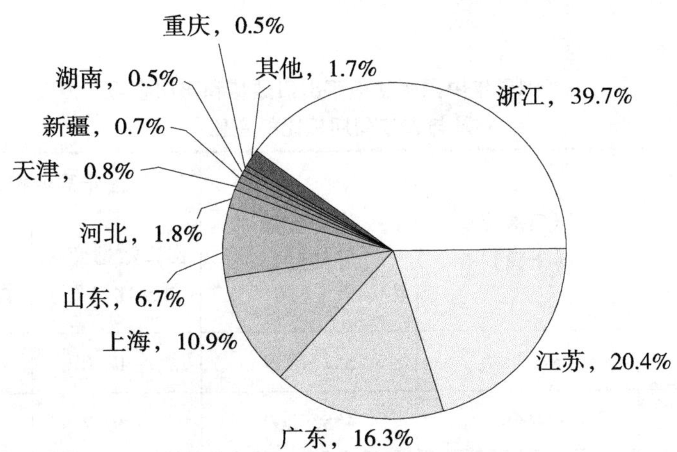

图 2－11 2016 年中国钢锉等类似手工工具出口货源地出口金额占比情况

4. 中国手动扳手出口分析

(1) 中国手动扳手出口金额及与去年同期相比的变化

2013—2016 年中国手动扳手出口金额走势如图 2－12 所示。

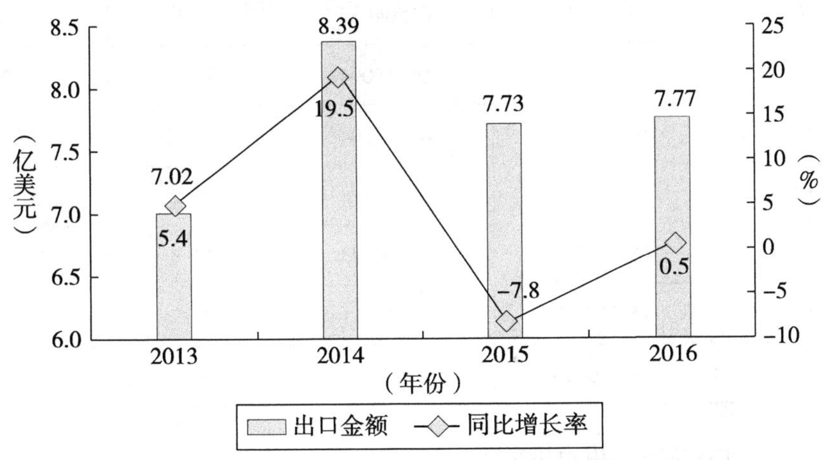

图 2－12 2013—2016 年中国手动扳手出口金额走势

从图 2－12 中可以看出，2013—2016 年中国手动扳手出口金额呈倒 V 字形走势。2016 年累计出口金额达 7.77 亿美元，较去年同期增长了 0.5%，较 2013 年同期增长了 10.7%。

2016 年中国手动扳手出口数量和出口金额及与去年同期相比的变化如表 2－11 所示。

表 2－11　2016 年中国手动扳手出口数量和出口金额及与去年同期相比的变化

月份	出口数量（千克）	出口金额（美元）	与去年同期相比的变化	
			出口数量变化百分比（%）	出口金额变化百分比（%）
1	13727648	65177339	－12.0	－13.8
2	9446695	45569260	－30.2	－30.1
3	10223475	52146522	40.6	32.5
4	14260519	66144341	19.0	21.9
5	14662881	67340527	7.4	7.3
6	13655287	61552409	－4.6	－8.4
7	13538801	61504033	6.1	－2.1
8	18065180	86715094	20.3	11.0
9	14015496	68163704	－5.0	－12.0
10	13743879	62625473	10.2	3.5
11	15117578	65914993	23.8	16.4
12	15879482	74225611	4.6	1.6
总计	166336850	777055411	4.8	0.5

（2）中国手动扳手出口国家/地区分布

2016 年中国手动扳手出口国家/地区分布情况如表 2－12 所示。2016 年中国手动扳手出口金额占比情况如图 2－13 所示。

表 2－12　　2016 年中国手动扳手出口国家/地区分布情况

序号	国家/地区	出口数量（千克）	出口金额（美元）	比去年同期	
				出口数量变化百分比（%）	出口金额变化百分比（%）
1	美国	42104824	224227922	2.5	－3.5
2	加拿大	4970067	27929734	－7.3	7.4
3	越南	4514108	25500050	9.5	1.9
4	德国	5202066	22374117	15.1	8.6
5	澳大利亚	2229999	21972147	2.2	68.1
6	英国	4202284	21436533	8.8	5.7
7	日本	3340202	20118089	－2.7	－1.2
8	印度尼西亚	5787573	17989093	20.0	12.8
9	法国	3100009	17769886	5.8	－11.6
10	中国台湾	3701931	16591112	9.8	7.1

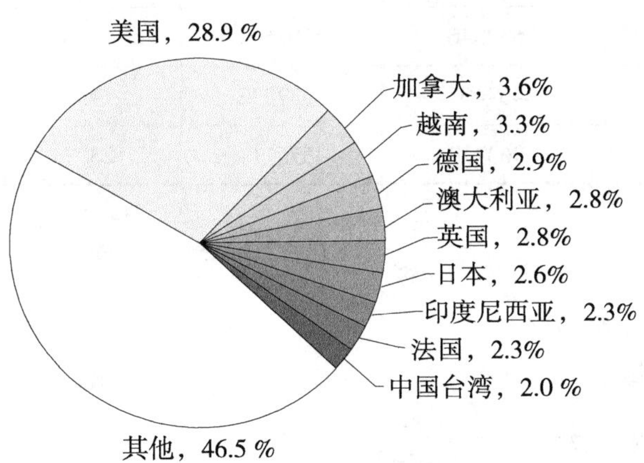

图 2－13　2016 年中国手动扳手出口金额占比情况

从 2016 年的出口数据中可以看出，中国手动扳手的主要出口国家/地区是美国、加拿大、越南、德国、澳大利亚、英国、日本、印度尼西亚、法国和中国台湾。

美国是中国手动扳手的最主要的出口国家，对美国的出口金额占中国该产品出口总金额的 28.9%。

（3）中国手动扳手出口货源地分布

2016 年中国手动扳手出口货源地分布情况如表 2－13 所示。2016 年中国手动扳手出口货源地出口金额占比情况如图 2－14 所示。

表 2－13　　2016 年中国手动扳手出口货源地分布情况

序号	省区市	出口数量（千克）	出口金额（美元）	比去年同期	
				出口数量变化百分比（%）	出口金额变化百分比（%）
1	浙江	80705168	342726441	6.5	2.7
2	山东	33402955	151149026	6.4	－1.9
3	上海	21060306	134507501	－6.7	1.7
4	江苏	16449008	70046583	10.0	5.4
5	广东	6369722	41464998	－2.7	－14.8
6	河北	1018718	6076784	14.8	20.5
7	湖南	1977273	5530201	23.4	14.4
8	新疆	632346	4102604	45.0	40.6
9	天津	469405	3587332	19.2	－20.6
10	福建	963717	3575111	23.7	4.8

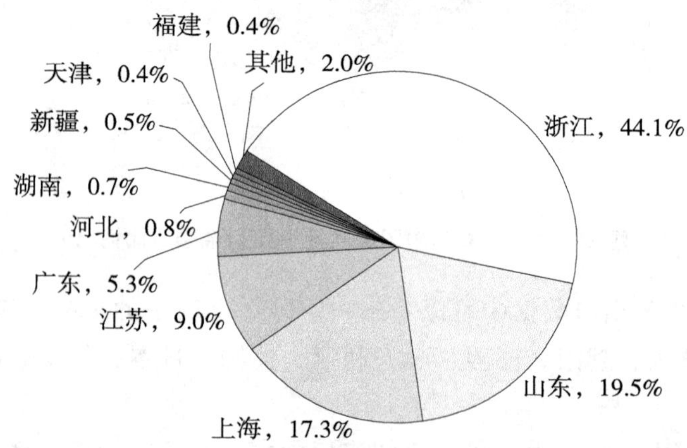

图 2－14　2016 年中国手动扳手出口货源地出口金额占比情况

浙江、山东、上海三省市是中国手动扳手的主要出口货源地，2016 年，上述三省市的手动扳手出口数量占中国该产品出口总数量的 82.38%，出口金额占中国该产品出口总金额的 80.9%。

5. 中国其他手工工具出口分析

（1）中国其他手工工具出口金额及与去年同期相比的变化

2013—2016 年中国其他手工工具出口金额走势如图 2－15 所示。

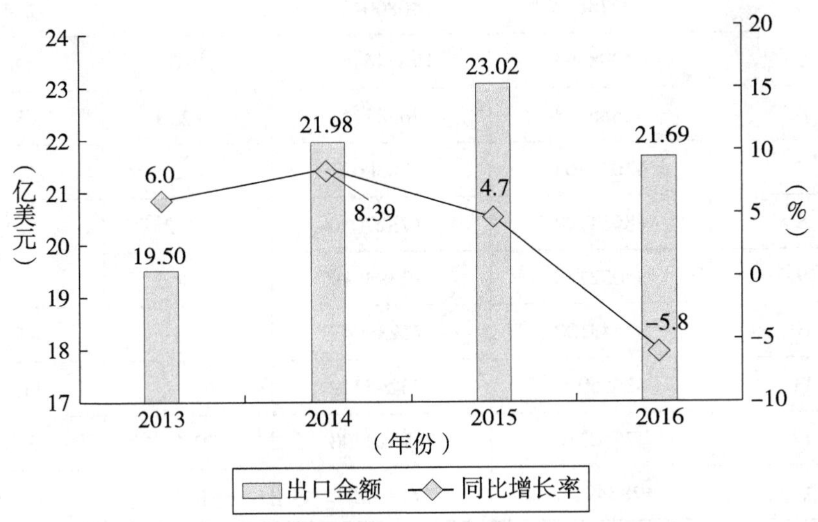

图 2－15　2013—2016 年中国其他手工工具出口金额走势

从图 2－15 中可以看出，2013—2016 年中国其他手工工具出口金额走势呈倒 V 字形。2016 年累计出口金额达 21.69 亿美元，较去年同期下降了 5.8%，较 2013 年同期增长了 11.23%。

2016 年中国其他手工工具出口数量和出口金额及与去年同期相比的变化如表 2－14 所示。

表 2－14　2016 年中国其他手工工具出口数量和出口金额及与去年同期相比的变化

月份	出口数量（千克）	出口金额（美元）	与去年同期相比的变化	
			出口数量变化百分比（%）	出口金额变化百分比（%）
1	40755663	187845781	－9.6	－14.4

续表

月份	出口数量（千克）	出口金额（美元）	与去年同期相比的变化	
			出口数量变化百分比（%）	出口金额变化百分比（%）
2	26655516	115409320	-34.3	-39.2
3	29113731	131783585	35.0	32.0
4	39278682	180800438	1.1	2.4
5	44998594	196446266	0.6	-4.5
6	41686643	186901155	-2.6	-8.2
7	42021265	185630027	2.5	-7.2
8	48534792	217827030	12.2	5.1
9	38052133	172383589	-12.2	-21.4
10	37443138	171239043	1.1	-6.8
11	42455919	195245319	19.4	11.1
12	47540210	227523700	9.0	3.3
总计	478549100	2169642527	0.2	-5.8

（2）中国其他手工工具出口国家/地区分布

2016年中国其他手工工具出口国家/地区分布情况如表2-15所示。2016年中国其他手工工具出口金额占比情况如图2-16所示。

表2-15　2016年中国其他手工工具出口国家/地区分布情况

序号	国家/地区	出口数量（千克）	出口金额（美元）	比去年同期	
				出口数量变化百分比（%）	出口金额变化百分比（%）
1	美国	124050511	544814344	-2.1	-9.9
2	德国	24718115	111697429	8.0	-3.7
3	英国	21882600	93966143	3.3	-2.5
4	俄罗斯	15731221	63331935	0.6	2.8

续表

序号	国家/地区	出口数量（千克）	出口金额（美元）	比去年同期	
				出口数量变化百分比（%）	出口金额变化百分比（%）
5	荷兰	14411710	60956135	-9.4	-13.2
6	法国	10148731	49543386	-4.4	-11.6
7	澳大利亚	10001349	45812338	1.7	-1.8
8	中国香港	5968846	44710978	-7.7	21.0
9	越南	4618235	41894456	13.8	9.4
10	印度尼西亚	12344211	39805199	6.2	-5.3

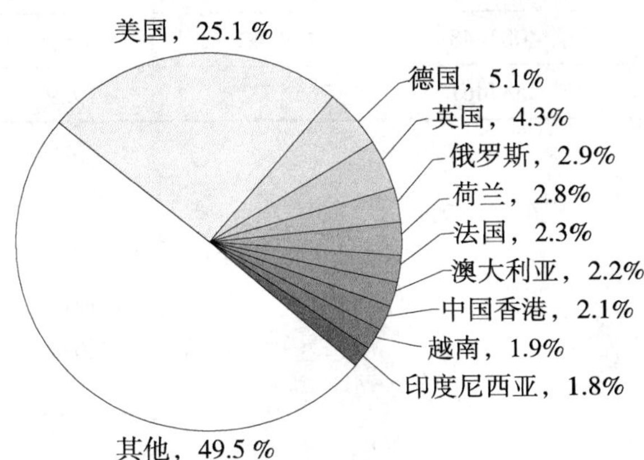

图 2-16 2016 年中国其他手工工具出口金额占比情况

从 2016 年的出口数据可以看出，中国其他手工工具的主要出口国家/地区是美国、德国、英国、俄罗斯、荷兰、法国、澳大利亚、中国香港、越南、印度尼西亚。

美国是中国其他手工工具的最大出口国家，对美国的出口金额占中国该产品出口总金额的 25.1%。2016 年，中国前 10 大出口国家/地区中，对中国香港的出口金额增长较快，与去年同期相比增长了 21%。

（3）中国其他手工工具出口货源地分布

2016 年中国其他手工工具出口货源地分布情况如表 2-16 所示。2016 年中国其他手工工具出口货源地出口金额占比情况如图 2-17 所示。

表 2－16　　2016 年中国其他手工工具出口货源地分布情况

序号	省区市	出口数量（千克）	出口金额（美元）	比去年同期	
				出口数量变化百分比（%）	出口金额变化百分比（%）
1	浙江	229119006	1106988199	6.7	1.5
2	广东	65118400	453043861	－5.8	－12.6
3	江苏	53964424	192967786	－1.4	1.6
4	上海	40362373	173506821	－3.9	－8.0
5	山东	62791398	128692152	－7.4	－27.8
6	天津	6298296	19472112	0.7	－4.7
7	新疆	1973663	17299838	－1.2	11.8
8	福建	3073706	16847998	－15.2	－12.0
9	河北	4083448	9489642	16.6	12.4
10	重庆	2587461	7615572	－19.9	－58.6

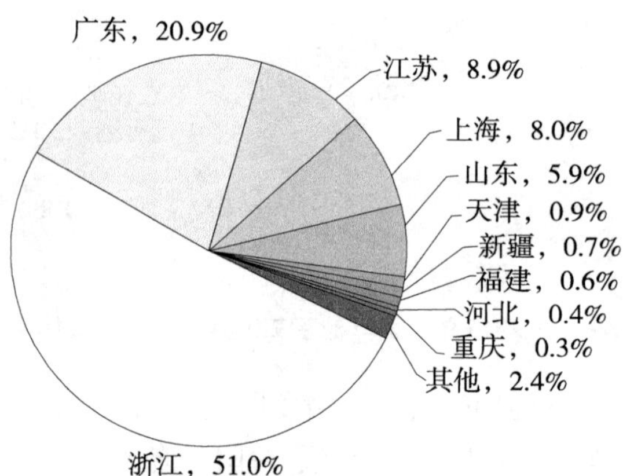

图 2－17　2016 年中国其他手工工具出口货源地出口金额占比情况

浙江和广东两省是中国其他手工工具的主要出口货源地，2016 年，上述两省的其他手工工具出口数量占中国该产品出口总数量的 61.5%，出口金额占中国该产品出口总金额的 71.9%。

2016 年，中国其他手工工具排名前 10 位的出口货源地中，河北省的其他手工工具出口金额与去年同期相比增长了 12.4%，增长最快。

6. 中国手提式工具出口分析

(1) 中国手提式工具出口金额及与去年同期相比的变化

2013—2016 年中国手提式工具出口金额走势如图 2－18 所示。

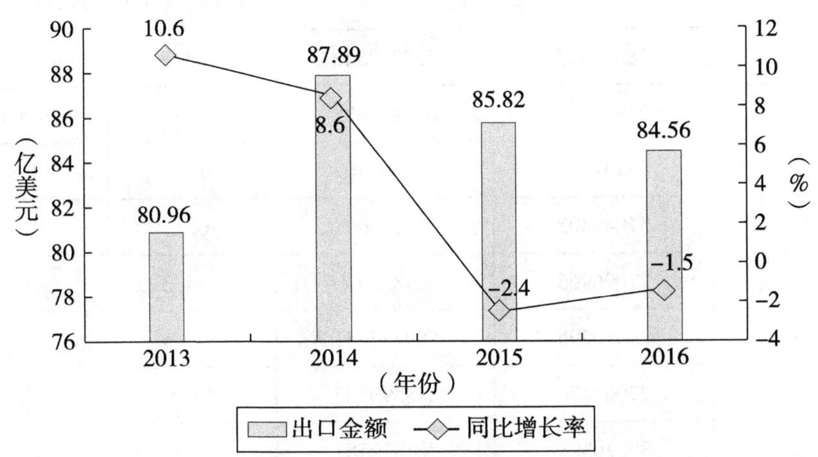

图 2－18　2013—2016 年中国手提式工具出口金额走势

从图 2－18 中可以看出，2013—2016 年中国手提式工具出口金额走势呈 V 字形。2016 年累计出口金额达 84.56 亿美元，较去年同期下降了 1.5%，较 2013 年同期增长了 4.4%。

2016 年中国手提式工具出口数量和出口金额及与去年同期相比的变化如表 2－17 所示。

表 2－17　2016 年中国手提式工具出口数量和出口金额及与去年同期相比的变化

月份	出口数量（千克）	出口金额（美元）	与去年同期相比的变化	
			出口数量变化百分比（%）	出口金额变化百分比（%）
1	28153922	729343717	－9.6	－8.4
2	21962332	612379575	－18.9	－18.4
3	24064131	682933569	16.3	11.0
4	27992600	751501861	－3.6	－3.1

续表

月份	出口数量（千克）	出口金额（美元）	与去年同期相比的变化	
			出口数量变化百分比（%）	出口金额变化百分比（%）
5	28377807	728222542	-8.7	-2.3
6	25937673	675951435	12.0	-4.6
7	28187324	727385467	7.2	4.8
8	31043402	813505094	6.4	3.7
9	27096966	699825930	-4.3	-6.7
10	23310296	589447841	-3.5	-5.9
11	27061476	678593867	17.5	16.3
12	30326398	766876582	3.2	2.0
总计	323521170	8456075892	-1.6	-1.5

（2）中国手提式工具出口国家/地区分布

2016年中国手提式工具出口国家/地区分布情况如表2-18所示。2016年中国手提式工具出口金额占比情况如图2-19所示。

表2-18　2016年中国手提式工具出口国家/地区分布情况

序号	国家/地区	出口数量（千克）	出口金额（美元）	与去年同期相比的变化	
				出口数量变化百分比（%）	出口金额变化百分比（%）
1	美国	85832031	2692845789	-8.0	3.7
2	德国	20692291	668294226	3.5	1.0
3	英国	12317826	399595910	3.4	1.2
4	荷兰	9314427	283496286	-6.1	-18.6
5	澳大利亚	6760399	261393677	-9.7	-13.8
6	日本	7676681	257915289	-0.3	5.0

续表

序号	国家/地区	出口数量（千克）	出口金额（美元）	与去年同期相比的变化	
				出口数量变化百分比（%）	出口金额变化百分比（%）
7	比利时	9824546	251069581	0.1	0.7
8	俄罗斯	12312481	245617984	-0.6	1.8
9	法国	5423922	178907387	-10.7	-3.9
10	中国香港	6675517	164759358	1.4	15.1

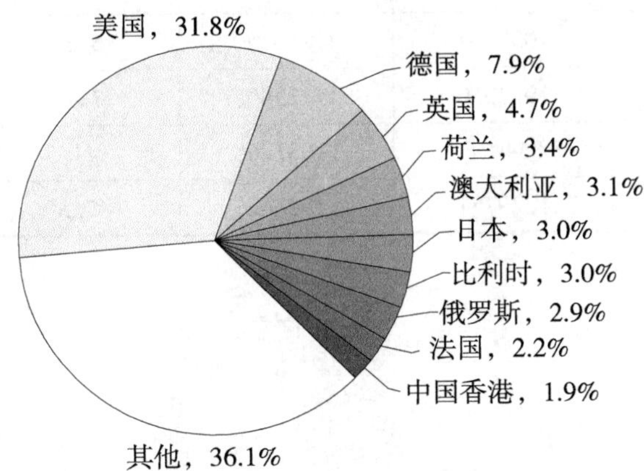

图 2-19　2016 年中国手提式工具出口金额占比情况

从表 2-18 中可以看出，中国手提式工具的主要出口国家/地区是美国、德国、英国、荷兰、澳大利亚、日本、比利时、俄罗斯、法国和中国香港。

美国是中国手提式工具的最大出口市场，对美国的出口金额占中国该产品出口总金额的 31.8%。2016 年，中国手提式工具前 10 大出口国家/地区中，对中国香港的出口金额增长最快，与去年同期相比增长了 15.1%。

（3）中国手提式工具出口货源地分布

2016 年中国手提式工具出口货源地分布情况如表 2-19 所示。2016 年中国手提式工具出口货源地出口金额占比情况如图 2-20 所示。

表2－19　　2016年中国手提式工具出口货源地分布情况

序号	省区市	出口数量（千克）	出口金额（美元）	比去年同期	
				出口数量变化百分比（%）	出口金额变化百分比（%）
1	江苏	101028490	3061726416	-8.9	-2.6
2	浙江	139601994	2560186192	6.6	0.1
3	广东	45981247	1890413127	-5.6	1.1
4	上海	12830595	348020114	-12.2	-18.2
5	山东	10433157	336982921	5.8	12.0
6	福建	5757712	103826715	-6.5	-8.9
7	辽宁	1032567	37840370	5.3	2.2
8	重庆	1923950	37215455	7.7	-0.1
9	新疆	834036	19631268	-41.5	-19.3
10	四川	1229757	13903665	47.3	-28.4

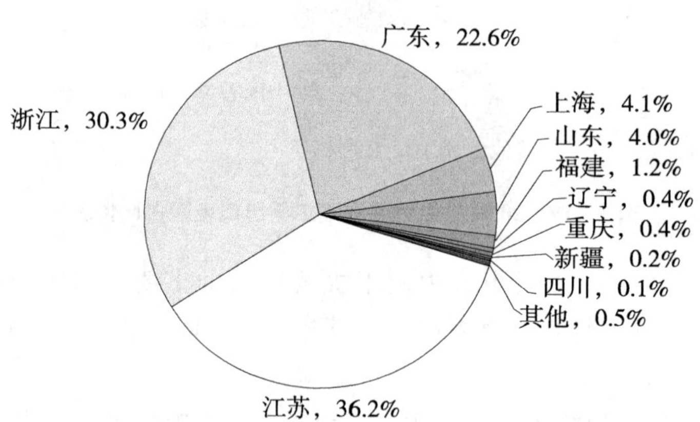

图2－20　2016年中国手提式工具出口货源地出口金额占比情况

从表2－19中可以看出，江苏、浙江和广东三省是中国手提式工具的主要出口货源地，2016年，上述三省的手提式工具出口数量占中国该产品出口总数量的89.4%，出口金额占中国该产品出口总金额的89.1%。

2016年，中国手提式工具排名前10位的出口货源地中，山东省的手提式工具出口金额与去年同期相比增长了12%，增长较快。

2.4.3 全球五金工具行业进出口数据分析

1. 全球农林、园艺用手工工具进出口数据分析

（1）2018 年全球农林、园艺用手工工具进口数据分析

2018 年全球农林、园艺用手工工具主要进口国家/地区的进口金额及与去年同期相比百分比变化如表 2 - 20 所示。

表 2 - 20　2018 年全球农林、园艺用手工工具主要进口国家/地区的进口金额及与去年同期相比百分比变化

序号	进口国家/地区	进口金额（千美元）	与去年同期相比百分比变化（%）
1	美国	303266	-9.8
2	德国	138013	1.7
3	英国	76120	-20.6
4	荷兰	59570	-11.0
5	法国	56391	4.1
6	奥地利	48064	30.1
7	日本	39326	-18.8
8	加拿大	35408	-11.7
9	西班牙	30555	-2.9
10	意大利	29617	6.0

从表 2 - 20 中可以看出，全球排名前 10 位的农林、园艺用手工工具进口国家/地区中，美国、德国和英国位列前三，进口金额分别为 3.03 亿美元（同比下降了 9.8%）、1.38 亿美元（同比增长了 1.7%）、0.76 亿美元（同比下降了 20.6%）。

（2）2018 年全球农林、园艺用手工工具出口数据分析

2018 年全球农林、园艺用手工工具主要出口国家/地区的出口金额及与去年同期相比百分比变化如表 2 - 21 所示。

表2－21　2018年全球农林、园艺用手工工具主要出口国家/地区的出口金额及与去年同期相比百分比变化

序号	出口国家/地区	出口金额（千美元）	与去年同期相比百分比变化（%）
1	中国（大陆）	605803	－8.8
2	德国	132432	12.3
3	中国台湾	118669	－7.3
4	墨西哥	92592	6.1
5	波兰	49508	28.6
6	荷兰	43780	2.9
7	芬兰	35839	－5.0
8	印度	33231	－27.3
9	美国	27386	－17.4
10	法国	26754	1.9

从表2－21中可以看出，全球排名前10位的农林、园艺用手工工具出口国家/地区中，中国（大陆）、德国和中国台湾位列前三，出口金额分别为6.05亿美元（同比下降了8.8%）、1.32亿美元（同比增长了12.3%）、1.18亿美元（同比下降了7.3%）。

2. 全球手工锯进出口数据分析

（1）2018年全球手工锯进口数据分析

2018年全球手工锯主要进口国家/地区的进口金额及与去年同期相比百分比变化如表2－22所示。

表2－22　2018年全球手工锯主要进口国家/地区的进口金额及与去年同期相比百分比变化

序号	进口国家/地区	进口金额（千美元）	与去年同期相比百分比变化（%）
1	美国	728647	5.4
2	德国	281249	－1.5
3	中国	222837	－0.6
4	加拿大	125965	4.2

续表

序号	进口国家/地区	进口金额（千美元）	与去年同期相比百分比变化（%）
5	荷兰	121538	-2.3
6	法国	121317	3.3
7	英国	113162	-19.2
8	俄罗斯	104599	7.8
9	日本	91677	0.3
10	意大利	91381	2.8

从表2-22中可以看出，全球排名前10位的手工锯进口国家/地区中，美国、德国和中国位列前三，进口金额分别为7.29亿美元（同比增长了5.4%）、2.81亿美元（同比下降了1.5%）、2.23亿美元（同比下降了0.6%）。

（2）2018年全球手工锯出口数据分析

2018年全球手工锯主要出口国家/地区的出口金额及与去年同期相比百分比变化如表2-23所示。

表2-23　2018年全球手工锯主要出口国家/地区的出口金额及与去年同期相比百分比变化

序号	出口国家/地区	出口金额（千美元）	与去年同期相比百分比变化（%）
1	中国	1060855	-2.1
2	德国	556001	1.3
3	美国	279353	-8.0
4	意大利	188339	3.0
5	日本	166006	5.8
6	荷兰	132276	14.3
7	加拿大	123621	7.4
8	瑞典	117301	-4.3
9	韩国	113519	9.5
10	比利时	85930	-1.4

从表2－23中可以看出，全球排名前10位的手工锯出口国家/地区中，中国、德国和美国位列前三，出口金额分别为10.61亿美元（同比下降了2.1%）、5.56亿美元（同比增长了1.3%）、2.79亿美元（同比下降了8.0%）。

3. 全球钢锉等类似手工工具进出口数据分析

（1）2018年全球钢锉等类似手工工具进口数据分析

2018年全球钢锉等类似手工工具主要进口国家/地区的进口金额及与去年同期相比百分比变化如表2－24所示。

表2－24　2018年全球钢锉等类似手工工具主要进口国家/地区的进口金额及与去年同期相比百分比变化

序号	进口国家/地区	进口金额（千美元）	与去年同期相比百分比变化（%）
1	美国	373437	－0.6
2	德国	143462	2.5
3	新加坡	106272	－38.4
4	法国	92660	0.6
5	英国	78743	－2.0
6	加拿大	72019	－7.8
7	荷兰	66005	10.6
8	墨西哥	59351	－4.8
9	比利时	51508	1.8
10	日本	48281	2.2

从表2－24中可以看出，全球排名前10位的钢锉等类似手工工具进口国家/地区中，美国、德国和新加坡位列前三，进口金额分别为3.73亿美元（同比下降了0.6%）、1.43亿美元（同比增长了2.5%）、1.06亿美元（同比下降了38.4%）。

（2）2018年全球钢锉等类似手工工具出口数据分析

2018年全球钢锉等类似手工工具主要出口国家/地区的出口金额及与去年同期相比百分比变化如表2－25所示。

表 2 -25　2018 年全球钢锉等类似手工工具主要出口国家/地区的出口金额及与去年同期相比百分比变化

序号	出口国家/地区	出口金额（千美元）	与去年同期相比百分比变化（%）
1	中国（大陆）	698677	-1.4
2	德国	323393	7.2
3	美国	181088	4.0
4	中国台湾	119198	-2.9
5	瑞士	69499	-2.4
6	荷兰	65799	9.8
7	日本	52333	7.4
8	印度	52142	-16.1
9	比利时	46837	2.3
10	法国	43317	-0.9

从表 2 -25 中可以看出，全球排名前 10 位的钢锉等类似手工工具出口国家/地区，中国（大陆）、德国和美国位列前三，出口金额分别为 6.99 亿美元（同比下降了 1.4%）、3.23 亿美元（同比增长了 7.2%）、1.81 亿美元（同比增长了 4.0%）。

4. 全球手动扳手进出口数据分析

（1）2018 年全球手动扳手进口数据分析

2018 年全球手动扳手主要进口国家/地区的进口金额及与去年同期相比百分比变化如表 2 -26 所示。

表 2 -26　2018 年全球手动扳手主要进口国家/地区的进口金额及与去年同期相比百分比变化

序号	进口国家/地区	进口金额（千美元）	与去年同期相比百分比变化（%）
1	美国	574132	-6.8
2	德国	204401	1.5
3	法国	120836	-1.2
4	加拿大	115121	-3.3

续表

序号	进口国家/地区	进口金额（千美元）	与去年同期相比百分比变化（%）
5	英国	110179	-8.8
6	中国	91964	-9.3
7	荷兰	84463	21.8
8	墨西哥	71613	-3.6
9	日本	70259	10.3
10	波兰	60601	4.3

从表2-26中可以看出，全球排名前10位的手动扳手进口国家/地区中，美国、德国和法国位列前三，进口金额分别为5.74亿美元（同比下降了6.8%）、2.04亿美元（同比增长了1.5%）、1.21亿美元（同比下降了1.2%）。

（2）2018年全球手动扳手出口数据分析

2018年全球手动扳手主要出口国家/地区的出口金额及与去年同期相比百分比变化如表2-27所示。

表2-27　2018年全球手动扳手主要出口国家/地区的出口金额及与去年同期相比百分比变化

序号	出口国家/地区	出口金额（千美元）	与去年同期相比百分比变化（%）
1	中国（大陆）	780568	0.9
2	中国台湾	529741	-5.6
3	美国	265706	-4.5
4	德国	263292	7.2
5	印度	119956	-13.8
6	荷兰	75680	15.2
7	日本	52149	4.3
8	西班牙	48477	-0.4
9	英国	48246	-21.2
10	法国	45055	-10.0

从表 2－27 中可以看出，全球排名前 10 位的手动扳手出口国家/地区中，中国（大陆）、中国台湾和美国位列前三，出口金额分别为 7.81 亿美元（同比增长了 0.9%）、5.30 亿美元（同比下降了 5.6%）、2.66 亿美元（同比下降了 4.5%）。

5. 全球其他手工工具进出口数据分析

（1）2018 年全球其他手工工具进口数据分析

2018 年全球其他手工工具主要进口国家/地区的进口金额及与去年同期相比百分比变化如表 2－28 所示。

表 2－28　2018 年全球其他手工工具主要进口国家/地区的进口金额及与去年同期相比百分比变化

序号	进口国家/地区	进口金额（千美元）	与去年同期相比百分比变化（%）
1	美国	1188575	－3.4
2	德国	509874	7.1
3	法国	315697	8.1
4	英国	289174	－9.1
5	加拿大	239822	－7.2
6	波兰	171035	58.1
7	荷兰	169662	－7.7
8	比利时	157874	6.6
9	西班牙	143856	11.3
10	奥地利	143159	7.5

从表 2－28 中可以看出，全球排名前 10 位的其他手工工具进口国家/地区中，美国、德国和法国位列前三，进口金额分别为 11.89 亿美元（同比下降了 3.4%）、5.10 亿美元（同比增长了 7.1%）、3.16 亿美元（同比增长了 8.1%）。

（2）2018 年全球其他手工工具出口数据分析

2018 年全球其他手工工具主要出口国家/地区的出口金额及与去年同期相比百分比变化如表 2－29 所示。

表2－29　　2018年全球其他手工工具主要出口国家/地区的出口金额及与去年同期相比百分比变化

序号	出口国家/地区	出口金额（千美元）	与去年同期相比百分比变化（%）
1	中国（大陆）	2203907	-4.4
2	中国台湾	932980	-3.1
3	德国	649091	5.4
4	美国	585397	0.0
5	法国	239297	4.8
6	英国	166684	-0.5
7	意大利	156996	7.4
8	奥地利	127925	0.2
9	荷兰	124370	15.7
10	比利时	118343	4.4

从表2－29中可以看出，全球排名前10位的其他手工工具出口国家/地区中，中国（大陆）、中国台湾和德国位列前三，出口金额分别为22.04亿美元（同比下降了4.4%）、9.33亿美元（同比下降了3.1%）、6.49亿美元（同比增长了5.4%）。

6. 全球手提式工具进出口数据分析

（1）2018年全球手提式工具进口数据分析

2018年全球手提式工具主要进口国家/地区的进口金额及与去年同期相比百分比变化如表2－30所示。

表2－30　　2018年全球手提式工具主要进口国家/地区的进口金额及与去年同期相比百分比变化

序号	进口国家/地区	进口金额（千美元）	与去年同期相比百分比变化（%）
1	美国	5322726	3.1
2	德国	2126464	5.9
3	法国	1211685	3.8
4	英国	918704	-7.1
5	比利时	907251	15.5

续表

序号	进口国家/地区	进口金额（千美元）	与去年同期相比百分比变化（%）
6	加拿大	770350	1.9
7	中国	601340	9.1
8	荷兰	577908	16.0
9	澳大利亚	523961	-6.1
10	意大利	509632	8.5

从表2-30中可以看出，全球排名前10位的手提式工具进口国家/地区中，美国、德国和法国位列前三，进口金额分别为53.23亿美元（同比增长了3.1%）、21.26亿美元（同比增长了5.9%）、12.12亿美元（同比增长了3.8%）。

（2）2018年全球手提式工具出口数据分析

2018年全球手提式工具主要出口国家/地区的出口金额及与去年同期相比百分比变化如表2-31所示。

表2-31　2018年全球手提式工具主要出口国家/地区的出口金额及与去年同期相比百分比变化

序号	出口国家/地区	出口金额（千美元）	与去年同期相比百分比变化（%）
1	中国（大陆）	8462776	-1.4
2	德国	3173440	22.0
3	美国	1305622	-1.0
4	比利时	856317	6.9
5	墨西哥	781984	-4.7
6	瑞典	727526	6.9
7	日本	706797	2.4
8	中国台湾	705353	1.7
9	奥地利	651829	21.6
10	中国香港	574605	11.4

从表2-31中可以看出，全球排名前10位的手提式工具出口国家/地区中，中国（大陆）、德国和美国位列前三，出口金额分别为84.63亿美元（同

比下降了1.4%）、31.73亿美元（同比增长了22.0%）、13.06亿美元（同比下降了1.0%）。

2.5 案例拓展：永康五金八大支柱行业的商机

2004年，永康五金将支柱行业分为电动工具、衡器、有色金属、小家电及厨具、不锈钢制品、防盗门、休闲运动车、汽摩配件八大行业，现被称为"老八大行业"。2011年，永康市委、市政府根据中华人民共和国国家统计局《国民经济行业分类》对八大行业进行重新分类整合，统一划分为车业、门业、杯业、电动工具、五金电器厨具、休闲器具、五金技术装备、金属材料八大行业，简称为"三业三具加备料"。

永康五金的八大支柱行业影响着国内五金行业的发展。永康市委、市政府高度重视智能制造与现代信息技术赋能五金行业的新机遇，力求通过政府引导，使行业融合并集聚更多的五金行业技术资源。可以预言，永康五金八大支柱行业蕴含着我国五金行业发展的巨大商机！

2.5.1 永康车业

车业指汽车业、摩托车及其配件制造业。永康有车业企业近千家，年总产值达人民币130亿元以上。摩托车及其配件制造业是永康的传统行业，早在20世纪70年代就开始生产，进入90年代得到快速发展。汽车业已经形成整车、零部件、关联产品三大板块，其中，整车系列有SUV轿车、房车（商务车）、轿跑车、电动汽车、特种车、轻型卡车、微型皮卡、摩托车等近百种车型；零部件系列有汽车发动机、大功率柴油发动机、变速箱、齿轮、轮毂、汽车电机等数百种产品，整个行业已经形成了较为完整的行业体系。

2.5.2 永康门业

永康门业从20世纪90年代中期开始兴起，经过10多年的快速发展，目前拥有企业500多家，年产各类产品3500多万樘，出口900多万樘，年产值达人民币130多亿元，其防盗门产量占全国防盗门总产量的80%。产品已经形成钢质、铜质、不锈钢、木质、复合材料等不同材质的进户门、室内门、非标门、防火门、车库门等10多个系列数百个品种。在国内建立了20000多个零售网点和技术服务中心，产品还远销100多个国家和地区。2009年，中国建筑金属结构协会授予永康市“中国门都”荣誉称号。

2.5.3　永康杯业

杯业主要包括杯、壶等行业。永康杯业发展可追溯到20世纪90年代初，经过近30年的发展，永康杯业已形成了从产品开发设计到加工制造以及市场销售的完整流程，成为全国最大的口杯（不锈钢制品）生产基地，年总产值达人民币90亿元以上。2010年12月，中国轻工业联合会、中国日用杂品工业协会授予永康市“中国口杯之都”荣誉称号。永康杯（壶）业拥有生产企业2000多家，生产家用系列、旅游系列、运动系列、卡通系列、办公系列等8个系列1000多个花色品种。

2.5.4　永康电动工具

电动工具包括传统电动工具、齿轮、磨具、汽油锯、手工具等行业。电动工具生产开始于20世纪60年代，经过数十年的发展，永康电动工具行业已拥有800多家企业，年产电动工具整机7000多万台，产值达人民币110亿元以上，年外贸出口额人民币70多亿元，总产量和出口量分别占全国总产量的1/4和总出口量的1/3，是我国最大的电动工具生产基地和出口基地，产品远销欧、美、亚、非、澳等100多个国家和地区，与日本、德国并称全球电动工具三强。2012年9月，中国电器工业协会正式授予永康市为“中国电动工具之都”荣誉称号。

2.5.5　永康五金电器厨具

五金电器厨具主要包括电力和非电力厨具、电器塑料配件等行业。永康有小家电及厨房用具生产企业上千家，年产值人民币70亿元以上。从电炒锅、电饼铛、燃气灶、电饭煲、拖把到无叶风扇、吸尘器，永康家电产品紧跟市场节奏和消费者需求，瞄准个性化、专业化，不断进行“热点”切换。

2019 年，永康生产的电暖锅、电饼铛分别占全国销售市场的60%、50%，不粘锅占全国出口量的40%。永康生产无叶风扇的企业就有 200 多家，主要出口韩国、日本、东南亚国家和地区，目前全球的无叶风扇近一半是永康生产的。

2.5.6 永康休闲器具

休闲器具包括健身器材和户外家具两大类。开始于 21 世纪初的滑板车热，最多时曾日产 150000 台，名列世界第一。此后永康休闲运动车迅速扩张壮大，电动自行车、电动摩托车、沙滩车、滑板车、卡丁车等，品种不断增加，2019 年产值达人民币 50 亿元以上，其占全国总产量的 70%。休闲器具成为永康的支柱行业。2009 年被中国轻工业联合会、中国礼仪用品工业协会授予“中国休闲运动车之都”荣誉称号。

2.5.7 永康五金技术装备

永康五金技术装备主要指专用设备、通用设备和金属制品这三部分。一是专用设备，如点焊机、拉管机、整平机等专业设备。二是通用设备，如金属加工机械类的普通机床、台钻、焊接机、数控机床等，如衡器类的传统杆称、钱称、机械式案称、电子计量称、电子计价称等，如阀门类的各种低压球阀等。三是金属制品，如手工工具、园林工具、切削工具、刀剪、卫生洁具、建筑金属制品等。近几年，永康的五金技术装备制造得到快速发展并正在向更深更广的领域拓展。

2.5.8 永康金属材料

永康金属材料指有色金属冶炼、压延，黑色金属冶炼、压延和废旧金属的加工处理，是五金行业的基础。金属材料行业起始于 20 世纪 80 年代的烊铝灰、铸铝锭的生产，经过 30 多年的发展，以铜铝铁为主的金属材料行业有了质的飞跃，出现了一大批规模及以上企业，成为永康五金八大支柱行业之一。金属材料行业年总产值达人民币 140 亿元以上，建筑铜条、防滑条、铜板、铜带销售量均占全国市场总销售量的 60% 以上。永康生产的许多金属材料已经应用于核电、飞机、高铁、轮船，其中纳米铝粉还可用作火箭、导弹燃料的配料。

2.6 相关研究小结

本章对国内外五金行业的发展现状进行了调研分析，对2021—2025年中国五金行业发展趋势做出预测，特别针对中国五金工具行业的发展，重点进行了“以点带面”式的数据佐证分析。

通过上述分析，我们可以得出如下结论：

（1）2021—2025年，全球五金市场将呈现出两个方面的变化：一方面，发达国家将继续推进中低档五金制品向外转移；另一方面，DIY五金制品成为五金市场的新宠。

（2）我国已成为全球五金行业名副其实的生产和销售大国，特别是浙江、江苏、上海、广东、山东、四川等五金行业发展靠前的省市，将通过大数据、云平台、区块链、物联网等新一代信息技术的应用，优化五金制品的进出口贸易和服务业务。

（3）开展跨境贸易建设国家将是中国五金行业出口的主战场和优先拓展的市场区域。

3 中国五金行业跨境贸易建设研究

3.1 中国五金行业跨境贸易建设发展现状分析

（1）中国五金行业2019年上半年进出口情况

根据中国海关统计数据，2019年1—6月，我国五金行业累计完成进出口总额694.72亿美元，同比增长8.34%。其中：累计完成出口额569.53亿美元，同比增长3.08%；累计完成进口额125.19亿美元，同比减少5.02%。2019年1—6月全行业累计实现对外贸易顺差444.34①亿美元。

2019年1—6月，五金行业各子行业按照累计进出口额大小排序依次为：建筑五金、工具五金、卫浴产品、日用五金、烹饪炊具及铝制品、锁具、燃气用具、厨房设备、不锈钢制餐具、拉链和吸油烟机。其中，建筑五金、工具五金、卫浴产品和日用五金四个行业上半年累计进出口总额对全行业占比分别为33.77%、19.11%、13.67%和11.93%。② 除厨房设备和不锈钢制餐具两个子行业对外进出口额同比出现较小的负增长外，其他子行业均保持了正增长。

2019年1—6月，我国五金制品主要出口到美国、日本、德国、英国、韩国、印度、越南、俄罗斯、澳大利亚等234个国家和地区。与去年同期相比，新增贸易国14个，未减少贸易国。进口主要来自日本、德国、美国、韩国、意大利、马来西亚、法国、英国等155③个国家或地区。与去年同期相比新增了57个贸易国，未减少贸易国。

2019年1—6月，全国五金行业出口主要集中在广东、浙江、江苏、上海、山东、河北、福建、天津、辽宁、安徽等省市，这些地区出口额合计占

① 数据来源：中国五金制品协会。
② 数据来源：中国五金制品协会。
③ 数据来源：中国五金制品协会。

行业出口总额的95.73%①；进口主要集中在上海、江苏、广东、北京、山东、天津、辽宁、浙江、福建、吉林等省市，以上地区进口额合计占行业总进口额的88.59%。

（2）中国五金行业2019年上半年出口概况

2019年1—6月，中国五金行业完成累计出口额569.53亿美元，同比增长3.08%。五金行业各子行业中，出口额排名前5位的是：建筑五金，累计完成出口额171.34亿美元，同比增长1.49%；工具五金，累计完成出口额92.49亿美元，同比增长6.27%；卫浴产品，累计完成出口额90.83亿美元，同比增长3.32%；日用五金，累计完成出口额75.83亿美元，同比增长4%；烹饪炊具及铝制品，累计完成出口额49.6亿美元，同比增长3.55%。

2019年1—6月中国五金行业各子行业累计完成出口额占比情况如图3-1所示。

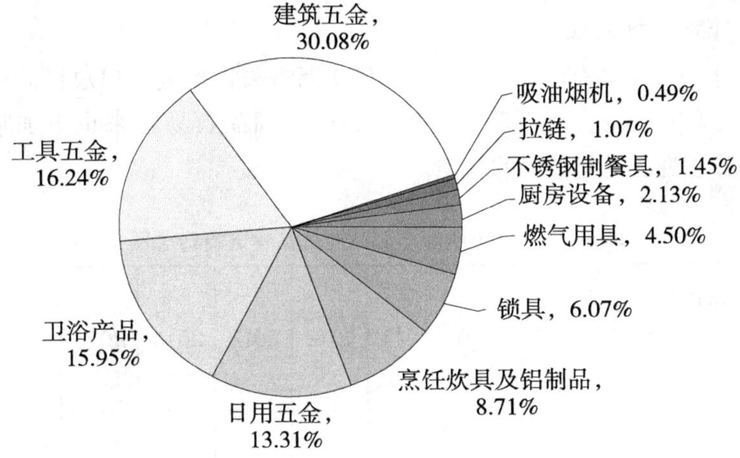

图3-1　2019年1—6月中国五金行业各子行业累计完成出口额占比情况

数据来源：中国五金制品协会。

3.2　比较优势理论和产业内贸易理论支撑跨境贸易分析

3.2.1　中非跨境贸易的互补性与贸易潜力分析

非洲地区是多民族、多文化的地区，多样化的消费者偏好促使非洲国家

① 数据来源：中国五金制品协会。

从国外进口更多的消费品，而非洲地区经济又相对落后，即使生产了同类产品，也不能满足所有非洲民众的需求，这也成了中国和非洲进行产业内贸易的基础。虽然生产初级产品和劳动密集型产品是中国的优势所在，但是这些产品的发展空间比较狭窄，如果仅依靠这些产品的出口，则不利于我国经济的可持续发展。所以中国应该最大限度地利用好规模经济的优势，将发展力量集中在附加值高、技术含量高的产品生产和研发上，形成本国在同类异质性产品上的比较优势，开展产业内贸易。而非洲国家，为了能够有效解决消费者需求与经济发展之间的矛盾，应大力完善基础设施建设，通过引进外资或者引进技术等方式，激发本国生产企业的自主生产能力，激活创造力，提高生产率。中非贸易在贸易结构上存在互补性，中国应注重发挥中国劳动力和技术的优势改善外贸结构，大力开展产业内贸易，促进中非经济长久发展。

1. 中非跨境贸易状况分析

表3－1显示了2008—2017年中国与非洲海关货物进出口总额。中国推行改革开放政策后，经济有了跨越式发展，中非商品贸易往来也更加频繁，中非经贸关系也随之迈上了新的台阶。

表3－1　　2008—2017年中国与非洲海关货物进出口总额 （单位：亿美元）

年份 进出口总额	2008	2009	2010	2011	2012	2013	2014	2015	2016	2017
中国从非洲进口总额	1072.7	910.7	1270.5	1663.3	1985.6	2102.5	2216.7	1788	1489.6	1706.4
中国向非洲出口总额	512	477	599	730	853	928	1060	1085	923	947

数据来源：2008—2017年度中国统计年鉴。

表3－2反映的是2017年中国与非洲主要国家的进出口贸易额。从进出口总额来看，超过100亿美元的非洲国家分别有南非和埃及。毫无疑问，南非是中国在非洲国家开展跨境贸易建设中最重要的伙伴。

表3－2　　2017年中国与非洲主要国家的进出口贸易额　　（单位：亿美元）

非洲主要国家	中国进口额	中国出口额	进出口总额
南非	243.5	148.2	391.7
埃及	13.4	94.9	108.3
埃塞俄比亚	3.6	26.7	30.3
摩洛哥	6.5	31.8	38.3

数据来源：中非贸易研究中心。

总体而言，非洲西部和北部是中国对非洲出口的主要地区，非洲南部和北部集中的是中国对非洲进口的主要合作国家，中非开展贸易合作的伙伴分布得比较集中，这虽然有利于中国与部分非洲国家开展稳定有序的经贸合作，但受到地缘经济、非洲国家内部政治因素的影响，贸易区域集聚的现象将会使中国在非洲开展对外贸易受到制约，且不利于中国进一步发展贸易伙伴、拓宽合作领域。

2．中非跨境贸易结构状况

联合国《国际贸易标准分类》（Standard International Trade Classification，SITC）见表3－3。

表3－3　　联合国《国际贸易标准分类》（SITC）

产品类别	分类号	类别描述
初级产品	SITC0	食品和活畜
	SITC1	饮料和烟草
	SITC2	粗材料，不能食用，但燃料除外
	SITC3	矿物燃料，润滑剂和相关材料
	SITC4	动物和植物油，油脂和蜡
工业制成品	SITC5	化学品及有关产品，不另说明
	SITC6	主要以材料分类的制成品
	SITC7	机械和运输设备
	SITC8	杂项制品
	SITC9	分类商品，而不是其他地方的贸易标准分类交易

根据联合国《国际贸易标准分类》（SITC）及 UN Comtrade 网站统计资料整理发现，非洲从中国进口商品主要以劳动密集型商品为主，如 SITC6（主要以材料分类的制成品）、SITC7（机械和运输设备）、SITC8（杂项制品），这三类商品占中国出口非洲总商品量的 70%~80%，这主要是由于非洲工业化正处于起步阶段，对于这些基础商品需求旺盛。而 SITC5（化学品及有关产品，不另说明）通常是燃料，占比为 5%~6%，SITC0（食品和活畜）占比为 2%~3%，对于这些商品的需求主要是因为非洲农业生产率低，粮食自给满足不了需求。

在具体的商品分类中，当前非洲进口中国的商品的需求主要集中在日常消费品、机械设备、交通运输工具和建筑材料方面。其中日常消费品包括：衣服、帽子等轻纺织品；箱包、玩偶等简单加工制造品；电视、家具等家用电器。这些主要是 SITC6 和 SITC8 分类下的劳动密集型商品，虽然这些也是中国商品出口的优势所在，但同时这些商品普遍附加值比较低、技术含量不高，容易被取代，所以中国在出口非洲的商品结构方面还有待优化。

另外，由于非洲部分国家容易遭受自然灾害、爆发内乱冲突，甚至遭遇疾病传播，所以他们进口的商品中医药制成品、粮食作物也占了一定比例。由于非洲国家工业基础不够扎实，所以大量工业制成品依靠进口，中国向非洲出口的机械和运输设备（SITC7）有：办公室机器零件及附件、电力机械设备及零件、装卸机械设备及零件、电讯设备及零件、自动资料数据处理设备及配件、旋转式装置及零件。虽然出口量大，但成套的机械设备出口量很少，多是五金工具、配件、小机电类等消费类机电产品及零配件。

非洲从中国进口的主要以材料分类的制成品（SITC6）以建筑材料为主，一方面非洲需要进行大量的基础设施建设来改善当地的交通状况。另一方面是由于当地经济的发展和城镇化建设的需要，建材需求量大。中国出口非洲国家的建材主要有钢铁、混凝土、涂料、水泥、地板等，主要运往南非、安哥拉、肯尼亚、埃及等国。摩托车是非洲从中国进口的运输设备的代表，属于 SITC7。

以往中国的摩托车销往东南亚地区，如泰国、越南等，但是近年来这些市场出现饱和的现象，而摩托车作为非洲人民最常使用的代步工具，需求量大，中国企业进入这个市场后，努力发挥商品低价格和高质量优势，在市场中占据优势地位。

3. 基于比较优势理论的中非跨境贸易互补性分析

（1）中非跨境贸易存在较强互补性

通过贸易指数的测算可得出，中国和非洲贸易结合度高，双方跨境贸易合作关系密切，而且双方合作领域不断拓展，经贸联系也不断加强。中国和非洲的显示性比较优势指数[①]存在差异，双方跨境贸易结构存在很大的互补性。中国具有比较优势的商品主要为SITC6（主要以材料分类的制成品）、SITC8（杂项制品）、SITC7（机械和运输设备）类；而非洲具有竞争优势的商品则是SITC1（饮料和烟草）、SITC0（食品和活畜）、SITC2（粗材料，不能食用，但燃料除外）、SITC3（矿物燃料，润滑剂和相关材料）类，中非跨境贸易具有很强的互补性。产业内贸易指数测算表明，SITC2（粗材料，不能食用，但燃料除外）、SITC3（矿物燃料，润滑剂和相关材料）、SITC7（机械和运输设备）等几类产业内贸易指数很小。中非跨境贸易的互补性反映在中国出口非洲的商品主要是运输设备和工业制成品，非洲出口中国的商品则主要是矿物燃料等自然资源，这与双方在跨境贸易上所具有的比较优势是一样的，由于中非开展跨境贸易的商品存在较大差异性，所以双方跨境贸易建设除了具有较强的互补性还具有巨大的潜力性。

（2）中非跨境贸易发展潜力大

利用中非跨境贸易额的数据建立ARMA（自回归滑动平均）模型，对中非跨境贸易额进行短期预测并得出如下结论：

总体来讲近几年中非跨境贸易呈增长的趋势。虽然可能会受到世界经济波动的影响，会呈现略有浮动的状态，但是总体向好，稳中求进，也不排除跨境贸易额在未来几年会有大幅度的飞跃。不难看出，中非跨境贸易将成为推动双方经济领域加快合作与发展的重要引擎。大力挖掘中国与非洲国家有潜力性的跨境贸易合作，提高中国对非洲国家的出口水平，是未来双方跨境贸易发展的方向。非洲各国虽然现阶段发展相对缓慢，但是双方可开拓的合作领域与可合作的项目还是非常多的，只有通过发展具有互补性及潜力性的跨境贸易，中非双方跨境贸易的紧密度才能始终保持在高水平，贸易潜力才会被不断释放。

（3）中非跨境贸易地缘分布不均

通过中国与非洲主要国家跨境贸易额的比较可以看出，中国在非洲的经

---

① 显示性比较优势指数（Revealed Comparative Advantage Index，简称RCA指数），是衡量一国产品或产业在国际市场竞争力最具说服力的指标。它旨在定量地描述一个国家内各个产业（产品组）相对出口的表现。该指数是由美国经济学家巴拉萨（Balassa）于1965年提出的。

贸伙伴主要是位于非洲南部和北部的一些国家，如南非、埃及等国，但与非洲中部和东部的国家来往并不密切。这种不平衡的跨境贸易地理分布更是反映在与中国建立外交关系的非洲国家中，与中国进行跨境贸易的贸易额居前10名的非洲国家占中非跨境贸易总额的3/4以上。由于非洲个别国家并未形成统一的对外贸易政策，而各国政治状况、经济发展水平、文化环境等都有很大的差异，所以对于中国来说，想要在短时间内开拓大部分非洲国家市场，仍具有一定难度。但也从另一角度反映了中非跨境贸易合作发展潜力很大。

如果想要提升中非双方的跨境贸易水平和质量，充分发挥中非跨境贸易往来的优势，中国必须努力改变当前对非跨境贸易地缘分布不均的现象，谋求与东、中部非洲国家的政治互信与商贸合作，进一步优化中非跨境贸易的区域结构，扩大合作领域。

4. 拓展中非跨境贸易的政策建议

通过对中非跨境贸易的互补性和潜力测算，可得出中非跨境贸易发展由于两地区自然资源禀赋、劳动力资源、技术、发展阶段存在巨大差异，形成了中非跨境贸易互补，而中非经贸关系得以不断发展的前提也就是存在跨境贸易互补，中国和非洲国家都可以利用其相对优势，与自己优势互补的国家进行贸易往来，以此获得经济的发展。但目前的发展尚不充分，双方市场还需进一步开放，对于具有比较优势的商品门类还需进一步升级，通过加强沟通合作，“引进来”的同时也要“走出去”，深入挖掘中非跨境贸易发展的可能性。

3.2.2 中国与中亚地区跨境贸易互补性分析

中亚地区作为连接亚欧大陆的桥梁与纽带，已成为中国向西开放和贸易合作的重要区域。改革开放40多年来，中国与中亚地区的跨境贸易一直非常密切，双方贸易成交量呈逐年上升态势。特别是中亚五国（哈萨克斯坦、吉尔吉斯斯坦、乌兹别克斯坦、塔吉克斯坦和土库曼斯坦），一直以来属于东西方国家之间商品交换的重要驿站。由于中国与中亚地区有着共同的、重要的地缘经济及政治利益，因此双方开展经贸往来就有了良好的基础和发展空间。

中亚地区各国经过最近20多年的经济发展与技术推动，产业结构还是较为单一，重工业较为发达，轻工业相对滞后，外贸出口一直以原材料为主，日用品和高新技术产品对进口依赖度依然较高，其经济发展的独立性较差。相比而言，中国经过改革开放40多年，特别是近10多年新一代信息技术的发展推动，中国的工业品（特别是五金机械产品）门类更加齐全，使得工业品的出口规模大幅增长，工业品的发展水平大幅提升，中国已成为全球第一大工业品出口国，其产业结构持续向合理化方向推进。自“一带一路”倡议提出后，中国同中亚五国的贸易合作发展迅速，2012—2016年的几年间，中国对中亚五国的出口总额达到了1041亿美元，进口总额达到了997亿美元，近20年中国与中亚五国贸易总额增长近100倍。在中国与中亚五国开展贸易合作方面，一直以中国对中亚五国出口工业品为主，随着中国工业科技水平的不断提升，中国出口产品的附加值与技术水平也不断攀升。例如，机器设备、五金机械、办公设备、通信设备、电力设备、交通运输工具等。中国从中亚五国进口的产品主要为天然气、石油、化学原料、铁矿砂、润滑油等初级产品。

从中国同中亚五国的贸易额和进出口产品种类来看，中国对中亚五国的原材料进口依赖性强，尤其是从哈萨克斯坦和土库曼斯坦进口石油、天然气等原料；而中亚五国因为受自身资本、技术所限，对中国附加值和技术含量高的产品依赖性较强。这样的互补性贸易合作，有助于推动中国对中亚五国进行海外产业转移，这既可以减少中国从中亚五国进口原料的运输成本和损耗，也可以帮助中亚五国提升自身技术水平，降低中亚五国从中国进口产品的成本。

1. 基于比较优势理论和产业内贸易理论的跨境贸易互补性分析

这里我们针对国与国之间，特别是中国与中亚五国之间的跨境贸易，进行基于比较优势理论和产业内贸易理论的互补性分析。

（1）贸易互补性含义

贸易互补性分产业间互补、产业内互补两种。产业间互补指贸易双方出口各自具有比较优势的产品，而进口各自具有比较劣势的产品，以达到双方互利共赢的目的；产业内互补是指贸易双方生产的同一种类产品在异质性、规模经济和需求偏好相似等方面的不同，使双方既有出口又有进口此类产品的贸易行为。贸易互补性对贸易双方的经济发展具有极大的推动作用，存在贸易互补性的两国之间进行贸易的空间越大，交易量越大，贸易双方获得的利益就会越多。因此，贸易双方充分挖掘彼此优势与潜力，通过合理分工进行专业化生产，形成优劣势互补，使资源得以充分利用，生产效率得以有效提高，从而达到双方互惠共赢、利益最大化的目标。

（2）影响贸易互补性的主要因素

一是贸易双方的产业结构差异。一个国家的产业结构与资源禀赋、国际市场地位、工业化发展程度密切相关。根据比较优势理论，各国之间不同的优势产业会生产出比较优势的产品，从而形成贸易互补。产业结构上的差异是构成贸易互补性的基础。目前，中国的工业化水平较中亚地区要高出不少，在种类、数量、技术等级等方面具备向中亚国家出口五金机械等工业品的优势，双方的贸易互补性强。

二是贸易双方的产品差异。根据产业内贸易理论，异质性产品可以满足不同消费者的各种消费需求，使得不同生产厂商在国际市场上具有不同的主导优势，可以基于此开展跨境贸易建设。贸易双方的产品差异越大，越能满足各种消费者的消费需求，双方进行产品交换的可能性就越大，互补性也越强。

三是双方的科技发展水平存在差异。一般而言，科技发展水平高的国家，工业化水平也高，能率先研发出新产品。因此在一段时间内，工业发达的国家可利用技术控制、垄断新产品的生产和对外出口，研发水平较低的国家多数依赖从研发水平高的国家进口产品。

四是贸易双方的自然资源禀赋差异。各国资源禀赋的不同形成了国际分工的具体差异，各国资源禀赋数量的不同又会形成国际分工的不同规模。如果一个国家需要大量的某种自然资源，但该国对这种自然资源较为缺乏或储量较小，则该国必须从自然资源储量较为丰富的那些国家进口。因此贸易双方之间的自然资源禀赋差异可形成贸易互补，差异越大，互补性越强。

五是双方的劳动力资源存在差异。由于不同国家的劳动力资源构成不同，丰富的劳动力资源是国家进行贸易和交换的有利条件，其所生产的劳动密集型产品在国际上有显著竞争优势，与贸易对方形成贸易互补。

六是市场规模的差异。市场规模在一定程度上可以反映出一个国家的经济发展规模。在本国总供给和总产出结构一定的情况下，市场规模越大，进口需求也就越大。伴随着一个国家经济总量的不断上涨，市场规模将逐渐扩大，消费市场需求数量会显著增加，需求水平不断提升，这将为双方的贸易往来提供良好契机，使贸易互补性显著增强。

2. 中国与中亚地区工业品跨境贸易互补性分析

(1) 贸易双方比较优势分析

根据前述，中国与中亚地区各国之间在产业结构、自然资源禀赋、科技发展水平和劳动力资源等方面存在差异，贸易双方在国际市场上具有比较优势的工业品种类和规模是不一样的。通过跨境贸易可以满足中国与中亚地区之间彼此工业品的市场需求。例如，中国在与中亚地区的哈萨克斯坦、吉尔吉斯斯坦之间的工业品比较优势上主要存在以下几个方面：一是中国工业品整体比较优势强，具有比较优势的工业品种类及数量多；二是中国、吉尔吉斯斯坦两国的初级工业品和劳动密集型工业品的整体竞争力较强，但两国具有比较优势的工业品类别是各不相同的；三是相对哈萨克斯坦而言，中国的资本和技术密集型工业品的整体竞争力要强。

(2) 贸易双方贸易互补性分析

根据前述，中国与中亚地区工业品出口相似度很低，几乎不存在竞争性，此外中国与哈萨克斯坦、吉尔吉斯斯坦之间具有比较优势的工业品种类并不相同。因此，中国与中亚地区工业品应表现为贸易互补。双方贸易互补性有以下几个特点：一是中国向哈萨克斯坦、吉尔吉斯斯坦两国出口的互补性大于哈萨克斯坦、吉尔吉斯斯坦两国向中国出口的互补性。二是中国向哈萨克斯坦、吉尔吉斯斯坦出口工业品的互补性日益增强，存在互补性的工业品种类逐渐增加。三是哈萨克斯坦向中国出口工业品的互补性逐渐下降，存在互补性的工业品种类也随之下降；而吉尔吉斯斯坦向中国出口工业品的互补性却逐渐增强，存在互补性的工业品种类有所增加。

(3) 中国与中亚地区工业品跨境贸易互补性分析结论

基于对中国与中亚地区工业品跨境贸易互补性及其影响因素分析，本书可以得出以下几个结论：

一是在中国与中亚地区跨境贸易规模迅速扩大的前提下，贸易双方工业品的跨境贸易发展总体上呈上升趋势。从进出口产品类别分析，中国对中亚地区的工业品进口增速大于出口增速。从贸易差额分析，贸易双方的贸易差额虽有波动，但总体上中国占据明显优势。从国别结构看，中国与中亚地区工业品的跨境贸易演变，从主要依靠哈萨克斯坦、吉尔吉斯斯坦，逐渐向土库曼斯坦、乌克兰等国扩展。从工业品的跨境贸易结构分析，中国向中亚地区出口的工业品多为轻工业品，以及电气机械和器材，专用设备，计算机、通信和其他电子设备；而中国从中亚地区进口的工业品，主要是石油和天然气、炼焦及核燃料，有色金属矿采选设备。从贸易结合度来看，双方工业的贸易关系紧密，中亚地区对中国工业品的贸易依赖度，要明显高于中国对中亚地区的依赖度。

二是通过对双方工业品跨境贸易互补性的分析，发现中国与中亚各国的工业品出口相似度均接近于零，贸易双方工业品几乎不存在竞争性。中国工业品的整体比较优势最强，中国、吉尔吉斯斯坦两国的初级工业品和劳动密集型工业品的整体竞争力较强，中国、哈萨克斯坦两国的资本和技术密集型工业品的整体竞争力较强。此外，中国向哈萨克斯坦、吉尔吉斯斯坦两国出口工业品的互补性，要大于哈萨克斯坦、吉尔吉斯斯坦向中国出口的互补性，中国与中亚地区大多数工业品的互补类型为产业间互补，贸易双方的合作呈现低级形态。

三是中国对中亚地区的出口贸易分析，产业结构、科技发展水平和劳动力资源三者的差异对互补性表现为显著的正向影响；消费需求差异对互补性表现为显著的负向影响；产品差异、市场规模差异和自然资源禀赋差异对互补性表现为显著的正向影响。

3.3 中俄跨境电商贸易的发展模式研究

跨境电商是指分别属于不同贸易关境（不同国家或者地区）的交易主体，利用电子商务平台达成交易、进行支付结算，再通过跨境物流配送商品、完成整个交易过程的一种国际商业活动。传统对外贸易流程（以进口为主）是经历了出口商、进口商、批发商、分销商多环节、多渠道的运行，最终将商品送达消费者，完成整个销售过程。通常贸易流程效率偏低，分销成本相对高昂。而跨境电商的分销环节少，突破传统外贸方式的垄断，生产商利用互联网和电子商务平台直接面对分销商或消费者，改变了传统的层层分销的交易模式。

跨境电商是对外贸易的创新形式，也是对外贸易中新的经济增长点，它是以互联网技术和智能化、大数据为手段开展贸易，是属于知识技术密集、物质资源集约、发展潜力广阔和综合效益强大的贸易形式，对传统贸易升级和规模化发展具有引领推动作用。

中国五金行业积极参与跨境电商新业态，同样将对全球五金市场跨境贸易起到极大的推动作用。

3.3.1　中俄跨境电商贸易发展现状及问题研究

1. 中俄跨境电商贸易发展现状

俄罗斯是与中国开展跨境电商贸易规模最大的国家，两国的跨境电商贸易具有坚实的区位基础和经济基础。跨境贸易建设及“互联网+”政策红利暴增和基础设施完善，更为中俄跨境电商贸易发展提供了契机，使中俄跨境电商贸易规模不断扩大，模式创新升级。

跨境电商作为中俄贸易的新形式，呈现出贸易规模扩大、贸易平台广泛、支付方式增加、物流模式日益多样、产品结构优化等特点。

（1）中俄跨境电商贸易规模扩大

根据俄罗斯电子商务企业协会（AKIT）最新数据，2018年俄罗斯电子商务市场规模达到1.66万亿卢布（255亿美元），近三年市场增长率约为20%。

据俄罗斯中央银行报道，俄罗斯消费者在国外网上商店消费97亿美元（6100亿卢布）。2018年，俄罗斯市场的外商收入明显增长，达34.7%。

2018年，俄罗斯跨境销售额增长率约为30.4%，这证明了俄罗斯客户对在国外网上商店购物的信任度在稳定上升。跨境贸易的上升趋势也说明客户对品质要求越来越高。早期的俄罗斯买家热衷于从国外订购低价实惠的商品，现在越来越多的高品质商品和奢侈品零售商正在成为俄罗斯消费群的新宠。

值得注意的是，网上跨境销售市场呈增长趋势。据AKIT的数据，2018年有3.8亿件包裹从外国商店送抵俄罗斯消费者（与2017年相比增加了30.1%）。其中，来自中国的商品占全部外国订单的92%，其次是欧盟（3%）和美国（2%）。

2018年，从国外在线购买的商品中，最受俄罗斯消费者欢迎的商品类别包括服装和鞋类（33%）、家用电器和电子产品（28.3%）、香水和化妆品（7%）。“其他”类别（19%）包括宠物用品、办公设备、建筑材料、装饰品、食品、书籍[①]。

2018年俄罗斯最佳跨境贸易类别排名，如表3-4所示。

① 数据来源：俄罗斯电子商务企业协会（AKIT）。亿邦动力网，www.ebrun.com。

表3－4　　2018年俄罗斯最佳跨境贸易类别排名

排名	商品种类	跨境贸易百分比（%）
1	服装和鞋类	33.0
2	家用电器和电子产品	28.3
3	其他	19.0
4	香水和化妆品	7.0
5	汽车配件	7.0
6	家居用品及家具	7.0
7	体育用品	2.0
8	食品	1.0

数据来源：俄罗斯电子商务企业协会（AKIT）。

来自盖达尔研究所的专家认为，俄罗斯中部地区城市（人口为200～500000人）已经成为跨境电商在线零售的目标客户群，原因是当地线下商店缺乏商品品类和价格方面的优势。

作为领先市场份额31.7%的Yandex[①]支付，提供了以下按城市和地区划分的2018年电子商务境内和跨境营业额数据，2018年俄罗斯前10大商品销售区排名如表3－5所示。

表3－5　　2018年俄罗斯前10大商品销售区排名

排名	商品销售区	境内电商在总营业收入中占比（%）	跨境贸易在总营业收入中占比（%）
1	莫斯科与莫斯科州	35.56	32.28
2	莫斯科市	28.82	24.83
3	圣彼得堡与圣彼得堡州	10.09	9.09
4	圣彼得堡市	9.46	8.30
5	克拉斯诺达尔州	3.65	3.52
6	斯维尔德罗夫斯克州	2.57	3.00
7	罗斯托夫州	1.76	2.41
8	下诺夫哥罗德州	1.97	2.06
9	新西伯利亚州	1.82	1.99
10	萨马拉州	1.72	1.83

① Yandex：Yandex. Money是俄罗斯最大的支付提供商之一，是俄语国家主要的在线支付渠道。

俄罗斯电子商务企业协会的数据还显示，2013—2017 年，俄罗斯跨境电商市场规模从 1344 亿卢布增长到 4200 亿卢布，境外包裹从 3500 万个增长到 4 亿个。在中国跨境电商零售出口目的地国家（地区）贸易额排名中，俄罗斯居第三位。中国的跨境电商在俄罗斯的市场份额不断攀升。中国跨境电商在俄罗斯跨境电商中的订单份额从 2014 年的 40% 提高到 2018 年的 90%；同时贸易额占比也在提升，2017 年中国在该市场中的份额达 53%，欧盟为 22%，美国为 12%。俄罗斯跨境电商产品结构逐渐丰富，目前跨境电商贸易占俄罗斯零售贸易额的比重分别为小家电 9.5%、服装 5.8%、鞋 4.5%。

2018 年，欧盟占俄罗斯贸易总量的 42.8%，双边贸易额达 2942 亿美元，增长 19.3%，其中，出口额增长 28.3%，进口额增长 2.7%；亚太合作国家（包括俄罗斯最大的对外贸易伙伴中国）占俄罗斯贸易总量的 31%，为 2132 亿美元，贸易额增长 19.8%。俄罗斯对外贸易出口额增长远快于进口额增长，增长率为 34.7% 对 5.7%。中国成为其增长动力。据俄罗斯海关统计，2018 年俄罗斯与中国的贸易额超过 1080 亿美元，与 2017 年相比增长 24.5%，自 2005 年以来出口额首次超过进口额。

（2）中俄跨境电商贸易平台广泛

2018 年，俄罗斯国内 B2C（Business-to-Consumer，是指电子商务的一种模式，也是直接面向消费者销售产品和服务的商业零售模式）网站排名前 5 名：Ulmart. ru、Mvideo. ru、Dns-Shop. ru、WildBerries. ru、Ozon. ru，均属于自营 B2C 网站，集中开发一两个品类，通过多种采购方式进货，并利用自建物流体系覆盖大中城市，利用俄邮覆盖其偏远地区。跨境网站的贸易额占俄罗斯电子商务总量的 20%，其市场规模较大。跨境网站主要有全球速卖通（AliExpress）、亚马逊（Amazon）、eBay 等，占了跨境网站交易份额的 72%。阿里巴巴全球速卖通国际版淘宝在 2013 年 3 月底已经有 70 多万个俄罗斯用户注册，2015 年 4 月，AliExpress 升级俄罗斯 premiere 频道，改名为“mall”，并推出 100% 品质保障、七天无理由退货和核心城市 15 天快速收货的服务。2015 年 6 月，俄罗斯建立了速卖通分公司，也是俄罗斯最受欢迎的跨境电子商务平台。此外，俄罗斯“比价平台”（Yandex market）于 2013 年正式上线，覆盖俄罗斯大部分 B2C 网站，能够使用户在该平台上进行商品价格查询，进一步实现商品信息数据对比。由上可见，俄罗斯跨境电商的贸易平台十分广泛，从 2018 年俄罗斯电商平台访问量排名（见表 3－6）上看，访问量最大的还是中国阿里巴巴的速卖通。

表3－6　2018年俄罗斯电商平台访问量排名（前10位）

排名	电商平台	访问量（百万）
1	AliExpress. com	22.2
2	Ozon. ru	8.9
3	Eldorado. ru	7.6
4	Dns-Shop. ru	7.0
5	Mvideo. ru	7.0
6	WildBerries. ru	6.8
7	Ulmart. ru	6.0
8	eBay. ru	5.2
9	Lamoda. ru	4.5
10	Svyaznoy. ru	4.1

数据来源：俄罗斯电子商务企业协会。

此外，中俄还联合创办了一系列专门服务中俄跨境贸易的电子商务平台（Come365），该平台由黑龙江省塞格国际贸易有限公司投资建设，运用Webmoney在线支付，能够对俄进行网上卢布交易支付、清关、物流配送等，是对俄一站式服务的大型跨境采购平台，它于2012年10月正式上线。Come365主要针对俄语系国家，知名度较高，是最受欢迎的俄罗斯对华采购的跨境电子商务平台之一。京东跨境电子商务出口平台——京东全球售俄语站2015年6月正式上线，该跨境电子商务平台将精选的中国优质品牌商品配送至俄罗斯买家，并实现了30日退换货等售后服务，还支持其在当地进行俄语客服服务。Lelive电商平台是由俄罗斯远东地区发展基金会与中国LeEco集团俄罗斯分公司协作成立的中俄跨境电商平台，该平台使俄罗斯的饮料、糖果、面粉、谷物、肉罐头、黄油、蜂蜜和坚果等商品销售至中国。Trade Ease是中俄于2015年9月共同推出的跨境电商平台，允许中国卖家在平台上向俄罗斯消费者出售商品。

（3）中俄跨境电商贸易支付方式增加

俄罗斯方面，目前现金仍是俄罗斯首选的支付方式，但俄罗斯银行卡、信用卡的用户量也在大幅增加，每个俄罗斯人基本都拥有多张银行卡和至少一张信用卡。此外，俄罗斯国内运营商也提供 Yandex. Money、QiWi Wallet 和 WebMoney 等电子钱包支付手段，为中俄跨境电商贸易提供了便利的支付条件。

俄罗斯主要的第三方支付工具有 WebMoney、Yandex. Money、QiWi Wallet、RBK Money 和 Robokassa，其中 WebMoney 是俄罗斯最普遍的第三方支付工具，用户人数多，适用范围广，支持全球 7 个国家包括中国使用，国际性网站和跨境电商平台可以使用它向用户及商家收付款。Yandex. Money 是隶属于俄罗斯 Yandex 旗下的电子支付工具，买家注册后，可以利用俄罗斯所有地区的支付终端、预付卡和银行转账（银行卡）、电子货币等方式向钱包里充值。QiWi Wallet 是俄罗斯最大的第三方支付工具，俄罗斯买家可以在 QiWi Wallet 里充值，再到购买产品的商户网站付款。俄罗斯买家对其有很高的信任度，QiWi Wallet 可运用 USD（美元）、RUB（卢布）、EUR（欧元）、KZT（坚戈）进行结算，QiWi Wallet 拥有健全的风险保障机制。RBK Money 是俄罗斯新崛起的电子支付平台，RBK Money 钱包支持线上支付购物、手机充值、水电账单和提现余额至银行账户。除此之外，俄罗斯还拥有一些较小的支付平台，包括 Pay U、Pay Online 和 Payssion 等，入驻俄罗斯市场的跨境电商企业须对接俄罗斯本地的支付方式，实现俄罗斯本地化付款。

中国方面，一是 2015 年 10 月金融服务平台即由哈尔滨银行自主研发的跨境电商金融服务平台正式上线，以支持俄罗斯联邦储蓄银行、俄罗斯阿尔法银行、俄罗斯工业通讯银行等俄罗斯大型银行的跨境网银支付，能支持 20 余种境外支付方式的在线支付结算服务，包括维萨、万事达国际卡及俄罗斯区域特色化支付工具，支持对俄罗斯跨境电商企业提供在线支付、收款、结算、交易查询、退款等服务，成为跨境电商企业高效利用的快捷支付平台。二是 2015 年 9 月绥芬河市应用易智付开发的“绥易通”平台，为绥芬河本地企业发展对俄罗斯跨境电商贸易提供支付服务，使费用大幅降低，也使入驻平台的商户拥有更可靠的支付保障系统。

（4）中俄跨境物流模式日益多样

中俄跨境电商贸易项目落实过程中，我国出台了各种宽松政策支持中俄物流业的发展，物流基础设施的完善、运输方式的升级和运输线路的增加，使运输时间缩短，运营成本降低。中俄跨境物流模式主要有以下五种：

第一种是国际小包，也是最为普遍的。据调查，邮政系统承担了中国70%的跨境电商出口业务包裹，其中，中国邮政承担了50%左右的包裹份额。2015年年底，俄罗斯邮政开启的中俄邮政专列是专门支持中国运输货物至俄罗斯的通道。2016年5月，中国国际邮政新添一条通道即K3国际列车，主要途经内蒙古自治区二连浩特口岸出境，并通过蒙古国到达莫斯科，单程邮运只需5天。

第二种是跨境专线物流，即通过航空包舱方式将货物运输至国外，再与俄罗斯公司合作完成俄罗斯国内的货物运输和配送。2013年11月，俄速通开启首条航空货运专线是哈尔滨到叶卡捷琳堡专线。2015年1月，俄速通又开设了乌克兰航线。未来还会有更多俄语系国家航线开通，这种物流模式给中国跨境电商带来独有的优势，使售后服务水平和运输配送效率得到很大提升。

第三种是国内快递进行国际化服务。顺丰快递、申通快递都进行了跨境物流方面的服务拓展。2016年7月，顺丰国际开设了中国到俄罗斯的航空专线，业务范围涉及国际小包、标准快递、电商专递和海外仓等领域。

第四种是国际快递，全球物流快递巨头UPS（美国联合包裹）、Fedex（美国联邦快递）、DHL（德国敦豪）包揽国际快递的主要份额。国际快递运输速度快、客户体验佳。中俄国际快递主要有深圳市的中俄易通国际物流有限公司、北京市的中俄国际货运代理有限公司、广州市的中俄国际物流有限公司、绍兴市的中俄联合体国际物流。

第五种是海外仓或边境仓模式，即卖家先在海外仓库存储售卖的产品，再按照订单要求完成产品的分拣、包装和运送。黑龙江俄速通国际物流有限公司是对俄罗斯建立的跨境电商物流服务公司，业务范围广，包含揽收系统、集货仓、跨境物流、客服中心、绥芬河边境仓和哈尔滨边境仓等。该公司在全国有6000个揽收站点分布，能够实现全国电商的全面覆盖，提供24小时全天候服务及物流实时追踪服务，其边境仓使运送时间缩短了一半以上，提高了物流配送效率。格林伍德—俄速通海外仓是中国跨境电商在俄罗斯设立的首个正规合法、大型的海外仓，提高了跨境电商的资金周转效率。2015年11月，“中俄云仓”在绥芬河市正式开启，是中国第一个中俄跨境电商监管中心，能够使电商企业的货物通关时效从3~5天收缩至3~5分钟。2015年，俄速通在莫斯科建立第一个中国跨境电商的大型海外仓，一是可以利用批量出口、俄罗斯储存、本地销售的模式降低国际小包通关带来的风险；二是可以缩短投递运送的时效，使物流、退换货以及售后服务等更有保障，最终提升消费者的消费体验和消费忠诚度。

(5) 中俄跨境电商贸易产品结构优化

中俄跨境电商贸易以初级产品和轻工业产品为主。2016 年上半年俄罗斯消费者在中国网店购买各类产品的情况如图 3－2 所示。中国面向俄罗斯售卖的产品种类丰富，包括服装与鞋类、电子产品、化妆品、家具与园艺产品、汽车配件等，其中以服装与鞋类居多，智能手机、电子产品交易额也在不断增长，产品结构在不断优化。

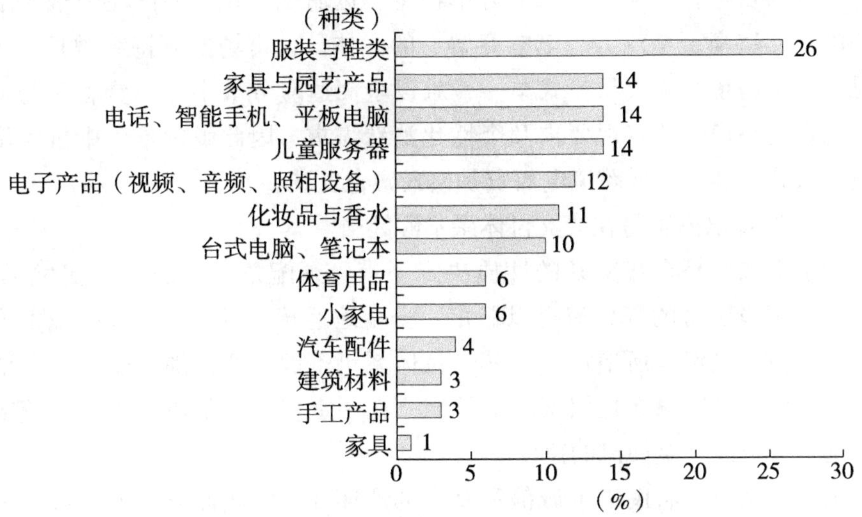

图 3－2　2016 年上半年俄罗斯消费者在中国网店购买各类产品的情况

数据来源：俄罗斯电子商务企业协会《俄罗斯电子商务市场 2016 年上半年报告》。

2. 中俄跨境电商贸易存在的问题研究

跨境电商以互联网为基础，普遍实行电子化交易，对基础设施、网络系统和物流支付体系都有较高的要求。此外，跨境电商贸易规模化、金融支付环境复杂化和国际贸易格局竞争化，使其受限于国际贸易规则、通关退税、跨境支付、跨境物流及专业人才等因素。在跨境贸易视域下，如何利用国内国际发展经验来解决中俄跨境电商贸易存在的问题，如何选择发展模式和保障措施以实现可持续发展，成为国内国际研究学者们密切关注的重要课题，也是中俄跨境电商贸易必须高度重视的问题。上述问题包含多个需要改进的方面，如跨境电商贸易模式较为单一、跨境物流运行不够畅通、在线支付体系不够健全、专业人才相对较缺乏、信用体系有待进一步完善、通关结汇和退税需提升效率等。

（1）跨境电商贸易模式较为单一

跨境电商是伴随着互联网而崛起的新业态，起初的互联网只充当了跨境贸易的桥梁，以发布信息、产品展示、供需互动为主。中俄跨境电商贸易起初也是以这种贸易模式为主。阿里巴巴的速卖通是俄罗斯最受欢迎的网购平台，俄罗斯在速卖通上的网购人数大约有3500万，其客户群体超过千万人，流量占比位居俄罗斯跨境电商市场第一。

值得指出的是，中俄跨境电商贸易模式以跨境B2B为主，这种模式以海外零售商为目标，其交易量大、订单稳定、运输规模化，因此在中俄跨境贸易中的占比较高，是双边跨境电商贸易的主体，且市场份额持续增长。由此可见，中俄跨境电商贸易模式单一，难以全面适应分散个体消费者对跨境电商贸易和跨境商品的客观要求及个性化消费需求，因此亟须推广中俄跨境电商贸易模式，实现多元跨境电商贸易模式融合发展。

（2）跨境电商贸易在线支付体系不够健全

跨境电商贸易在线交易的性质决定了其必须配备完善的在线支付系统，才能保证跨境贸易的资金流得以稳定、安全地运转。目前，中俄跨境电商贸易的支付方式虽然有所增加，但其支付体系仍不够健全，加之受俄罗斯消费者的传统观念和国家文化因素等的限制，在一定程度上阻碍了中俄跨境支付发展的进程以及资金回流的速度。

大部分俄罗斯居民讲求诚信和制度的严谨性。一般而言，他们做贸易时会认为口头协定是无效的，购买商品时一定要签订书面合同，看见书面凭证才会完成支付结算。因此，俄罗斯消费者对在线支付仍然持不信任态度，货到付款的现金支付依然是其首选的支付方式，这种支付方式的运行流程是买家下单后卖家即发货，最终由俄罗斯合作方把商品货款划转给中国电商企业，货币回流的时间长达2~3个月，资金周转率低，增加了电商企业开展跨境贸易的难度。另外，俄罗斯的电子钱包支付局限性大，WebMoney虽可支持USD、RUB、EUR等多种货币支付，但商户申请WebMoney账户的周期较长。QiWi Wallet限制收款金额，单笔交易金额不得超出15000卢布，单日交易金额不得超出20000美元，初始收款手续费率是4%左右，费用较高；商户初次申请RBK Money需要至少10~15个工作日。同时，单笔付款金额限制为50000卢布。综上所述，俄罗斯的电子钱包支付结算程序复杂、资金回笼周期长、跨境支付成本高，缺少高效便捷的电子支付系统，其支付体系不提供人民币直接付款服务，中俄跨境电商专门的电子在线支付平台较为缺乏且发展时间短，目前仅有2015年哈尔滨银行建立的跨境电商金融服务平台和绥芬河市启动的“绥易通”平台。

（3）跨境电商贸易信用体系不够完善

由于跨境电商贸易涉及的消费群体、消费文化和消费环境差别较大，容易导致信用危机，导致跨境电商企业遭遇的投诉问题较多。Teleperformance的一项调查显示，俄罗斯消费者投诉的集中点包括退换货难、货币兑换渠道不畅、网站更新滞后等问题。

根据俄罗斯《东西方数字新闻》调查显示，俄罗斯消费者对跨境网络购物的投诉最多。在促销期间，最集中的投诉问题是促销期间的活动内容，电商企业没有完全兑现承诺，很大一部分折扣优惠活动与实际不相符，48%~53%的消费者声称遇到了该问题；8%~11%的消费者投诉优惠券过期，或获取优惠券后不清楚具体使用规则和方法；活动期间某些消费者还面临下订单后商家没有货品的现象。在非促销期间，投诉最多的问题是退货及电子商务网站运营问题。26%的消费者面临退货难问题，当到货商品与卖家销售商品时的描述存在不符而消费者要求退货时，仍被要求支付退货的快递费及相关费用。此外，消费者也面临电商网站的技术故障与错误问题，如无法在网站上追踪订单状态。16%的消费者投诉支付问题，消费者利用网络支付货款的实际金额，与从跨境电商购物网站购买时所显示的金额不相同，跨境电商购物网站的消费者通过支付系统支付的实际金额，与网站上购买记录显示的金额不一致，跨境电商网站的货币兑换比率和兑换过程存在一定问题。10%的消费者投诉跨境电商购物网站，以及个人账户支付界面，更新改版频率过快，难以适应购物网站界面与功能的频繁更新。另外，6%的消费者投诉跨境电商的配送费用缺乏透明度，俄罗斯消费者与商家直接商议时，关于配送费用部分商家时常无法详尽地回答具体的费用金额。5%的消费者投诉跨境电商网站销售的商品有购买数量的限制。

（4）跨境电商贸易通关结汇难和退税难

随着跨境电商贸易的兴起，跨境贸易逐渐向小批量、碎片化发展，使得中俄跨境电商贸易存在一定程度的通关结汇难和退税难的问题。第一，俄罗斯海关根据常规进出口贸易的通关货物量来配置相关工作人员及海关基础设施，跨境电商贸易带来的巨量境外小包裹，使原有工作人员、基础设施和通关操作流程都不能满足实际需要。因此，导致大量境外包裹积压在海关，通关效率低并且时间长。第二，面临“灰色通关”的问题，致使入境的商品没有合法的身份，在货物进口时，存在以非法进口的方式和渠道来规避海关监管的现象，并且进口商品的质量难以准确分辨和鉴定，使消费者权益在一定程度上受到侵害。同时，电商企业销售的商品种类繁多，导致很多境外包裹需要40～80天的处理时间才能到达消费者手中。第三，大部分电商企业销售的货物以包裹形式通过邮寄模式出口，致使出口电商企业很难正常结汇，面临退税困难，相当多的销售货款以灰色渠道流转回国，使得电商企业面临资金回流风险和法律风险。尽管我国对于电商零售出口实行“清单核放、汇总申报”的通关模式，但是这一政策的主要对象是B2C电商企业，很多小额B2B的中小电商企业依然面临通关难题。

（5）跨境电商贸易跨境物流成本高且效率低

第一，地域限制因素多。俄罗斯地域宽广，跨越欧亚大陆，国土面积达1709.82万平方千米，因此，市场布局分散，物流运输货物到达消费者手中耗时长、难度大。跨境电商用邮政方式将货物从中国境内运输至俄罗斯边境仅需3天，清关大概需要10天，但俄罗斯国内物流的配送时间最长可达15天，完成整个中国至俄罗斯的货物运输就需要大约28天。物流效率低，货物到达消费者手中的时效性差，消费者跨境购物体验差，严重影响了中国电商企业在俄罗斯开拓市场的效率和品牌形象。

第二，通关效率低阻碍了物流时效。俄罗斯海关的清关手续相对复杂，甚至清关必须有专门的清关公司才能顺利完成。

第三，基础设施有待进一步健全。道路基础设施、物流网络、邮政分拣与配送投递等方面配置相对落后，对于快速增长的电商类小包裹的处理能力偏低，缺乏经验，致使大量货物被积压。

第四，俄罗斯物流区域性发展不平衡。物流与邮政业务地区差异大，物流系统比较发达的地区是以莫斯科及圣彼得堡为中心的欧洲地区，相对落后的地区是亚洲地区，物流系统的区域性差异以及投资的地域分化致使亚洲地区的包裹运输投递难度大大增强。

第五，配送费用高。在莫斯科市区管辖区内，DHL、UPS等大型国际物流企业成本过于高昂。

（6）跨境电商贸易专业人才相对较缺乏

跨境电商贸易迅速扩大规模的同时，逐渐显现出跨境电商贸易专业人才短缺和专业人才供给不匹配问题。2015年6月，中国电子商务研究中心发布的《中国跨境电商人才研究报告》通过调查问卷的研究方法得出中国跨境电商人才的现状及面临的问题。该报告的结论显示86%的人认为跨境电商人才存在严重缺口，跨境电商人才缺口调查结果如图3－3所示。

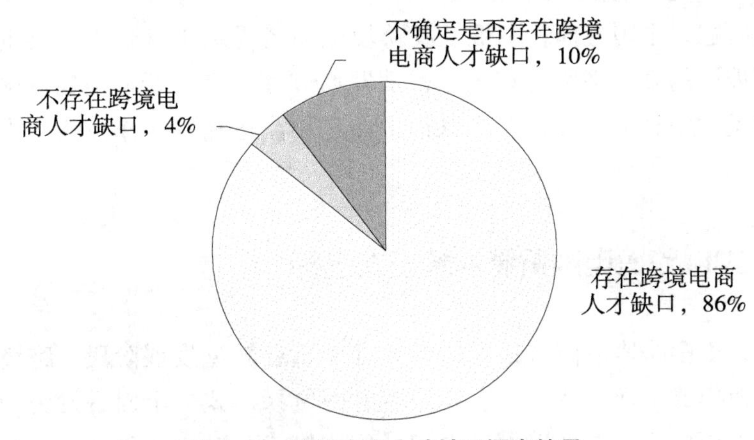

图3－3 跨境电商人才缺口调查结果

数据来源：中国电子商务研究中心。

该报告还说明了跨境电商领域毕业生的情况，他们主要来源于国际贸易、电子商务、外语和国际商务专业。虽然能够从事跨境电商领域工作的毕业生有专业教育背景，数量也很可观，但这些毕业生尚未能完全满足跨境电商领域的社会需求。相关企业认为大多数毕业生均存在以下不足：一是解决问题的能力不强；二是专业知识不扎实；三是知识面窄；四是视野不够宽、知识陈旧。同时，部分高校过于注重增加相关专业的人才培养数量，而对所培养人才的质量有所忽视。研究结果显示企业最需要的跨境电商人才结构如下：具备丰富经验的高级人才，占比17.8%；拥有一定技巧和实战经验的中级人才，占比68.4%；能够掌握基础操作和入门知识的人才，占比13.8%。

跨境电商所需求的人才大多数是复合型人才，需要具备国际贸易和电子商务等专业知识储备，也要有相应的外语水平。而中国大部分高校所教授的外语科目以英语为主，俄语教学只在少数高校开展，因此相对缺少俄语专业人才，加之高校俄语学习与社会实践结合得不够紧密，出现俄语专业人才不具备电子商务方面的知识储备、学习电子商务专业的人才又不能够熟练掌握俄语的现象。与此同时，中小型电商企业面临招聘难的困境，高校毕业生倾向于选择大企业，使得中小企业获得跨境电商人才的成本增加，又面临不稳定因素及遭受人才流失的风险。应届毕业生的工作经验不足，难以满足企业的人才需求，必须对其进行相关国际贸易、电子商务以及俄语能力方面的培训，才能使其更好地投入到业务操作当中。

综上所述，中国方面，中俄发展跨境电商贸易缺少具备丰富外贸知识与熟练运用俄语的高水平复合型人才；俄罗斯方面，俄罗斯电商领域中最缺乏项目经理类的中高级人才，在线营销、熟悉物流运输等操作技巧的中级人才也很短缺。

3.3.2 中俄跨境电商贸易发展模式选择

目前，中国跨境电商贸易发展模式处于重要转型发展阶段，跨境电商全产业链商业模式出现了变化，多元跨境电商贸易模式的全面爆发为中俄跨境电商贸易发展模式的选择提供了空间，传统模式的升级和创新成为当前的紧迫任务。

在新一代信息技术（如大数据、云计算、区块链、物联网技术等）的发展已经相对成熟的当下，本书作者根据多年研究，提出“基于O2O的全渠道云商平台发展模式”作为跨境贸易视域下中俄跨境电商贸易发展的一种模式选择。

基于O2O的全渠道云商平台发展模式中的O2O即“Online to Offline”，是线上线下结合发展的新模式，可以使线下的商务机会和互联网结合，使互联网转变为线下的交易前台；全渠道云商平台则注重供应链管理，通过对接第三方社交平台、对接第三方商城、自建手机跨境电商平台和自建PC跨境电商平台来拓宽消费者的线上体验渠道。线上线下结合的跨境电商贸易发展已经成为电商领域的新趋势，尤其是在中俄跨境电商贸易发展的过程中起着重要作用，必须充分发挥O2O的线上线下结合优势，缩短购物时间，增强购物体验。因此，在跨境贸易新形势下，中俄跨境电商贸易的发展必须提高俄罗斯商品在跨境电商O2O体验店的普及率，在增加体验店数量同时，也要创新线上平台和线下体验店的形式。全渠道云商平台的重点是整合并开创平台资源，拓宽线上服务的覆盖面。跨境O2O的全渠道云商平台发展模式概况如图3-4所示。

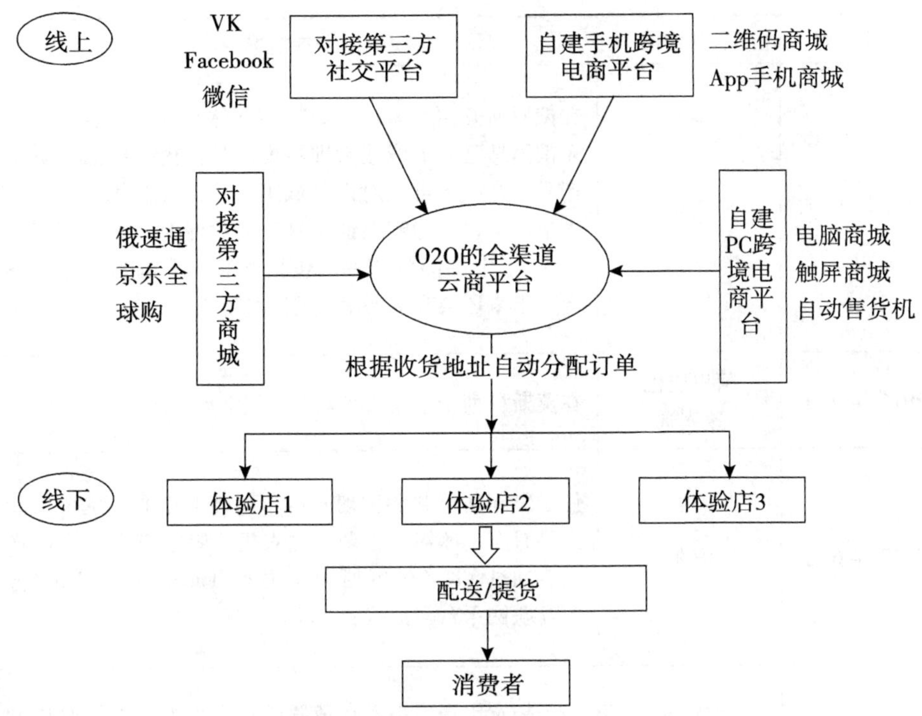

图 3－4　跨境 O2O 的全渠道云商平台发展模式概况

俄罗斯在中国的 O2O 体验店仍然主要集中在东北三省，中国最大的俄罗斯商品跨境电子商务平台“俄品多”旗舰店落户在哈尔滨。中国在俄罗斯主要有阿里巴巴旗下的俄速通以及京东和小米等开设的线下体验店，中国在俄罗斯开设的主要线下体验店如表 3－7 所示。

表 3－7　中国在俄罗斯开设的主要线下体验店

开设时间	承办公司	基本情况
2015 年 10 月	阿里巴巴俄速通公司	在俄罗斯莫斯科市的乌克兰大街开立线下展示店，进行多品类产品展示，包括服装、电子产品、箱包、鞋、儿童用品、饰品、运动及户外产品。可在店里试穿服饰、现场体验产品，也可通过店内移动设备在俄速通网站搜索未能展出的产品

续表

开设时间	承办公司	基本情况
2015 年 11 月	京东	在俄罗斯开启 "Showroom" O2O 体验店，主要展示京东俄语站已经上线或者即将推出的国内一线品牌电子产品，在线下可以对产品试用，并在线上 App 客户端下单购买，并能够保证 7 日达的物流时效，线下展示了 41 个中国品牌产品，包括服装、手机和其他设备等，未来还会升级展示店的产品范围
2016 年 9 月	阿里巴巴速卖通	在莫斯科列宁格勒火车站开立线下展示店
2017 年 6 月	海尔	位于鞑靼斯坦共和国切尔内市的商业中心，主要体验产品有海尔冰箱、空调、洗衣机、厨电等高端家电产品。通过 VK（俄罗斯版脸书）、Facebook、WhatsApp 等互联网平台与消费者互动
2017 年 11 月	小米	为了拓宽市场，小米在俄罗斯 6 家小米线下体验店的基础上，又在俄罗斯莫斯科开设了小米首家 24 小时旗舰店——小米之家，不仅展示小米手机系列，还展示包括小米生态链中的产品如小蚁运动相机、米家床头灯等

3.4 跨境贸易视域下海外仓选址决策分析

跨境贸易广泛的地理区域和庞大的经济规模使得该地区拥有良好的经济互补特性和巨大的发展潜力。在当前世界经济持续低迷的特殊时期，跨境贸易对打造新的经济活力区域并推进区域内部经济乃至世界经济的发展具有特别重要的现实意义。同时，对于解决我国当前面临的严峻挑战，密切我国与世界其他国家和地区的经济联系，增强我国经济可持续发展能力，提升我国经济安全水平，都具有重要意义。

跨境贸易对我国的战略作用主要体现在以下方面：从国际贸易方面看，我国主要从事劳动密集型的单一货物贸易、劳务贸易和低端贸易，部分核心技术和核心零部件的设计和生产掌握在发达国家手中。然而目前我国传统的贸易模式受到其他发展中国家的竞争，这使得我国必须依靠技术创新努力向价值链高端进发，跨境贸易可为此提供广阔的市场空间和发展机遇。从经济可持续性来看，跨境贸易许多国家对公共基础设施建设有巨大的需求，中国具有技术和资金上的比较优势，可以通过资本输出带动国内过剩产能的消化。

要特别指出的是，在各类基础设施中，物流园区承担着货物集散、信息交换、运输组织、加工增值等多方面功能，是现代物流最重要的基础设施之一。考虑到跨境贸易必然会产生大量商品的长途运输、短距离配送、加工、仓储，以及相关辅助服务等多方面的物流服务需求，为了提高物流效率，支持商品贸易的高效顺畅进行，必须规划建设与跨境贸易需求相匹配的海外仓。

一般而言，物流园区可分为货运服务型、生产服务型、商贸服务型和综合服务型四种类型（不同类型物流园区关键指标和要求如表 3 - 8 所示）。在进行物流园区规划选址时，应首先确定物流园区的种类，然后根据表 3 - 8 中的指标和要求，对备选物流园区地点进行初选。需要指出的是，跨境贸易视域下海外仓选址属于“货运服务型、商贸服务型”物流园区选址问题。

表 3 - 8　　不同类型物流园区关键指标和要求

<table>
<tr><th>园区类型</th><th>指标</th><th>单位</th><th>指标值</th><th>要求</th></tr>
<tr><td rowspan="4">货运
服务型</td><td>基础设施
投资</td><td>万元/亩[①]</td><td>空港≥100
海港≥120
陆港≥80</td><td rowspan="3">（1）依托空运和海运或陆运枢纽进行规划，至少两种不同的运输形式或两条不同的运输干线衔接
（2）提供大批量货物转换的配套设施，实现不同运输形式的有效衔接
（3）主要服务于国际性或区域性物流运输及转换</td></tr>
<tr><td>园区规模</td><td>平方千米</td><td>空港 0.5 ~ 2
海港 2 ~ 8
陆港 1 ~ 5</td></tr>
<tr><td>物流强度</td><td>万吨/
平方千米·年</td><td>空港≥100
海港≥2000
陆港≥500</td></tr>
<tr><td>信息平台</td><td colspan="3">能为入驻物流园区企业提供符合海关监管要求的计算机管理系统</td></tr>
</table>

① 1 亩≈666.67 平方米。

续表

<table>
<tr><th>园区类型</th><th>指标</th><th>单位</th><th>指标值</th><th>要求</th></tr>
<tr><td rowspan="4">生产
服务型</td><td>基础
设施投资</td><td>万元/亩</td><td>≥100</td><td rowspan="3">(1) 依托经济开发区、高新技术园区等产业园区进行规划
(2) 提供制造型企业一体化物流服务
(3) 主要服务于生产制造业物流供应与产品销售</td></tr>
<tr><td>园区规模</td><td>平方千米</td><td>0.3～1</td></tr>
<tr><td>物流强度</td><td>万吨/
平方千米·年</td><td>≥100</td></tr>
<tr><td>信息平台</td><td colspan="3">能为入驻物流园区企业提供公共信息平台和实时信息交换系统</td></tr>
<tr><td rowspan="4">商贸
服务型</td><td>基础
设施投资</td><td>万元/亩</td><td>≥100</td><td rowspan="3">(1) 依托各种类型大型商品贸易现货市场、专业市场进行规划，为商贸市场服务
(2) 提供商品的集散、运输、配送、仓储、信息处理、流通加工等物流服务
(3) 主要服务于商贸流通业商品集散</td></tr>
<tr><td>园区规模</td><td>平方千米</td><td>1～5</td></tr>
<tr><td>物流强度</td><td>万吨/
平方千米·年</td><td>≥50</td></tr>
<tr><td>信息平台</td><td colspan="3">能为入驻物流园区企业提供物流公共信息和在线交易服务</td></tr>
<tr><td rowspan="4">综合
服务型</td><td>基础
设施投资</td><td>万元/亩</td><td>≥100</td><td rowspan="3">(1) 依托城市配送、生产制造业、商贸流通业等多元对象进行规划
(2) 位于城市交通运输主要节点，提供综合物流功能服务
(3) 主要服务于城市与区域运输和配送体系的组织</td></tr>
<tr><td>园区规模</td><td>平方千米</td><td>0.3～5</td></tr>
<tr><td>物流强度</td><td>万吨/
平方千米·年</td><td>≥200</td></tr>
<tr><td>信息平台</td><td colspan="3">能为入驻物流园区企业提供物流公共信息和在线交易服务</td></tr>
</table>

海外仓是跨境电商海外贸易的物流中心店，因此其选址非常重要。海外仓选址受到诸多因素的影响。

（1）海外仓选址的目标

作为跨境电商海外物流组织的重要节点，海外仓的运作模式具有一定的特征。海外仓不是跨境电商在海外从事商品生产的场所或机构，而是从国内电商的手中汇聚各种货物资源，然后进行分类、配送等集约化活动，以达到提高跨境贸易物流活动的规模经济效益，有效降低跨境电商物流成本的目的。因此，海外仓受货物资源分配、需求状况、运输及其他自然条件影响，在同一个区域中布局仓库，则可能导致整个物流系统的运作成本出现较大的差别。在现有的客观条件下，如何设置海外仓，促使整个系统的成本耗费最低、消费体验最佳，这是海外仓选址最重要的问题。

通常情况下，仓库选址及网点布局必须以成本低、效益高、辐射力强等作为目标。对于企业建立海外仓而言，成本控制是指建设费用、经营费用等方面费用的最低化；效益高是指海外仓选址能够确保货品及时完好地送到消费者手中；辐射力强则是指海外仓选址应当从整个区域的物流大系统考虑，促使海外仓的地域分布和区域物流资源与需求相适应，与当地经济发展需求相契合。

（2）海外仓选址的基本原则

海外仓在选址过程中必须遵循一定的基本原则，具体包括以下几个方面：

一是适应性原则。海外仓的选址，必须与所在国家或地区的经济发展相适应，并且与该地区的物流资源分布相协调，与所在出口国的法规政策相适应。

二是协调性原则。海外仓的选址必须将所在地区的物流网络作为一个整体系统进行分析，将海外仓的固定设施与活动设备、公用设备与自有设备实现相互协调，促使海外仓在物流作业、地区分布之间实现良好配合。

三是经济性原则。海外仓的选址建设涉及多种成本，即费用，特别是建设成本及经营成本两大项。海外仓的选址定位在出口国的城区、近郊或者远郊等区域，其未来的建设规模、费用、运费等都是有所差别的，因此宜以总费用最低的原则来处理选址问题。

四是战略性原则。海外仓的选址应当具备一定的战略性眼光。要对海外市场形成全局观，并且从小区域到大区域、从眼前使用到未来规划，既要考虑当下需求，也要布局未来的发展。

（3）海外仓选址方法

海外仓选址有多种方法，如重心法、鲍姆尔—沃尔沃启发式算法、层次分析法等，跨境电商海外仓的选址最适合采用层次分析法（Analytic Hierarchy Process，AHP）。层次分析法是一种将网络系统理论和多目标综合评价相结合的基于层次权重的决策分析方法。自20世纪70年代被提出以来，层次分析法已经成为运用定性与定量相结合方式解决多目标决策问题的重要技术手段，在经济管理、城市规划、科研评价等社会经济各个领域得到了广泛应用。

层次分析法一般采用定性与定量相结合的方式，适用于多因素、多目标决策领域，该方法根据总目标、中间层、备选方案的顺序分解成不同的层次结构，每一级元素对上一级元素的优先权重进行求解，求解后再加权和递阶，最后合并各个备选方案对总目标的最终权重进行计算，权重最大者即为最优方案。

3.5 中国民营五金企业融入跨境贸易建设策略研究

前文已经提到，当前我国五金行业中至少有70%的企业为民营企业，是我国五金行业发展的主力军。我国逐步成为世界五金加工大国和出口大国，拥有广阔的市场和消费潜力。

民营企业对于中国经济发展而言不可或缺，民营企业“走出去”的程度与民营企业国际化的水平在很大程度上代表了当前中国对外开放的发展水平，许多民营企业对于参与跨境贸易建设具有强烈的意愿，并且在参与模式上进行了多种探索。从民营企业的主体身份来看，或者从当前社会主义市场经济的市场化准则来看，民营企业作为我国经济构成的关键一环，在跨境贸易建设过程中具有不可替代性。

民营企业是我国经济增长的生力军，要把握好跨境贸易建设带来的历史机遇，最大潜能地发挥比较优势，将企业发展融入跨境贸易建设中去。不可否认的是，当前我国许多民营企业在参与跨境贸易建设过程中面临着许多困难，比如公平竞争、风险规避、中介服务和自身素质等内外部的问题，民营企业如何更好地融入跨境贸易建设，如何充分利用跨境贸易建设取得自身发展，对其相关理论进行相应的指导性研究，为更多的民营企业能利用好跨境贸易建设发展好自身效益，具有十分重要的现实意义。

3.5.1 中国民营企业参与跨境贸易建设现状分析

（1）民营企业对于参与跨境贸易建设的热情高涨

通过调研与对相关文献资料的汇总与分析得知，当前我国民营企业对于参与跨境贸易建设有强烈的意愿。据一份调研报告显示，所调研的292家民营企业均对参与跨境贸易建设有相当强烈的意愿，其中263家民营企业迈出了“走出去”的步伐，有160家民营企业与有关国家已经进行了产能方面的合作。由调研数据可见，民营企业对于参与跨境贸易建设的热情是比较高涨的。

（2）许多民营企业在参与跨境贸易建设方面已取得较好成果

当前我国一些民营企业在与开展跨境贸易建设相关国家和地区的合作中，已经对产业链进行了一些布局，许多企业已经成功构建了海外的产业链，比如在老挝的一些民营企业，与老挝合作投资铁矿开发以及钢铁项目，形成了中南半岛钢铁产销的产业链雏形；还有一些民营企业依靠跨境贸易建设重点国家，对其市场进行开拓和相应的品牌营销，已在海外获得了较高知名度。比如华为的欧洲供销物流中心，对营销推广华为品牌起到重大作用，其对包括西欧、东亚、北亚、非洲范围内绝大多数国家都有很大的影响力，产品内容主要为无线、微波、光网、接入网、数通等，具有较高的认可度。许多民营企业抓住参与跨境贸易建设的机遇进行对外投资，降低了成本的同时也实现了其自身的产能转移，大大提高了企业利润。以宁波某纺织企业为例，该企业管理层意识到国内的用工成本不断增加，人口红利逐渐消失以及日益加重的土地成本，从而将生产转移到柬埔寨，充分发挥当地的人工及土地的低价优势和柬埔寨政府所给予的一些优惠政策，最终成本降低了15%以上，利润率大幅上升。

（3）民营企业参与跨境贸易建设的模式多元化

当前我国民营企业参与跨境贸易建设的模式，主要有如下几种：

一是“抱团出海”。很多民营企业采取“抱团出海”的方式，借助境外经贸合作区，呈现集群化“走出去”。此举的原因在于这些民营企业自身资源有限，实力较弱，单打独斗显得势单力薄，比方说泰中的罗勇工业区，民营企业已经组成了制造业、服务业与化工业的企业集群，通过抱团出口、经营互补品的方式，最大限度发挥企业各自的管理、技术、资金优势，达到取长补短的效果，从而提高企业的竞争力。

二是依托大型国有企业平台，采取依附式“走出去”。许多中小民营企业“走出去”经验不足，国际贸易人才储备缺乏，但是现在很多大型国有企业已经在开展跨境贸易建设国家形成了比较完善的投资和经营平台，民营企业通过依附模式融入大型企业或者国有企业的产业链以及价值链中去，直接参与大型企业的项目，在项目中担负一些细小化、专业化的工作内容，或者为大型企业提供外包服务，以此来借助大型国有企业所具备的信息优势和人才优势，为大型企业或者大型国有企业在跨境贸易建设的项目上提供原材料、零件或者整套设备，从而逐渐实施相应的投资合作计划。与此同时，拥有这些平台的国有企业或者其他大型企业也收获了更加完善和专业的服务，进而形成了双赢的局面。

三是民营企业增强自身实力，自主发展产业链“走出去”。随着民营企业以及市场经济的发展，有一些民营企业形成了一定的国际竞争力、品牌优势和较完备的国际经营能力与经验，如华为通过多年的经营，已在开展跨境贸易建设的相关国家具备了对运营部署、通信设计、设备供应、管理等提供全产业链的一揽子解决方案。

四是同国际品牌企业合作“走出去”。当前我国一些民营企业尽管拥有比较出色的研发水平和生产能力，然而没有形成充分的品牌效应，在国际市场上知名度仍然不高。此类民营企业采取和国际品牌公司合作开拓跨境贸易市场，采用合资、合作的模式，比方说，美的集团和开利公司合作在埃及建立工厂投入生产，合力开辟中东与非洲的市场。

3.5.2 中国民营企业参与跨境贸易建设现存问题分析

中国民营企业虽然在跨境贸易建设中取得了许多可喜成果，拥有广阔发展前景，但是全社会对民营企业经济主体的重要地位仍没有给予足够的重视，民营企业参与跨境贸易建设也面临不少问题和困难，需要相关的政策扶持，因此，对民营企业参与跨境贸易建设所面临的机遇与挑战，应该做出全面分析。

（1）开展跨境贸易建设国家的互信度需提高

有一些国家对中国企业参与跨境贸易建设内涵存在不解，甚至误读，因此中国企业难以与这些国家在短时间内达成合作共识，国别合作度需要提升，跨境贸易建设互信度急需提高。

（2）基础设施、法律法规、投资环境有待进一步完善

开展跨境贸易建设国家投资环境不确定性因素较多，相关基础设施硬件、相关国家的政策法规软件“不联不通”，这些问题造成了中国民营企业“走出去”经营和开展产能合作的一系列困难。“硬件”方面，某些开展跨境贸易建设国家基础设施建设能力较差，交通运输设施、油气运输管道、网络通信设施不完善，阻滞了合作的进程。“软件”方面，沿途各国政策体制不一，法律法规各异，税收流程、办事体制差别比较大，中国民营企业在“走出去”的过程中，经常遇到政策法规冲突、贸易通道阻塞的困难，许多法律层面的保障一旦走出国门便失效，中国民营企业在国际市场单独谈判实力较弱，再者缺乏严格统一的生产标准，使得许多中国民营企业的商品与提供的服务很难在海外获得广阔的市场，开展跨境贸易建设国家投资环境差异性大、不容乐观，也为企业投资与经营增加了许多难处。

（3）缺少兼具国际化视野和综合能力的全面型人才

是否具备相关专业人才是跨境贸易建设能否顺利进行的关键。企业只有具备相当的开展跨境贸易建设经验以及专业知识的人才，才能更好地实施“走出去”。与此同时，对于被投资国的法律政策和当地的传统习俗也应做到胸中有数，建立在这样的前提之下，企业才能更好地适应国外市场环境。目前，中国民营企业中具有上述能力的人才数量较少，现有人才素质有待提升，这种情况为实施“走出去”的企业在经营方面和管理方面都带来了很多的挑战。通过对以往数据和论文的调研发现，大约有超过60%的民营企业承认其缺少熟知开展跨境贸易建设国家相关法规的国际经营管理人才，50%的民营企业缺少能够与参与跨境贸易建设相匹配的技术人员和“小语种”人员。

民营企业受制于对国外市场环境的了解不够深入，易于做出错误的决定，从而使得对外投资成功案例大大减少。对于人才缺乏的问题，一方面要加强人才培养，另一方面也要合理运用海外国家当地的人才。仅仅依靠国内所培养出的人才可能不足以满足跨境贸易建设对人才数量的需求。

（4）缺乏中介服务体系和中间组织

中国许多民营企业在海外市场经营时很难获得高质量的咨询和投资方面的建议指导，从而使得商业谈判和经贸合作受到限制。当前，中国在跨境贸易建设中海外投资的中介服务体系发展水平相对较低，会计师事务所、律师事务所、商会协会等中间组织和中介机构的服务水平还需进一步提升，急需建立起完善的国际化的专业咨询机构和法律援助机构。因为信息交流平台相

对较少，配套风险评估、商业咨询等中介服务不够完善，导致信息分散、滞后、脱节的问题层出不穷，政府和使领馆对外援助和商业保障力度有待加强，使得中国民营企业“走出去”的信心减少。中国有超过70%的民营企业认为，相关的中介服务体系和中间组织是严重缺乏的，并且现有的中介机构对开展跨境贸易建设国家的法律审查、对资产的评估水平较低；此外，缺少相关服务平台，致使中国部分民营企业对开展跨境贸易建设国家的政策、法律法规、投资环境、市场信息不熟悉。已有许多企业反映，在他们的生产经营中，正是由于缺乏对开展跨境贸易建设国家在经济、政治、市场变化各方面信息的了解从而遭受了很大损失，企业在做出相关经营决策前，很难找到具有参考性的国内机构出具的关于开展跨境贸易建设国家的市场分析，虽然可以选择境外机构进行咨询，但是费用很高，并且沟通不畅，时效性难以保障，且服务效果也难以达到预期，从而提高了企业在参与跨境贸易建设过程中的资金成本。

（5）民营企业与国有企业地位公平性问题

在资料调研的过程当中，作者发现当前民营企业在参与跨境贸易建设时，许多民营企业均反映与国有企业在公平竞争方面存在不平等。大多数民营企业在政策补助方面、金融信贷支持方面、信用评级方面、外汇保障方面以及必要的专业指导方面，难以和国有企业以相同的地位去参与跨境贸易建设。由于部分民营企业难以得到国家大规模的支持资金和相关优惠政策方面的信息，导致资金换汇时遭到一定的制约。

3.5.3 中国民营企业融入跨境贸易建设的对策建议

跨境贸易建设复杂程度较高，各种经济主体都应积极参与其中，国有企业充分发挥带头引导作用，作为我国经济主体中最重要组成部分的民营企业也要切实发挥作用。在政府层面，国家鼓励民营企业能够积极地“走出去”，国家发展和改革委员会与商务部等相关部委单位，对协助引导民营企业针对海外市场的投资出台了一系列实施意见，如政策支持、投资管理、服务保障、风险防范等。但是由于开展跨境贸易建设的国家与地区多以发展中国家为主，存在环境复杂、风险多、困难大的特点，政府应该对民营企业出台一些更具体的指导政策并加以落实，使得中国民营企业能够更好地“走出去”。

（1）深化企业文化，强化人才战略

中国民营企业开拓国际市场，真正实现“走出去”应该是以公司能够“活下去”为目的的。当前市场竞争激烈，对于民营企业而言“走出去”与“活下去”的关系息息相关，并且具有千丝万缕的联系。在残酷的市场竞争中，一个企业想要持续经营，想要活着，就必然要选择“走出去”，只有通过“走出去”，不断开辟市场，扩大销售渠道，拓宽收益来源，才能让企业“活下去”。对于当前的民营企业而言，“走出去”在某种程度上已成为“活下去”的底线和要求。中国民营企业应该坚信只要他们坚持“走出去”，树立“走出去”“活下去”的决心和勇气，在正确合理经营策略的配合下，一定能够实现企业的国际化，对于“走出去”这条道路，虽任重而道远，但是民营企业应该做到执着与坚定。

与此同时，只有运用人才“走出去”和海外“就地取材”双方面互相配合的用人方式，才能打破以往企业国际化进程当中的用人“瓶颈”的问题，构建良好的尖端人才交互平台和企业国际化专业人才后备库，努力开拓一条充满高水平人才的创新之路。解决好民营企业走向国际市场过程中的人才难题，协助企业更好更快地应对竞争激烈的海外市场，打破科研事业单位与民间智库以及市场主体之间的沟通间隔，塑造起互相助力、携手向前、主动开放的用才体制。

强化完善人才发展战略，一方面可以使国内优秀人才通过“走出去”去海外一线市场学习实践，提升自己的技能和才智水平；另一方面又能充分发现并且运用异国他乡的优秀人才，促使企业海外市场的商业经营更快地取得成功。

在具体实施方面，一方面，要充分运用企业自身在国内的人才储备，例如定期选派优秀员工入高校深造，并前往国外进行留学访问以及海外市场实践，对于外事商务人员应定期地持续地提升其外语水平，聘请专业人士全面教授目标市场国家的经济社会环境情况、传统风俗、本土宗教。对于国外特色法律和金融法规的专业人才的培养也需要给予充分的重视，使其在具备专业才能的同时也能够兼具国际化视野，以便更好地为企业的“走出去”服务。另一方面，企业应该在目标国家积极发现与本企业需求相符的本地人才，塑造高质量的本土化的人才系统和管理机制，也可以通过与海外华人进行联系，发挥借助他们的关系网，吸引优秀留学生和高素质华人华侨加入企业或者协助推荐人才，为民营企业在异国他乡“扎地生根”

提供便利。

（2）合理选择国际化路径

中国民营企业选择哪条路径来真正实现“走出去”，在开展跨境贸易建设国家和地区的市场占据一席之地，首先要对企业的战略目标有清晰的定位，对于自身实力有明确的认识，以及对开展跨境贸易建设国家的周边市场环境做出具体的分析，作为企业高层，只有建立在对贸易国家内外部情况准确全面认识的基础上，才能根据实际情况因地制宜地选择与自身企业相匹配，与目标市场相吻合的发展路径来实现“走出去”。企业在选择“走出去”路径的时候，也应该充分考虑本企业的战略目标，规避投机行为。当前，我国企业“走出去”的路径主要包括渐进式与跳跃式两种，我国民营企业在“走出去”时，选择渐进式路径居多，原因在于一个企业选择渐进式来“走出去”的话，其经营策略可以在“走出去”的过程当中得到不断的优化，不断积累开拓国际市场的经验。中国民营企业应该在充分调研和研讨的基础上，依据企业本身的实际情况和抵抗风险的能力来选择走渐进式路径或者跳跃式路径，针对当前中国中小民营企业的特点与情况，在选择“走出去”的路径时，可以优先考虑选择渐进式路径来迈出自身国际化的第一步，在不断地开拓国际市场中逐渐积累丰富的跨境贸易建设经验，提高自身的国际化水平。

（3）提高技术水平，强化品牌培养

在中国民营企业“走出去”的过程中，技术水平是事关企业在海外市场成败与否的关键因素。中国民营企业的技术水平普遍较低，所以民营企业开展技术创新、加强企业技术发展对市场的敏感度，对于中国民营企业“走出去”是至关重要的。当前，在民营企业的生产经营过程中存在着这样一个怪圈，即“缺乏资金进行技术投入，导致企业产品缺乏附加值，利润低微，没有财力搞科研”，中国民营企业一定要跳出这个恶性循环，坚持不懈地走技术创新道路。对于如何强化民营企业的技术水平，民营企业一方面要计划好、落实好企业自身的技术发展规划；另一方面要培养自身的知识产权意识，把保护科技知识产权作为生产经营中的重要一部分。民营企业也可以通过汲取一些大型跨国公司的成功经验，通过不断加大技术研发方面的投入，将产品科研、产品创新常态化，力求把销售收入中3%~5%的资金投入科研环节，达到国际企业科研投入比例的平均水平，只有这样才能从根本上优化民营企业“走出去”的能力。

当前，在我国民营企业的500强中，已经有154家民营企业持有国外商标。企业全部收入为自有品牌收入的企业数量高达242家。根据以上数据可以得出，只有把企业的产品与服务的质量做好做精，才能为企业品牌的树立打下坚实的基础。此外，好的品牌所形成的品牌效应，对于提高企业的利润所起的作用是十分明显的。针对想要实现“走出去”的民营企业来说，培养打造自身品牌是“走出去”道路上的关键一环。我国民营企业在“走出去”的过程中，要采取企业品牌与产品品牌并重的策略。民营企业可以通过自主创立品牌的方式、收购品牌的方式或企业联盟合作的方式来打造品牌。

(4) 要保证民营企业和国有企业在参与跨境贸易建设中享有平等待遇

中国企业，不论是民营企业还是国有企业，都是开展跨境贸易建设的关键支柱。深化民营企业参与跨境贸易建设，可以在很大程度上加速当前我国民营企业“走出去”的进程，进而增强民营企业的国际竞争力，与此同时，也可以在一定程度上降低我国企业对外投资的政府色彩，有助于减少外界对跨境贸易建设政策不恰当的解读和错误的理解，民营企业开展跨境贸易建设有着无可取代的重要作用。民营企业参与跨境贸易建设的过程当中，最重要的前提便是要有一个公平竞争的经营环境，要想把民营企业培养成为跨境贸易建设的重要支柱力量，不论是在政策支持、资金扶持方面，还是在融资担保、公共服务、投资便利方面，政府都应该充分理解并支持民营企业，赋予民营企业与国有企业同等的待遇，降低对民营企业的行业限制与使用外汇资金的限额，拓宽民营企业对外经济合作的渠道，使得民营企业可以获得与国有企业同等的市场竞争地位。

(5) 健全对开展跨境贸易建设国家的投资风险评估和预警机制

只有充分健全对开展跨境贸易建设国家的投资风险评估和预警机制，重视对投资风险的综合分析，才能更好地协助民营企业对风险做出预估和应对准备，并将其作为财政支持和信贷援助的重要参考因素。与此同时，要潜心研究对开展跨境贸易建设国家投资风险评估和预警更加科学有效的方法，构建规范科学的风险评估程序，把对企业的日常运营记录、利润收入、所拥有市场份额的稳定性作为风险评估的重要参考因素。积极倡议我国民营企业利用金融机构，比如保险、担保、银行等主体以及其他专业风控主体的业务支持来使得自身的利益得以充分保证。

（6）政府转变观念、增强外事主体的服务力度

跨境贸易为中国民营企业走出国门、适应国际化发展提供了千载难逢的机遇，面对新的时代背景和市场需求与挑战，作为政府主体，政府的各个职能部门要及时调整观念、稳抓机会，切实做到为中国民营企业“走出去”服务，这就要求政府主体为民营企业提供一系列更加便捷与更加全面的系统服务，政府相关部门应该通过创新内部管理、积极改革的方式，来简化服务流程，提高办事效率，削减民营企业走出国门过程中不必要的烦琐程序，为其减少资金成本与时间成本。

要想切实增强我国民营企业“走出去”的能力，提高民营企业“走出去”的水平，充分借助海外使领馆对我国民营企业的引导与保护作用是不可或缺的，海外使领馆作用的充分发挥，有助于帮助民营企业克服在海外市场“水土不服”的问题。我国驻外使领馆在异国的一线不仅对所驻国家的外交政策和法律法规有宏观的了解，并且对国外市场的微观企业信息也有着充分的了解，可以在中国民营企业“走出去”的过程当中为其提供更加全面的服务与保护。

（7）增强民营企业素质，加速跨境贸易建设中介服务体系的建设

切实强化对民营企业的教育引导与规范约束，培养民营企业树立并深化在“走出去”的过程中维护国家形象的意识，要认识到当自身“走出去”之后，应成为国家形象的代表，培养民营企业守法用法的规则意识、诚信经营的求真精神，面对市场风险，善于审时度势、合理分析的风险意识。保障民营企业在跨境贸易建设中的正当权益，规避民营企业在一些项目中可能存在的恶性竞争的情况及损害自身形象的行为。扶持民营企业真正实现“抱团出海”，塑造产能合作模式，移植产业链，通过集群带动的模式使得民营企业可以在开展跨境贸易建设国家进行产业链投资布局。监督协助民营企业依照国际规则与惯例展开经营活动，积极主动地与开展跨境贸易建设国家的政府部门、工会等组织联系，在当地社会中积极承担社会责任，塑造“中国企业”的正面形象。作为政府，应该运用多方力量，创造条件给民营企业培养更多能够与开展跨境贸易建设相吻合相匹配的人才，加强对跨境贸易建设专业化人才的培育工作，完备民营企业国际化人才支持系统。按照因地制宜的原则，在仔细对开展跨境贸易建设沿途发展中国家的国情进行调研的基础上，培育发展一批跨文化区域、多层次的人才，所培养的专业人才既要充分掌握当地的语言，更要熟悉本土的文化习俗，对于当地的法律规章制度也要有深入的

研究和了解，只有这样，才能给中国民营企业顺利“走出去”提供有力的智力支持。

与此同时，加速引导和培养国内中介组织参与跨境贸易建设，深化中介组织的国际合作，提高其国际化服务水平。扶持培养一批有能力有魄力在开展跨境贸易建设国家和地区开展国际业务的中介机构，中介机构所提供的服务应该包含会计与审计协助、当地法律法规咨询、进行市场风控、提供并分析市场信息，等等。打造复合层次的交流合作体系，切实助力中国民营企业更好地“走出去”。

(8) 提供良好的金融、信贷、财政税收支持

当前，中国许多民营企业在“走出去”的进程中，对于商机的把握比较到位，也在短时间内占据了一定的市场份额，但受制于企业规模相对小、企业实力相对弱等因素，导致无法获得进一步发展，其最突出的问题就是想进一步开拓市场时，却受限于资金不足，此问题是当前民营企业在开拓海外市场时最大的阻碍。

对于民营企业在“走出去”过程中资金缺位的问题，一方面，作为政府主体而言，应该在充分调研的基础上给予民营企业一定的金融和信贷支持，尤其要引导和培育各种信用融资机构和担保机构的发展；另一方面，政府主体也应该采取适当的政策对小额贷款公司等组织合理发放贷款做好引导。只有这样多管齐下，才能使得民营企业在“走出去”的过程当中破除资金短缺的问题。与此同时，政府也应健全出口信贷管理体系及相应的制度，为民营企业的国际化之路，给予充分的资金保障。

作为政府主体而言，可以适时采取直接补贴的形式，通过运用国家财政资金对迈出“走出去”步伐的民营企业给予一定的财政支持。并且对民营企业在“走出去”过程中所涉及的研发费用和遭受的投资损失等，也可以根据具体情况适时适度地从财政资金中拨出部分资金作为补偿，争取把民营企业“走出去”时所耗费的成本降到最低。政府还可以考虑构建海外投资发展基金，切实援助中国民营企业开辟国际市场。

当前，在中国民营企业的国际化之路上，资金短缺俨然成了最大的“拦路虎”，面对这种情况，政府相关部门可以制定并完善出口退税的相关政策，做好贯彻落实，使民营企业可以切实享受相关出口退税政策，以便企业缩减出口成本，加快资金周转速度，提升开拓市场的效率，强化其在国际市场上的竞争力。

3.6 案例拓展：跨境电商为国内五金出口铺就新通道

3.6.1 2019中国国际五金展（CIHS）

在“2019中国国际五金展（CIHS）”上，全球电子商务领导者eBay组建了百名中国大卖家采购团，帮助卖家一站式深度对接工具、锁具、DIY以及园艺产品等中国五金领导品牌和专业外贸大厂，推动中国优质五金产品和品牌走向世界。同期，eBay与中国五金制品协会联合发布的《中国五金制品跨境电商出口白皮书》显示，中国五金行业集群与跨境热点地区高度重合，有望聚合产业与电商生态资源，从而产生杠杆效应，这为中国五金行业的转型升级提供了跨境出口发展的新思路。

自20世纪90年代以来，中国五金行业由大到强，中国已成为世界最重要的五金制品生产国和出口国，形成了一大批具有全球竞争力的区域行业集群和制造企业，中国的五金卖家也开始从接单代工走向自建品牌，并逐渐登上国际舞台。与此同时，全球技术发展及经济水平的提升推动了全球五金制品的消费需求，使五金制品行业规模快速扩容，呈现价量齐升的繁荣局面。

中国五金制品协会执行理事长张东立认为，作为一种新型贸易形式，跨境电商为中国五金制品企业提供了出口新渠道，越过线下客户开发周期长等工业品销售瓶颈，快速走向国际市场。我们非常欢迎以eBay为代表的跨境电商平台积极发挥自身影响力，以及本地跨境贸易团队的专业能力，为中国五金制品企业提供全方位支持，帮助中国五金制品在跨境商海中扬帆远航。

eBay国际跨境贸易事业部中国区总经理郑长青指出，中国是全球最大的五金制品供应基地，五金制品的主要出口目的地市场与eBay主要市场高度重合，是eBay平台上销量快速增长的明星品类，五金制品的跨境电商出口之路已经势不可当。eBay希望通过产品对接、数据支持、市场分析等多种增值服务，携手中国五金制品协会帮助更多优质的五金卖家一起探索“品牌之路”，帮助他们优化选品，聚合资源，开发出引领市场趋势及消费需求的前沿产品，有效帮助中国五金制品打开跨境出口新航道。

“跨境电商平台为我们提供了低成本、高效益打开国际市场的新渠道。”上海文登威力工具集团总经理于金汕表示，在eBay平台刊登的产品，只要质量过硬、获得买家的积极评价与认可，就能够迅速打开销路，这对于我们建立品牌有很大帮助。同时，eBay 平台灵活的物流政策和完善的配套服务，也为我们拓展线上业务带来很大便利和帮助，增强了我们加大在跨境电商平台上投入的信心，我们会将更多细分品类放到线上。

作者认为，五金制品特点高度契合跨境电商。五金制品极其丰富、消费群体广泛、产品生命周期长、销售季节性波动较小、需求稳定，非常适合线上销售；同时，众多独立细分市场各有目标用户群体、技术规范、专业化的制造、营销、服务标准，因此利润率较高。这些特征使五金制品成为高利润、销售增长稳定的长青品类；此外，五金行业主要出口目的地市场与全球电商主要渗透市场高度重合，五金行业优势出口门类与线上高潜力热门品类高度重合；跨境贸易为五金企业打开了跨境电商新兴市场，为五金行业的发展提供了诸多便利。

《中国五金制品跨境电商出口白皮书》还显示，中国五金制品通过跨境电商出口尚存在巨大成长空间。截至 2018 年，由中国五金制品协会授予的行业集群数量已达 52 家，集中分布于浙江、广东、山东、河北等地，这些省份正是跨境电商聚集的热点地区，当地传统五金制品企业转型跨境电商卖家有望聚合行业与电商生态资源，产生杠杆效应。同时，中国五金制品的主要出口目的地包括俄罗斯、美国、日本、德国、英国、加拿大、澳大利亚等国，这与 eBay 平台的主要渗透市场高度重合，也与五金制品出口市场多元化、与“金砖国家”及开展跨境贸易建设国家出口趋势非常契合。

3.6.2　众志成城抵抗“新冠肺炎”，“跨境百人会”在行动

“跨境百人会”由中国（杭州）跨境电子商务综合试验区办公室牵头成立，是一个由海康威视、大华股份、巨星集团、云集、执御、嘉云、连连科技、pingpong、翔天实业等一批优秀跨境电子商务企业、传统外贸企业、制造企业、文化创意企业以及其他相关领域人士和机构自愿结成的公益性、地方性、非营利性社群组织。“跨境百人会”以“创全球品牌”为己任，汇集会员的集体力量，坚持“共创、共建、共享”的发展理念，实现人才、资本、项目、信息等资源的汇聚，成为数字化、全球化、品牌化等要素资源聚合的重要载体，致力于培育有力量、有内涵、有情怀、有责任的新一代品牌企业。与此同时，“跨境百人会”还将通过资源的整合配置和创新，争取为杭州跨境

电商带来新突破和新机会。

2020 年年初，武汉新冠肺炎疫情突袭，“跨境百人会”调动杭州跨境电商企业的海外渠道，从全世界寻找抗疫物资资源。短短几天，一大波跨境电商企业通过“跨境百人会”秘书处捐赠物资。与此同时，“跨境百人会”自发捐款，短短一天时间，捐款超过了 40 万元，全用于建德市第二人民医院、萧山区第一人民医院、浙江大学医学院附属第一医院等，全力支援杭州疫情防控。

2020 年 2 月 2 日 14 时 11 分，从韩国首尔飞来的国航 CA140 航班客机载着 40 箱共计 80000 只 KF94 医用口罩抵达萧山国际机场，在完成清关后，在机场等候多时的浙江同富特美刻家居用品股份有限公司董事长姚华俊指挥相关人员将物资搬上车，分别送往萧山区第一人民医院、杭州火车东站、闸弄口街道等抗疫一线，以缓解一线医务人员和车站志愿者口罩紧张问题。

姚华俊说，1 月 26 日起，同富向美国、丹麦、日本、法国等地海外客户发送购买口罩的请求，通过客户联系当地商超、药店、口罩厂商。1 月 28 日，终于传来了好消息，一个海外客户联系到同富在韩国的客户，联系上了韩国的口罩商，对方有 80000 只口罩，经确认为韩国 KF94 认证，普通老百姓和医院行政部门使用都没有问题，就赶紧订了货。找到 80000 只口罩资源后，同富遇到了一个难题：进口货物需要相关资质，且要经过一道道审批流程，而同富做的是出口业务，对这些流程一头雾水，“我们通过杭州‘跨境百人会’联系到一家专门做医药器械的进口企业，将钱打给对方，让他们帮忙向韩国采购。”这批口罩总共花费 80 万元。80000 只口罩，除了留下公司自用的 10000 只外，姚华俊将其余 70000 只口罩全部捐了出去。

3.7 相关研究小结

本章着重对我国跨境贸易建设情况进行了分析研究，主要内容包括：①中国五金行业跨境贸易建设发展现状分析；②比较优势理论和产业内贸易理论支撑跨境贸易分析；③中俄跨境电商贸易的发展模式研究；④跨境贸易视域下海外仓选址决策分析；⑤中国民营五金企业融入跨境贸易建设策略研究。

从上述分析研究结果来看，包括五金制品在内的中国机械制造行业，要融入跨境贸易建设，其面临的外部发展环境良好，国内产供销体系齐全，基础理论支撑明显，具有多方赋能优势，但也存在不少的问题和困难，特别是中国民营企业参与跨境贸易建设，需要各方的理解、支持与配合。

4 “田忌赛马”博弈论与五金市场最优策略分析

4.1 “田忌赛马”博弈论概述

1. 博弈论的内涵

博弈论是指参与对局的各方在做决策时，须将他人可能做出的决策以及他人对己方的考虑纳入己方考虑之中，利用他人策略变化，转换己方对抗策略，从而选择最有利于己方的战略。博弈论广泛应用于经济社会各个领域，包括各类管理实践中。博弈论是一种在特定条件下研究多人谋略和决策的理论，研究博弈论就是要预测博弈的结果，这一结果通常用收益（或效用）来描述。在博弈的过程中，每一个参与者（可能是个人或者团体）选择的策略，都是针对其他参与者所选择策略的最优策略，每个参与者都希望自身的利益尽可能获得最优。博弈者之间联系紧密，既相互制约又相互依存，经常会换位思考，猜测他人可能选择的行动，然后再决定自己的行动。所以各方的竞争，始终贯穿于博弈的整个过程。

博弈论的要素分析：①参与者。参与者是博弈过程中的决策主体，通常称为参与人或局中人。参与者选择的行动是使自身的利益最大化，参与者可以是个人、团体、国家、组织、集团等。②信息。即参与者在博弈过程中掌握的相关信息，包括其他参与者的行为、决策等。这些信息对参与者非常重要，每个参与者都需要在决策前观察和了解其他参与者的行动，从而决策自身所采取的最优策略。③策略。即参与者对其他参与者的行动做出的反应，这种反应是行动规则，规定参与者该采取什么行动以应对其他参与者的行为。④收益。即参与者在特定的环境下博弈产生的期望效用，通常表现为输赢、得失、盈亏等，参与者的战略选择通常取决于其他参与者的战略选择，最后得出的结果是一个信息集或决策组合等。⑤均衡。是指所有参与博弈者的最佳策略组合，它是博弈论中最重要的一个基本概念，在不同类型、不同条件下均衡又会形成不同的概念，如纳什均衡等。

2. 博弈论的类型

博弈论通过对不确定性事件进行建模，在可行策略中选择最优的策略，使期望值结果获得最佳。一般从以下三个角度，对博弈进行分类：

第一，根据参与者之间是否进行合作，博弈可以分为合作博弈和非合作博弈，如果博弈各方能够达成某种对所有参与者都具有约束力的协议，那么该博弈就是合作博弈，否则就是非合作博弈；两者分别强调的是“团队”和“个人”。在合作博弈中，整体效用函数值大于所有参与者在非合作博弈中的效用函数值之和，各方收益都大于没有合作的收益。典型的合作博弈有纳什议价博弈和联盟博弈；典型的非合作博弈有囚徒困境、零和博弈、斯塔克伯格博弈。需要注意的是本书中提到“合作”和“协作”两个概念，前者指各方为了共同的目标而采取行动，不会出现独立行动使个人利益最大化；后者指各方为了实现各自的目标，友好地利用对方的资源。因此，可以采用非合作博弈对无线网络节点间协作问题进行建模。

第二，根据参与者行动的先后顺序，博弈又可以分为静态博弈和动态博弈。在非合作博弈中，博弈各方既可以同时也可以先后采取行动，其中所有参与者同时行动的博弈是静态博弈；反之，参与者先后采取行动的博弈是动态博弈。在动态博弈中，后行动的一方能够观察到先行动一方的策略，并做出相应的反应。古诺博弈和斯塔克伯格博弈分别是典型的静态博弈和动态博弈。需要注意的是，这里说的“行动”，是指选择一个具体的策略，是动态的概念；而某个具体行动的计划则称为“策略”，比如“对方如果采取某种行动，己方将如何行动”；策略集即是所有的行动计划。

第三，根据对相关信息的了解，博弈还可以分为完全信息博弈与非完全信息博弈。在完全信息博弈中，每个参与者对其他参与者的所有特征具有完全的认知，这些特征包括策略集、效用函数值等。在非完全信息博弈中，每个参与者只具有其他参与者的部分信息。古诺博弈是典型的完全信息博弈，贝叶斯博弈是典型的非完全信息博弈。同样需要注意的是，本处提到“完全”和“完美”两个概念，前者是指所有参与者之间相互了解对方的策略集以及效用函数值等信息；后者是指在动态博弈的每一个步骤中，轮到行动的参与者了解该步骤之前的博弈过程，知道其他参与者在此之前的行动。因此“完全”是针对博弈要素而言的，而“完美”是针对博弈过程而言的。只有在动态博弈中才存在“完美”的概念。两者之间的关系可以简单概括为：“完全”不一定是“完美”的，“完美”一定是“完全”的；“不完全”一定是“不完美”的；“不完美”不一定是“不完全”的。

4.2 博弈论对企业战略决策的影响

前面4.1节阐述了博弈论的内涵与类型，实际上，博弈论是研究互动决策的理论，其行动各方的决策是相互影响的，每个人在决策的时候必须将他人的决策纳入自己的决策考虑之中，同时也把别人对自己的考虑纳入决策考虑之中，如此迭代考虑，在过程中进行决策，选择最有利于自己的策略。

因此，博弈思维是一种科学、理性的思维，是建立在科学的理论支撑和缜密的逻辑分析基础上的。善用博弈思维有三点关键：一是理性分析，恰当选取策略；二是注意换位思考，从对方角度考虑问题；三是注重信息的收集和分析。

在现代企业经营中，一方面，企业要在给定的约束条件下采用灵活的战略确保自身利益的最大化，但是一味地追求单方面利益，有可能造成两败俱伤；另一方面，企业管理者必须善于利用合作博弈的优势，在市场竞争与协作中获得双赢。1979年，美国福特汽车公司和日本马自达汽车公司结成战略联盟，使其每年至少节省了30亿美元的成本支出；微软公司和英特尔公司合作形成的Wintel联盟，占据了世界电脑业的大半壁江山，每当微软推出功能更强的软件后，英特尔集成芯片的需求量就上升；同样，当英特尔生产出速度更快的集成芯片时，微软的软件就有了更好的载体而显得更有价值。

由上可以发现，博弈论对于企业发展不同阶段的战略决策具有重要意义：一方面，在市场经济条件下，企业之间的竞争日益加剧，行业内的竞争逐渐表现为几个大型集团之间的竞争，企业在这种情况下所做的战略决策必须建立在充分了解对手情况的基础上。由于此类问题属于博弈论的范畴，所以需要通过博弈论的各种决策模型，使问题的决策更加科学合理化。另一方面，企业通过与供应商之间的合作可以更多地获取利润，进一步发展强大企业自身，这是博弈论对现代企业管理观念和方式改变所产生的巨大影响。

4.3 “田忌赛马”博弈论对企业战略决策的影响

“田忌赛马”案例可以通过博弈论来解读。由“田忌赛马”博弈论可以得到的启示是，即使自己没有优势的资源，即使自己在竞争中处于弱小劣势地位，但是只要决策得当，只要有相对的优势仍然可以取胜；反过来，即使有绝对的优势，如果决策措施不当，也可能导致失败。

通过“田忌赛马”的案例，我们得到了很多启示，但是这个案例是不能重复的，是属于非重复博弈或一次性博弈，不过，虽然博弈不能重复应用，但是其意义重大，历史本身就是不能重来的，只要像孙膑一样，发现“田忌赛马”游戏规则中的漏洞，就可以取得比赛胜利；从另一个角度看，规则制度也是一个不断完善的过程。在充满激烈竞争的五金市场上，对战的双方为了获得胜利，都会规避自己的劣势，发挥自己的优势。

通过上述分析可以看出，“田忌赛马”博弈也可以达到一种“纳什均衡”的状态。所谓的“纳什均衡”，是一种非合作性博弈，指在多人参与的博弈中，每个人根据他人的策略制定自己的最优策略，所有人的策略构成了一个策略组合，在这个策略组合中，只要没有人做出策略调整，任何一个理性参与的人都不会改变自己的最优策略，因为那样会使自己的利益受损。于是所有参与者的策略便达成了一种平衡，这就是“纳什均衡”。

4.4 五金市场“田忌赛马”博弈论应用最优策略分析

1. 系统模型分析

本书重点应用“田忌赛马”博弈论应用于企业发展进行系统模型分析，对分析结果进行矩阵公式求解，以此论证“田忌赛马”博弈论应用的正确性与合理性。

“田忌赛马”博弈一般只有两个参与者，参与者可选择的策略是有限的，并且两个参与者的收益之和为零或为一个固定常数，此种方式称为有限零和博弈或矩阵博弈。在“田忌赛马”过程中，田忌用孙膑的计策赢了齐威王，但如果假设齐威王出马的顺序田忌不知道，这时候的赛马就像猜拳一样，事先都不知道对方会出什么，“田忌赛马”博弈结果如表 4-1 所示。

表 4-1　　　　　　　“田忌赛马”博弈结果

		齐威王					
		上中下	上下中	中上下	中下上	下上中	下中上
田忌	上中下	(-1, 1)	(-1, 1)	(-1, 1)	(1, -1)	(-1, 1)	(-1, 1)
	上下中	(-1, 1)	(-1, 1)	(1, -1)	(-1, 1)	(-1, 1)	(-1, 1)
	中上下	(-1, 1)	(-1, 1)	(-1, 1)	(-1, 1)	(-1, 1)	(1, -1)
	中下上	(-1, 1)	(-1, 1)	(-1, 1)	(-1, 1)	(1, -1)	(-1, 1)
	下上中	(1, -1)	(-1, 1)	(-1, 1)	(-1, 1)	(-1, 1)	(-1, 1)
	下中上	(-1, 1)	(1, -1)	(-1, 1)	(-1, 1)	(-1, 1)	(-1, 1)

表 4-1 中，小格子里的每对数字描述了在某一策略下参与双方的收益情况，左边数字表示参与者 1（田忌）的收益，右边数字表示参与者 2（齐威王）的收益。如第 2 行第 3 列（1，-1），表示参与者 1 选择“上下中”（指出场顺序：第一场上等马、第二场下等马、第三场中等马），参与者 2 选择“中上下”（出场顺序：第一场中等马、第二场上等马、第三场下等马），这种情况下，参与者 1 的收益为 1，参与者 2 的收益为 -1。

如果将表 4-1 中参与者 2 的收益去掉，把剩下的参与者 1 的收益做成一个矩阵 $\boldsymbol{A}$，称为参与者 1 的收益矩阵；类似地，参与者 2 的收益矩阵为 $\boldsymbol{B}$。显然，$\boldsymbol{A}+\boldsymbol{B}=0$。

$$\boldsymbol{A}=\begin{pmatrix} -1 & -1 & -1 & 1 & -1 & -1 \\ -1 & -1 & 1 & -1 & -1 & -1 \\ -1 & -1 & -1 & -1 & -1 & 1 \\ -1 & -1 & -1 & -1 & 1 & -1 \\ 1 & -1 & -1 & -1 & -1 & -1 \\ -1 & 1 & -1 & -1 & -1 & -1 \end{pmatrix} \qquad \boldsymbol{B}=\begin{pmatrix} 1 & 1 & 1 & -1 & 1 & 1 \\ 1 & 1 & -1 & 1 & 1 & 1 \\ 1 & 1 & 1 & 1 & 1 & -1 \\ 1 & 1 & 1 & 1 & -1 & 1 \\ -1 & 1 & 1 & 1 & 1 & 1 \\ 1 & -1 & 1 & 1 & 1 & 1 \end{pmatrix}$$

在矩阵博弈中，通常只给出一个矩阵，即参与者 1 的收益矩阵 $\boldsymbol{A}$，因为根据矩阵博弈的定义，参与者 2 的收益矩阵总是为 $-\boldsymbol{A}$。

为使“田忌赛马”博弈总是有解（即“纳什均衡”解），可引入混合策略 X、Y。这里：

称 $X=(x_1, x_2, x_3, x_4, x_5, x_6)$ 为参与者 1 的混合策略，其中，$x_i \geqslant 0$，$i=1, 2, \cdots, 6$，请见式（4－1）。

$$\sum_{i=1}^{6} x_i = 1 \tag{4-1}$$

称 $Y=(y_1, y_2, y_3, y_4, y_5, y_6)$ 为参与者 2 的混合策略，其中，$y_j \geqslant 0$，$j=1, 2, \cdots, 6$，请见式（4－2）。

$$\sum_{i=1}^{6} y_j = 1 \tag{4-2}$$

给定参与者 1、参与者 2 的混合策略分别为 X、Y，参与者 1、参与者 2 在混合策略 X、Y 下的期望收益分别为：XAY'、XBY'。其中 $XBY' = -XAY'$，Y' 表示向量 Y 的转置矩阵。

如：$X=(1/6, 1/6, 1/6, 1/6, 1/6, 1/6)$ 表示参与者 1 选择“上中下、上下中、中上下、中下上、下上中、下中上”的概率分别为“1/6、1/6、1/6、1/6、1/6、1/6”；$Y=(1/3, 1/3, 1/3, 0, 0, 0)$ 表示参与者 2 选择“上中下、上下中、中上下、中下上、下上中、下中上”的概率分别为“1/3、1/3、1/3、0、0、0”。此时，参与者 1 的期望收益为 $XAY' = -2/3$，参与者 2 的期望收益 $XBY' = 2/3$。

在混合策略意义下，要求出“田忌赛马”类博弈的最优解 (X^*, Y^*)，对于任意的参与者 1、参与者 2 的混合策略 X、Y，下面不等式应该总是成立，请见式（4－3）：

$$XAY^{*\prime} \leqslant X^*AY^{*\prime} \leqslant X^*AY' \tag{4-3}$$

2. 博弈矩阵的线性规划问题

给定博弈矩阵 $\boldsymbol{A}_{mxn}$，求博弈矩阵的解可以转为求下面线性规划问题（注意：$\boldsymbol{A}_{mxn}$ 为参与者 1 的收益矩阵，$\boldsymbol{A}_{mxn}$ 要求每个元素非负，否则需要对 $\boldsymbol{A}_{mxn}$ 中的所有元素加上一个常数 d，使所得到的新矩阵 $\boldsymbol{D}_{mxn}$ 所有元素非负）。如式（4－4）、式（4－5）所列。

$$\min \sum_{i=1}^{m} u_i$$

$$s.t. \begin{cases} \sum_{i=1}^{m} a_{ij} u_i \geqslant 1 \quad (j=1,2,\cdots,n) \\ u_i \geqslant 0 \quad (i=1,2,\cdots,m) \end{cases} \tag{4-4}$$

$$\min \sum_{j=1}^{m} w_i$$

$$s.t. \begin{cases} \sum_{i=1}^{m} a_{ij} w_j \leqslant 1 \quad (i = 1,2,\cdots,n) \\ w_j \geqslant 0 \quad (j = 1,2,\cdots,m) \end{cases} \tag{4-5}$$

其中，当 $\boldsymbol{A}_{\text{mxn}}$ 每个元素非负，$(a_{ij})_{\text{mxn}} = \boldsymbol{A}_{\text{mxn}}$，否则 $(a_{ij})_{\text{mxn}} = \boldsymbol{D}_{\text{mxn}}$。

参与者1、参与者2的最优混合策略解为式（4-6）：

$$\begin{aligned} X^* &= (x_1^*, x_2^*, \cdots, x_m^*) \\ &= \frac{1}{\sum_{i=1}^{m} u_i^*}(u_1^*, u_2^*, \cdots, u_m^*) \end{aligned} \tag{4-6}$$

其中，$(u_1^*,\ u_2^*,\ \cdots,\ u_m^*)$ 为式（4-4）的解；

$$\begin{aligned} Y^* &= (y_1^*, y_2^*, \cdots, y_n^*) \\ &= \frac{1}{\sum_{j=1}^{n} w_j^*}(w_1^*, w_2^*, \cdots, w_n^*) \end{aligned}$$

其中，$(w_1^*,\ w_2^*,\ \cdots,\ w_n^*)$ 为式（4-5）的解。

3. 线性规划（LinearProgramming）

对于下述线性规划问题：

目标函数：$\min\ c_1x_1 + c_2x_2 + \cdots + c_nx_n$ （4-7）

约束条件：

$$\begin{aligned} & m_{11}x_1 + m_{12}x_2 + \cdots + m_{1n}x_n \geqslant b_1 \\ & m_{21}x_1 + m_{22}x_2 + \cdots + m_{2n}x_n \geqslant b_2 \\ & \quad \vdots \\ & m_{m1}x_1 + m_{m2}x_2 + \cdots + m_{mn}x_n \geqslant b_m \\ & x_i \geqslant 0,\ i = 1,\ 2,\ \cdots,\ n \end{aligned} \tag{4-8}$$

则求此线性规划问题的函数格式如下（本文使用Mathematica软件5.0版本）：

LinearProgramming $[\{c_1,\ c_2,\ \cdots,\ c_n\},\ M,\ \{b_1,\ b_2,\ \cdots,\ b_m\}]$ （4-9）

如果约束条件不总是“≥”不等式，则用下面格式：

LinearProgramming $[\{c_1,\ c_2,\ \cdots,\ c_n\},\ M,\ \{(b_1,\ s_1),\ (b_2,\ s_2),\ \cdots,\ (b_m,\ s_m)\}]$

（4-10）

其中，$M = (m_{ij})_{\text{mxn}}$，式（4-10）中 s_i 的值取决于式（4-8）中不等式的符号，即：

若约束条件 $m_{i1}x_1 + m_{i2}x_2 + \cdots + m_{in}x_n \geqslant (=,\ \leqslant)\ b_i$，

则式（4－10）中的 s_i 值为1（0，－1），$i=1$，2，…，m。

需要指出，线性规划只能给出一个最优解。

4. “田忌赛马”博弈矩阵求解算法分析

由于上述“田忌赛马”参与者1的收益矩阵 $\boldsymbol{A}_{mxn}$ 中包含有负数，可以对其每个元素加1处理，得到新矩阵 $\boldsymbol{D}_{mxn}$ 如下：

$$\boldsymbol{D}=\begin{pmatrix} 0\,0\,0\,2\,0\,0 \\ 0\,0\,2\,0\,0\,0 \\ 0\,0\,0\,0\,0\,2 \\ 0\,0\,0\,0\,2\,0 \\ 2\,0\,0\,0\,0\,0 \\ 0\,2\,0\,0\,0\,0 \end{pmatrix}$$

运行函数 LinearProgramming［{1，1，1，1，1，1}，D'，{1，1，1，1，1，1}］，得到运行结果：{1/2，1/2，1/2，1/2，1/2，1/2}。

运行函数 LinearProgramming［{－1，－1，－1，－1，－1，－1}，D，{（1，－1），（1，－1），（1，－1），（1，－1），（1，－1），（1，－1）}］，得到运行结果：{1/2，1/2，1/2，1/2，1/2，1/2}。

进一步得到，X^* =（1/6，1/6，1/6，1/6，1/6，1/6）

Y^* =（1/6，1/6，1/6，1/6，1/6，1/6）

在“田忌赛马”中，如果出马的顺序不让对方知道，那么“田忌赛马”博弈的结果是：

（1）田忌和齐威王选择每一种出马顺序的概率都是1/6；

（2）田忌的期望收益为 $X^*AY^{*\prime} = -2/3$；

（3）齐威王的期望收益为 $X^*BY^{*\prime} = 2/3$。

至此可以看出，田忌是毫无胜算的。

综上所述，可以得出分析结论：通过上述“田忌赛马”博弈论的建模与算法求解，可以从一个反向角度思考分析，田忌最终获胜，是由于孙膑发现了三场赛马游戏中齐威王的出马顺序，才有针对性地提出了比赛策略。“商场如战场”，在激烈的市场竞争中，弱小的一方，只有且必须做到“知彼知己”，通过发现市场竞争的规律、缺陷和机遇，采取相应对己有利的策略和行动，提前布局，抢占先机，规避自己的劣势，发挥自己的长处，才能逐步赢得先机，逐步赢得市场份额，逐步发展壮大自己，最终获得成功。

4.5 相关研究小结

本章通过“田忌赛马”博弈论的相关分析研究，可以得出初步结论：企业在激烈的市场竞争环境下，需要认清自身的优势，避开自身不足，扬长避短，选择不同的市场进行合理规划、开发与决策。从单打独斗到合作共赢，这需要企业对于自身有正确清晰的认知与定位，一个优秀的企业总能不断地转型与创新，来应对瞬息万变的市场环境，从而使企业整体发展更上一层楼。

5　脉链集团30多年发展分析研究

脉链集团是国内一家专注于五金工具连锁经营、品牌推广、生产制造、研发设计、产品维修与客户服务等功能于一体的、综合性的、网络化的、国际化的大型五金民营企业，公司致力于为消费者、终端客户、制造商提供国际化品牌和专业化服务，打造一个多方参与的国际化五金工具行业生态体系。脉链集团通过30多年的经营及与国内外合作伙伴开展协同运作，产品和服务已经在中国、东南亚、南亚、中东、非洲、南美、中欧、西欧等国家和地区形成了强大的影响力，特别是在开展跨境贸易建设国家之间，不断拓展合作渠道，寻求各方战略合作的新空间、新领域，满足开展跨境贸易建设国家对不同品牌、不同专业等级五金工具的实际需求，致力于跨境电商、跨境物流等海外业务的纵深发展。

5.1　脉链集团经营概述

1. 脉链集团简介

脉链集团的全称是上海脉链五金工具有限公司，其前身是1983年成立的浙江永康上胡砂轮厂。目前在浙江金华成立有五金工具生产制造基地（上海脉链五金工具有限公司金华分公司）、脉链产学研基地、脉链数字园区等。1983—2006年，脉链集团当时为永康市皇冠电动工具制造有限公司，在历经了23年工具行业的实践与摸索后开始战略转型，于2008年正式成立上海脉链五金工具有限公司，时至今日，脉链集团已发展成为国内一家专注于工具连锁经营、品牌、制造、研发、营销、贸易一体化的大型民营企业集团，成为向消费者、终端门店、经销商、制造商（工厂）提供专业化工具服务的国际化数字平台知名服务商。

脉链集团现有上海运营总部、瑞士品牌总部、金华制造基地与培训基地三个总部，在俄罗斯和波兰设立了分公司，拥有 8000 平方米的仓储及展示中心，为海外客户提供服务体验。集团下设从远投资、脉链云平台、和亨新零售、皇冠新制造、脉拓国际五大事业部，现有国内员工 10000 余人，海外员工 1200 余人。通过多年经营和与国内外合作伙伴的协同运作，脉链集团在中国市场率先建立起了以国际化形象、服务、多种类产品、系统培训和云平台五位一体板块为核心竞争力的连锁服务体系，门店品牌（CROWN，DWT，TOSAN，MYTOL）在中国、东南亚、南亚、中东、非洲、南美、中欧形成了强大的国际化品牌影响力，产品在国际市场上同行业的占有率名列前茅。

2018 年，脉链集团依托产业互联网，把全球五金工具产业链上下游的企业打通，建立了五金工具产业互联网生态系统，成为全球化产业互联网平台；通过提供仓储物流、售后服务、产品培训、营销推广、人才输送、在线平台支持等一系列增值服务，满足了终端门店和消费者对五金市场一站式采购的需求和自身规模化复制的发展需求。目前，已有 32 家销售额排名国际前三的五金品牌入驻“脉链云”平台。脉链集团将进一步提升产品服务体验，丰富产品种类和等级，以丰富的国际化产品库和优质的增值服务，与广大客户及制造商共享国际化优质产品资源和国际化市场。

2. 脉链集团发展历程

（1）起步阶段

1983 年，脉链集团前身——永康市皇冠电动工具制造有限公司的创始人徐朝省，凭借着“吃苦耐劳、开拓创新”的精神和“敢为人先”的胆识，开始了艰难的创业之路，在永康县上胡村的祠堂内创办了溪岸公社上胡砂轮厂，是当时永康县为数不多的村办企业之一。当时的产品是砂轮片，没有品牌；销售方式主要以内销为主，在物流不发达的情况下全依靠他一辆自行车送货，但年销售额突破了 10 余万元。随后企业不断壮大，厂址由上胡村搬迁到溪岸乡政府所在地，又从溪岸乡搬迁到永康县城；而厂名也由上胡砂轮厂变更为永康县溪岸树脂砂轮厂、永康县树脂砂轮厂。当时该企业每年纳税近 50 万元，成为当地的纳税大户。

（2）转变策略阶段

1992 年，由于砂轮厂规模不断壮大，其开始自建厂房并与一家美国公司合资成立了浙江永康佳美树脂砂轮有限公司，有了第一代皇冠商标产品（产品依旧是砂轮片）。有了合资公司，有了自有品牌，加上合资的运营模式所带来的先进理念、科学技术和管理模式，使皇冠牌砂轮畅销国内外。1994 年出口砂轮片的形势很好，永康当地的电动工具市场也很活跃，为了抓住电动工具在中国刚起步的市场机遇，企业高层创立了永康市皇冠电动工具制造有限公司，开始从事电动工具的生产经营，这是企业产品转型发展的初始阶段。

2000年，企业进行产品升级，进一步满足市场和客户的需求，公司产品从单一的电钻和抛光机，扩大到角磨、冲击钻、电动扳手、抛光机四大类型。海外市场销售开始从中东、南美、东南亚扩展到欧美。2001年成立了浙江皇冠电动工具制造有限公司，公司市场转型和产品升级均取得了显著的成效。2004年开始，公司决策者着眼未来，立足于国内看世界，企业开始运营模式的新探索，这种新探索成为后来脉链集团几次“田忌赛马”理论应用的成功案例：

①2006年，公司主要为欧美五金制品制造商做OEM贴牌。为了创新企业发展模式，就在公司业务蒸蒸日上之际，公司毅然撕掉了OEM标签，成为皇冠电动工具自有品牌的制造商。

②2012年，就在皇冠五金品牌在浙江省电动工具出口名列前茅之际，公司又撕掉了自有电动工具标签，成为多种类的皇冠五金工具制造商。

③2018年，就在皇冠五金工具持续在开展跨境贸易建设国家市场占有率遥遥领先之际，公司又撕掉了皇冠五金工具标签，成为多种产品等级（工业级、专业级、民用级）的四个门店品牌（CROWN、DWT、TOSAN和MY-TOL）的制造商。

④2018年，公司又撕掉了不同等级、不同品牌的制造销售标签，真正开始从传统的工具企业，转变为全球五金工具产业的互联网生态系统。

脉链集团高层认为，欧美国家的五金工具制造销售有着深厚的底蕴，但是，中国照搬欧美模式，可能是失败的。因为中国的传统文化及中国特有的国情，导致欧美模式不适合中国。一方面，伴随着多年城镇化建设，中国内贸工厂蓬勃发展，发展中国家对中国制造提出了新需求；另一方面，中国消费升级后，年轻化、知识化的消费者对于海外工业级和创新的民用级五金品牌，也提出了新的需求。因此，2018年脉链进行产业互联网转型，恰恰符合了全球化和供给侧结构性改革的趋势。

（3）脉链集团发展历史演变轨迹

1983年，创始人徐朝省在浙江永康创办上胡砂轮厂。

1994年，成立永康市皇冠电动工具制造有限公司，公司业务转向电动工具的生产经营。

2000 年，经过 6 年多电动工具产品的经营，公司所在地迁往浙江省金华市，组建金华市皇冠电动工具制造有限公司，业务开拓进入地级市。为满足市场和客户的需求，企业产品不断升级，从单一的电钻和抛光机，扩大到角磨、冲击钻、电动扳手、抛光机四大机型；产品线逐渐延伸到园林工具、切割工具、轻型电锤等工具产品。2000 年成立皇冠投资集团有限公司，专注于工具制造与行业投资。

2001 年，成立浙江皇冠电动工具制造有限公司，公司市场转型和产品升级取得显著成效。

2004 年，经过多年艰辛的创业历程与产品技术创新，浙江皇冠电动工具制造有限公司开始致力成为五金工具综合服务商，形成脉链连锁模式的最早雏形。

2005 年，为满足市场上对各种产品的需求，脉链集团与浙江恒泰机械制造有限公司合资，成立了浙江恒泰皇冠园林工具有限公司，开始大规模园林工具的生产经营。

2006 年，开始成立浙江格致商贸有限公司，致力于五金制品销售，开始探索产销分离的品牌摸索模式。

2007 年，脉链集团对所属分公司进行整合管理；在上海成立脉链集团上海总部，集团董事长徐伟强先生开始推动集团战略转型，启动脉链连锁模式运营管理。

2008 年，为拓展国内国际市场，正式成立上海脉链五金工具有限公司（以下简称上海脉链），成立脉链集团海外销售公司。

2009 年，脉链集团与俄罗斯五金销售企业 INTERSKOL 公司强强联合，升级成为战略合作伙伴，公司海外业务进一步拓展，设立脉链集团工会、员工互助基金会。

2010 年，浙江皇冠电动工具制造有限公司、浙江恒泰皇冠园林工具有限公司、永康市皇冠电动工具有限公司成为莱茵技术（上海）有限公司战略合作伙伴，浙江皇冠电动工具制造有限公司通过权威国际标准的产品认证；同时与金华职业技术学院、中国南龙集团和浙江永康安德电器有限公司合作成立皇冠学院，搭建起跨行业、跨专业、跨领域的校企战略合作平台。

2012 年，上海脉链参加中国国际五金博览会，脉链集团的商业模式在博览会上得到了很好的诠释。

2013 年，成立脉链集团瑞士分公司，该公司成为脉链品牌和设计的海外总部。

2014年，脉链集团中国八大区域增资扩股，此举标志着脉链集团全面开启了中国国内市场的五金连锁业务模式。

2015年，脉链集团成功打造了脉链业务模式的样板，该样板由脉链集团上海总部、安徽区域服务中心和安徽终端门店（以下简称安徽脉链）组成；同年脉链集团与墨西哥TRUPER工具集团达成业务战略合作伙伴关系。

2016年，脉链集团中国区终端连锁店加盟已达60余家。

2017年，脉链集团与用友网络科技有限公司签订了战略协议，打造“脉链云”平台，开启了“脉链云”平台带动企业转型升级的崭新阶段。

2018年年底至今，“脉链云”投入试运行，企业基本上完成了产业互联网的转型升级。转型升级后的脉链集团，通过采用产业互联网手段，赋能全球的五金制品生产制造工厂、经销商、终端门店和消费者，其目标直指“服务于中国最优质五金资源出口海外，服务于海外最优质五金资源进口中国”。

本书附录2.3以表格的方式，完整地显示了脉链集团的创业、创新历程。

3. 脉链集团企业文化

◆ 脉链，同心协力。

◆ 脉链，言传身教，共享，真诚，与时俱进。

◆ 脉链始终认为人才是一种增值资本。

◆ 脉链集团实现三级人才培训体系，注重培养具有广阔视野的专业人才和管理人才；鼓励适度张扬与创新，努力创造进取、活力、协作的工作氛围；提倡“智慧、诚实、发展、共享”的企业文化思想，真诚关心每一位员工，人与人之间相互信任，真诚合作。

5.2　脉链集团的组织架构

在脉链集团30多年的发展历程中，企业每次面临转型升级，其组织架构就会进行大调整。在“田忌赛马”博弈论理论的指导下，脉链集团实现了全球五金资源的整合配置，同时对企业内部的组织架构进行重构与优化，从而为企业的营销模式、采购模式、生产模式、服务模式带来了大转变。

脉链集团组织架构如图5－1所示，从图中可以看出，脉链集团组织架构设置推行“三级管理”，一级管理为脉链集团董事长，二级管理主要由五大

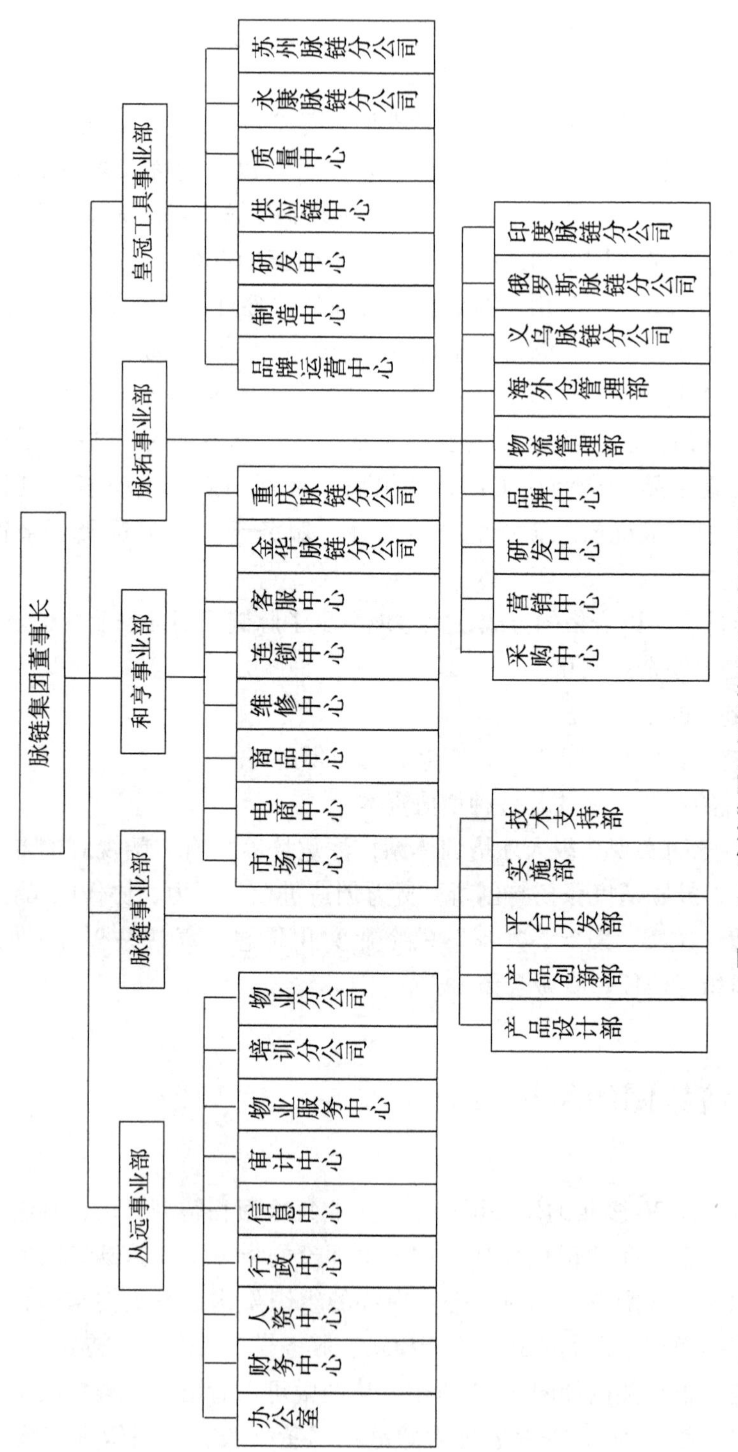

图5－1　脉链集团组织架构（2019年12月）

事业部构成，分别是从远事业部、脉链事业部、和亨事业部、脉拓事业部、皇冠工具事业部。其中，脉链事业部主要负责产品上线（产业互联网），和亨事业部主要负责国内渠道拓展，脉拓事业部主要负责海外渠道拓展，皇冠工具事业部主要负责产品研发、制造和品牌推广，从远事业部主要负责投资、资本运营、员工培训等。二级管理下又分设不同职能管理部门，即三级管理部门（包括直属分公司），如和亨事业部下设有金华脉链分公司、重庆脉链分公司；皇冠工具事业部下设有永康脉链分公司、苏州脉链分公司；在脉拓事业部下设有海外仓管理部、义乌脉链分公司、印度脉链分公司、俄罗斯脉链分公司；从远事业部下设有培训分公司、物业分公司。每个分公司都是一个业务主体，比如金华脉链分公司有自己的业务经营店，从事批发、零售、直销生意，其他分公司也一样，统一在集团公司领导和"脉链云"平台的技术支持引领下，秉承"开放、包容、创新"的理念，与国内外经销商、零售商、生产商等，展开全方位的合作。

5.3 脉链集团的主营业务

外贸市场一直是脉链集团主营业务的驰骋疆场，早在1992年，企业创始人徐朝省先生就开始把五金制品打入海外市场。根据公司早年的调查经验，欧美市场对于五金工具的需求远远大于国内市场，因此，公司将大部分精力专注于中东、南美、东南亚、北美市场，凭借自营出口业务的优势，经过公司全体员工的同心协力，近几年脉链集团实现海外市场年收入13亿元人民币，销售范围也从中东、南美、东南亚逐步扩展到欧美市场，从而达到更高的盈利水平。

随着时代发展，当代社会已经进入大数据时代。脉链集团紧跟时代的发展，在国内五金行业率先创立了云平台"脉链云"，该云平台主要为合作伙伴提供从五金制品的生产制造、批发零售到客户服务的全流程服务系统。通过云平台，可以实现国内合作制造工厂与海外客户面对面的交流合作，脉链集团从中收取一定比例的服务费用。此外，通过云平台，脉链集团还可以为国内五金制品生产制造商代理海外市场业务，为其开拓海外市场。各种代理形式不同，收取的服务费用也不同。

5.4 脉链集团各发展阶段面临的主要挑战

1. 因客户信誉缺失和经营理念偏差所致的危机

脉链集团在成立之初一直发展良好，但随着市场经济的不断发展，脉链集团在 1996 年因市场行为不够规范、客户信誉缺失和自身经营管理理念偏差而陷入危机，这是脉链集团成立以来遭遇的首次危机。面对危机，公司随即对管理模式进行了重大调整，加强了产品质量的严格管控，使脉链集团有惊无险地渡过了难关。

2. 管理经验不足造成的质量问题

2002 年是脉链集团辉煌的一年，也是惨败的一年。永康皇冠迁入新厂房后年销售额突破了 1 亿元人民币，在 OEM 上与百得、TTI 公司都有合作。为了满足市场的需求，公司还新推出 1050W 冲击钻、2100W 电木铣。但就在这时，由于公司管理经验不足，对电锤产品出现的问题没有及时恰当地采取措施，导致公司出现大量亏损。产品的质量是产品的核心，因此脉链集团从中吸取教训，加强公司流程管理，从研发、物流、制造等各个环节强化质量控制，使产品重新得到客户认可，公司信用逐渐恢复。

3. 2008 年金融危机

2008 年是世界金融变革的一年，2008 年欧美爆发了一场影响全球经济的金融风暴，当时的脉链集团，察觉到金融风暴对欧美市场的影响，于是脉链集团高层决策者，果断地暂时离开欧美市场，转战中东市场，从而减少了此次危机的损失，并在中东市场取得成功。

4. 2020 年新冠肺炎疫情的冲击

2020 年发生新冠肺炎疫情，疫情至今还在全球部分地区肆虐着，导致绝大部分企业复工难、运输难、履约难……为各国经济造成不同程度的损失。但在脉链集团，看到的是另外一番景象：在金华脉链，自从复工以来，金华脉链总仓门口的物流运输车频频出动，2020 年 2 月，五金制品出货近 40 柜集装箱，3 月仅仅一周又出货 50 柜集装箱。在俄罗斯，海外客户依然频繁提货，订单履行速度之快，跨境物流运营效率之高，几乎没有受到疫情太大的影响。

就在大多数外贸企业为深受疫情影响而备感压力之时，为何脉链集团的云平台可以较少受汇率、货款、员工、运输等因素的影响，能比较顺利地开展国际贸易、跨境贸易呢？原因就是脉链集团五金制品的跨境贸易建设策略！早在2010年，脉链集团就开始部署“全球产业生态链”；2016年，脉链集团在俄罗斯建立了第一个海外仓，随后又在瑞士、伊朗、埃及、越南等国陆续建立分公司和海外仓。通过不断升级线上“脉链云”，不断改造脉链线下“联创空间”，脉链集团已经能助力中国五金制造企业，实现“当地优选卖全球，全球优选卖当地”的梦想了。脉链集团境外部分分公司和海外仓如图5－2所示。

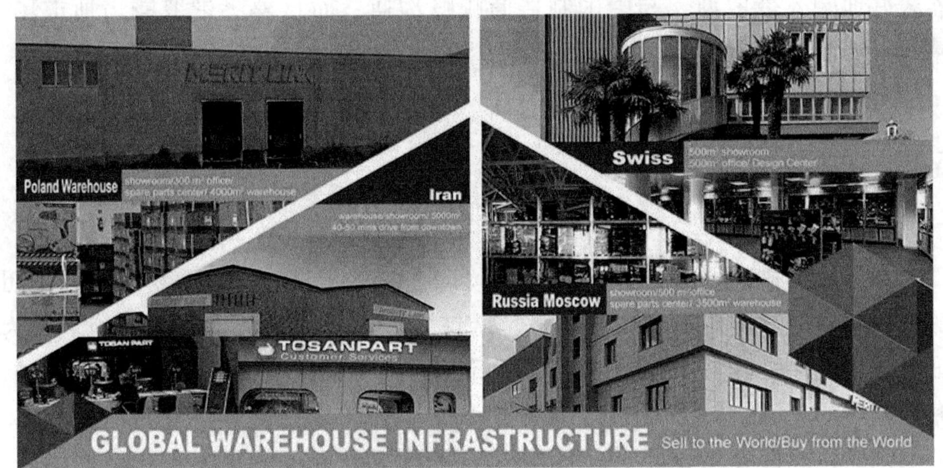

图5－2 脉链集团境外部分分公司和海外仓

以俄罗斯“联创空间”为例，脉链集团“全球产业生态链”不仅缩短和解决了物权转移周期和海外货物存储的问题，服务前移更能在“风险”来临时提供安全的“避风港”。具体优势如下：

（1）物流成本降低。中国制造产品可以整柜或拼柜组货，从中国运到俄罗斯，再从“联创空间”直接发货给俄罗斯客户，物流成本远低于从中国境内发货。

（2）交易周期缩短。俄罗斯客户从海外仓提货，节省生产、物流、报关、清关、海运的时间，赋能客户实时响应俄罗斯市场变化，提高资金周转速度6倍以上。

（3）资金安全得到保障。脉链集团为中国制造商提供“现款现货”的发货，不但保证了供货方收款安全，而且还能有效抵御卢布汇率波动带来的风险。

（4）流通渠道拓展。脉链集团海外连锁为中国制造商提供完善的零售渠道。俄罗斯零售商通过“脉链云”平台，直接向海外仓下单，当天货物就能运抵门店，提高流通效率 10 倍以上。

（5）跨境贸易数据实时在线。中国制造商可以通过“脉链云”大数据，实时查看海外仓数据，了解动态库存情况，洞察俄罗斯市场变化，为调整产品结构和销售策略，提供智能预测和科学保障。

（6）本地化海外员工纽带。如俄罗斯脉链分公司由 1/3 会英语的俄罗斯人、1/3 会中文的俄罗斯人和 1/3 会俄语的中国人组成，这样的员工组合不但能较好地融入俄罗斯，与中国制造商顺畅沟通，而且熟悉俄罗斯当地市场，精通五金制品推广。

5.5 相关研究小结

本章重点描述了脉链集团 30 多年坎坷曲折的发展轨迹，介绍了脉链集团的组织架构、脉链集团的主营业务、脉链集团各发展阶段面临的挑战。作为国内五金行业跨境贸易建设的积极践行者，作为中国五金行业走向跨境贸易海外市场的先驱，脉链集团是中国五金行业从事跨境贸易建设的一面旗帜。可以判断，脉链集团通过持续优化转型升级，最终将实现更大的发展。

6 脉链集团跨境贸易建设发展轨迹研究

6.1 脉链集团跨境贸易建设发展轨迹探析

脉链集团以建立全球五金工具建材家具云平台为愿景，从工厂转型升级品牌建设，再转型为连锁经营。脉链集团专注于五金工具行业，打造国际化三通服务“脉链云”平台，打通国内国外，打通线上线下，打通城市农村，建立起一个新的行业数据化平台。

目前，脉链集团总部设在上海，在浙江金华拥有3家大型现代化工厂，在瑞士拥有设计研发中心，在浙江、安徽、重庆、河南、湖北、湖南等10个省、市设有分公司，拥有2000家终端门店，在俄罗斯、瑞士、伊朗、埃及、越南5个国家设有海外仓，主要客户分布全球60多个国家和地区。

6.1.1 脉链集团跨境贸易建设发展历程

脉链集团自创立之初就积极开拓海外市场，逐渐拥有了丰富的海外市场资源，其中以欧美市场为主。自2013年后，一方面，为了响应国家开展跨境贸易建设的号召，脉链集团更加积极主动地与开展跨境贸易建设的国家合作；另一方面，由于欧美市场竞争激烈，五金制品市场逐渐趋于饱和，脉链集团也开始逐步将海外市场的重心，从欧美国家转向其他开展跨境贸易建设的国家。

经过多年的发展，脉链集团产品的全球营销网络，已经布局全球60多个国家和地区，其中非洲16个国家、中东9个国家、亚洲8个国家、欧美10个国家，而且每个国家设综合采销服务点。脉链集团销售的产品分为工业级、专业级、半专业级、民用级4个级别，脉链集团从欧美国家进口部分工业级产品，将部分高端产品销往国内；将专业级、半专业级产品出口销往中东、非洲等地；此外，脉链集团把国外物美价廉的民用级产品引进国内五金市场。如此一来，脉链集团将进出口业务融为了一体。此举既响应了国家鼓励开展跨境贸易建设的号召，又发展壮大了国内五金企业，使国内五金行业的年销售额达到了百亿元人民币的规模水准。

6.1.2 脉链人的业绩

中国的经济社会发展，走过了打基础的30年、厚积薄发的30多年，现在正进入大崛起、大裂变的未来30年；互联网，也走过了门户网站的10年、电商的10年，现在正进入产业互联网的未来10年；五金工具，也走过了外贸发展的10年、内贸发展的10年，现在正进入国际化、云时代的未来10年。脉链集团从五金工具制造起步，逐步发展为拥有3家占地数百亩的工厂，目前生产热火朝天；主业从制造转型品牌经营，到拥有4个门店品牌（CROWN、DWT、TOSAN、MYTOL），再到开展跨境贸易建设，品牌影响力至今名列前茅；现在脉链集团又从品牌经营转型五金市场连锁经营，连锁经营覆盖面跨越全国10个省1600多家门店，其国内五金市场行业占有率稳定，行业地位举足轻重。2017年年底，脉链集团和用友网络签订战略协议；2018年，脉链集团完成了产业互联网的转型，通过互联网云平台，赋能全球五金制品生产的制造工厂、经销商、终端门店和消费者，服务于中国最优质五金资源出口海外，服务于海外最优质五金资源进口中国。

欧美国家五金行业一度领先中国，中国经过10多年的城镇化建设，五金制品的需求快速增长，致使国内五金工具内贸企业的产品专业等级迅速提升。中国高专业等级的产品，恰恰是开展跨境贸易建设国家需要的；而欧美的工业级、民用级产品，也恰恰是中国市场所需要的。脉链集团协助国内五金内贸企业开展跨境贸易建设，协助国外工业级和民用级的五金企业开拓中国市场，为国内外五金企业都开辟了增量市场。

在线营销几乎是每个企业的目标；在线营销，生活快消品的互联网消费已经实现了，但是五金工具的互联网消费还在探索中。2018年，脉链集团从行业入手，实现了五金工具行业的在线营销与在线服务。在线化同时，脉链集团依托三通服务“脉链云”平台（国内国外打通、线上线下打通、城市农村打通），为全球产业链提供线下服务，比如产品优选、培训维修、展会路演、海外仓建设等。

所谓的脉链模式，就是“企业做产品、脉链做服务、客户做销售”。脉链集团为厂家和客户提供 5 大类专业服务，即国际化破局、门店品牌合作、新零售赋能、数据平台赋能、资本运营与金融服务赋能。实际意义包括：

（1）对于传统企业来说，过去有产品难卖、营销成本高等痛点，现在是三通服务“脉链云”平台为他们打开了增量市场，而且由于时时在线，能立刻得到市场的反馈，提高了客户二次开发和产品应用的针对性。

（2）对于传统代理来说，过去是 50 个产品只能在一个市场销售，还有供应商压货带来的资金压力，终端门店缺少黏性；现在是 1 个产品可以在 50 个市场销售，代理商也能转型成为仓储物流和维修的服务商，脉链集团不仅没有破坏原有的利益规则，反而使终端门店的黏性更高了。

（3）对于传统门店来说，过去是辛苦守店，经营环境脏乱差，最多只能服务约 1000 个顾客；现在是从传统零售点转型为服务点，店员还能在手机 App 上开虚拟店，实现员工创业，能服务约 10000 个顾客。

为了让行业相关的工厂、经销商和门店能快速融入脉链集团的互联网，一个可视化的服务转型场景和培训基地就无比重要了。

2018 年，脉链集团在浙江金华脉链产业园区投资建设了一个 8000 平方米的产学研基地。在产学研基地，产品上架、上云、运营简化，数字化运营服务，全球展会、国内外推广路演、培训服务，让合作伙伴们看得见、摸得着。同时，脉链集团正由传统产品制造和品牌建设向创新孵化和人才输送转型。脉链集团传统工厂培养的工人，可以开手机虚拟店、回乡创业或晋升经理；脉链集团把原来的 3 个工厂合并为 2 个，另一个作为服务基地。合并的 2 个工厂中的一个，正由金华脉链改造成为创新研发的孵化基地。在这个产学研基地里，还有一个金华脉链的样板。它是三通服务“脉链云”平台的一个入口，进入“脉链云”平台，每一个国内外贸易伙伴，都有机会将其利润放大 3 倍以上，实现“买全球、卖全球”。

6.1.3 脉链掌门人：我们正在书写脉链模式的传奇

在脉链集团“2019 业务裂变暨上半年业绩验证会”上，集团董事长徐伟强提出明确要求：“各事业部要围绕集团整体格局，依托产业互联网，聚焦全球增量市场，加强业务协同，落实五大任务，用业绩验证脉链模式。”

徐伟强引用《论语》中的“学而时习之”“有朋自远方来”“人不知而不

慑”，阐释了脉链集团发展的整体格局。他认为，集团的职责是把握方向，提供方法；各事业部的主要职责是管理，为脉链各分公司赋能并解决问题；各分公司是实操，用业绩来验证事业部的赋能。徐伟强强调，“脉链云”平台是脉链集团业务“核心的核心”，各事业部业务不能本末倒置。金华脉链分公司作为“脉链云”平台的线下服务场景，起到了引流、提炼、上云的作用，未来要大力拓展，建成线下数字园，其规模要超过金华脉链现有规模的 10 倍以上，并且数字园的服务设施必须齐全。数字园的意义在于链接五金行业的优质资源，让商家感觉更便捷，让整个产品的提炼、培训、上云等服务更简单，也让行业赋能更高效。

徐伟强分析了当前国内外五金工具市场的形势，指出国内市场与国外市场的产品等级需求存在差异化，如何抓住增量市场，满足市场各类需求，是经营目标的关键所在。在当前形势和未来趋势下，脉链集团要实现裂变式利润增长，只能创新服务方式。脉链是帮厂家卖产品，帮客户买产品，是联产联销。产业互联网是服务赋能，与消费互联网有着本质的不同；通过“脉链云”平台，引入国内最好的五金资源，为大众所应用，同行之间不是竞争而是合作；不仅要出口，还要进口，实现国内国际增量市场的互通。

徐伟强进一步阐述道，脉链集团最大的优势是 5 大服务，具体就是全球优质产品提炼服务、陈列导购培训维修服务、全球本地推广路演服务、技术化二次开发和应用服务、在线与数据信息服务。上述 5 大服务是消费互联网所不能全部涵盖的。脉链集团为什么必须做服务？因为只有做服务才会有销售增量，才能发掘产品的市场差异化发展路径，才能做到精准采购和精准销售。制造、品牌、研发和线下产销研，都属于服务设施。产业互联网要告诉经销商和终端门店产品的卖点在哪里，应该怎么卖。

为此，徐伟强进一步提出了要求，脉链集团要跳出 3 个观念问题：一是破除消费互联网的思维，线上交易要与线下服务相结合；二是跳出只开展出口业务的思维，在五金行业中，脉链集团可以利用别人的品牌，别人也可以利用脉链集团的品牌，只有这样，才能放大产品价值，获得市场增量，真正做到“买全球、卖全球”；三是脉链集团5 大事业部要通过“脉链云”平台把业务数据串联起来，密切协同与合作，实现经营业务螺旋式上升。

2018 年 10 月 13 日，来自 30 多个国家的 500 位客人参加了在浙江省金华市举办的首届脉交会。脉交会后，脉链集团产业互联网已然在五金工具行业拥有了巨大的号召力。迄今为止，32 家销售额排名国际前三的五金品牌入驻了“脉链云”平台。据徐伟强 2018 年脉交会后预测，到 2021 年脉链集团将完成 50 多亿元人民币的平台收入，脉链集团的未来和希望就在前方！

脉链集团的成功来之不易，靠的是什么？其成功的秘诀和窍门又在哪里？事实和数据表明，脉链集团的成功靠的是几代脉链人执着拼搏的创业精神，靠的是脉链集团源源不断的管理创新、技术创新与服务创新！其成功的秘诀与窍门是摸索和探索出了一条应用“田忌赛马”博弈论的希望智慧之路！

6.2 “田忌赛马”博弈论在脉链集团 30 多年发展中的具体实践

6.2.1 脉链集团在不同发展阶段应用“田忌赛马”博弈论的可适性分析

脉链集团从浙江永康一个弱小的乡镇企业逐步发展壮大，演变成为一个以开展跨境贸易建设为主，以创新和服务为支撑，拥有集大数据、云计算、区块链等新一代信息技术“脉链云”平台的国内五金行业的“领头羊”。究其缘由，除了管理手段、产品研发创新、售后服务，乃至政策环境、市场状况等因素外，作者认为，最重要的，还是脉链集团高管决策层对“田忌赛马”博弈论的运用，在脉链集团不同的发展阶段，预先发现、及时抓住开拓市场过程中出现的各种机遇与商机，适时找到适合集团自身发展的最优路径。

这里对脉链集团在不同发展阶段应用“田忌赛马”博弈论，进行可适性分析。

（1）1983—1994 年。这是集团发展的最初阶段。这个阶段是产品的初级加工和制造阶段，集团主要仿做五金工具的一个零件砂轮片，产能低于市场需求，生产出来的产品全部出口，市场需求旺盛，并没有应用到“田忌赛马”博弈论。

（2）1994—2007 年。这段时期是脉链集团产品生产制造的升级换代阶段，包括电动工具产品的装配制造，核心零件如电机、精加工、注塑的规模制造，同时给外资公司做 OEM 贴牌业务，建立了半专业生产体系、品质体系和供应体系，打造了一支专业的技术团队，培养了一批精干的外贸销售人员，同欧美市场大部分的五金超市、工具店开展了业务合作；开始进行跨境贸易建设，尝试自有品牌的库存销售，形成了品质差异化、地域差异化的竞争逻辑。此阶段存在小规模的“田忌赛马”博弈论的应用。

（3）2007—2017 年。这段时期是脉链集团发展跨境贸易建设品牌化的过程，在 2008 年全球金融危机之后，欧美市场的购买力下降，对产品质量的要求越来越高，同时中国人工成本上涨，材料成本也上涨，实力较弱的中国五金企业要参与欧美市场竞争有困难。这一时期，脉链集团逐渐退出欧美市场的低价竞争，将在欧美市场积累的经营经验应用在跨境贸易的品牌业务上，利用产品成本优势进行大规模的“田忌赛马”博弈论应用。

（4）2017 年至今。当前阶段属于脉链集团经营与发展的腾飞阶段，也是“田忌赛马”博弈论全面运用、快速发展的时期，其标志就是“脉链云”平台的数据资源整合与服务。通过前 10 年的产品生产制造和外贸营销，脉链集团开始与知名信息化企业用友网络合作，建立了打通国内国外、城市农村、线上线下的三通服务“脉链云”平台，以基于工业互联网的供应链社会化合作的思维替代单一的企业思维，打造一个由社会化专业团队、专家团队组成的服务平台，把脉链集团的皇冠品牌、脉拓贸易、和亨新零售、从远人才培养与资本业务对外开放，以产业互联网的方式，服务于工厂、经销商、终端门店、消费者，实现产品在线、知识在线、服务在线、交易在线、利益在线，实现资源共享、责任共担、多方共赢的目标，实现中国内贸专业品牌海外应用、内贸产品海外应用、工业产品海外进口、民用低成本产品进口的采销服务。

6.2.2 不同品牌运营策略（品牌业务比较）

五金工具行业主要分 DIY 家用级、半专业级、专业级、工业级四个质量等级。

2007—2018 年，根据市场对五金工具的不同品质需求以及跨境贸易市场的需求趋势，脉链集团发展了以 CROWN 专业级、DWT 半专业级为主、TOSAN 工业级定位的多品牌策略，同时设立了格致、脉拓、托盛三家专业化、品牌化的采销服务公司，海外客户体验到了脉链集团的透明化采销服务后，纷纷提出将原各自直接对接的中国厂家的产品业务转化为脉链集团品牌业务，这样一来，通过脉链集团品牌服务，海外客户只需对接脉链集团一个窗口就可以采购到国内多种品牌的五金产品，大大节省了人力成本和沟通成本，降低了品质风险，通过库存共享方式又节省了组货成本。

中国既是工具制造大国，有一批专业的制造厂家，存有一批经得起市场考验的优质产品，同时也是工具需求大国，随着消费升级，市场对工业级专业工具的需求也在提升。因此，脉链集团策略性地部署了专门服务中国市场的子公司——上海脉链。国内专业品质的产品与欧美大牌比较，具有成本优势，也符合跨境贸易市场的消费升级要求。目前，国内有大量专业的工程队、装修队和施工队，他们对产品的品质和专业化服务水平要求很高，将国外工业级产品进口，可以满足国内市场的需求。2019 年，脉链集团充分发挥不同品牌产品的比较优势，欧美产品具有高档技术优势，东南亚、非洲等地产品具有廉价劳动力优势（国外家用 DIY），中国中高端产品具有规模制造优势。针对不同市场的需求配备具有不同优势的产品，从而降低企业运营成本。

2008 年，脉链集团逐渐退出欧美市场的低价竞争，转向其他开展跨境贸易建设的国家。因为原先在欧洲市场销售的工具，从产品设计、技术研发，会比东南亚、墨西哥市场的产品成熟，产品技术至少比当地产品技术先进 20 年。因此，脉链集团采用欧洲半专业级的产品品质，中国生产制造的成本，成功应用于其他跨境贸易五金市场，其产品具有质量、技术、服务上的优势。

脉链集团 2007—2018 年的产品海外销售情况（忽略汇率波动）如图 6－1所示。从图中数据可以看出，脉链集团在此期间采用不同品牌“田忌赛马”博弈论应用后，海外销售额逐年攀升，到 2018 年，海外销售额超过了 2 亿美元。

年份	海外销售额（美元）
2007	27000000
2008	32000000
2009	39895256
2010	63707098
2011	60150367
2012	74047961
2013	85508422
2014	88860442
2015	90407322
2016	92117197
2017	94019199
2018	200192000

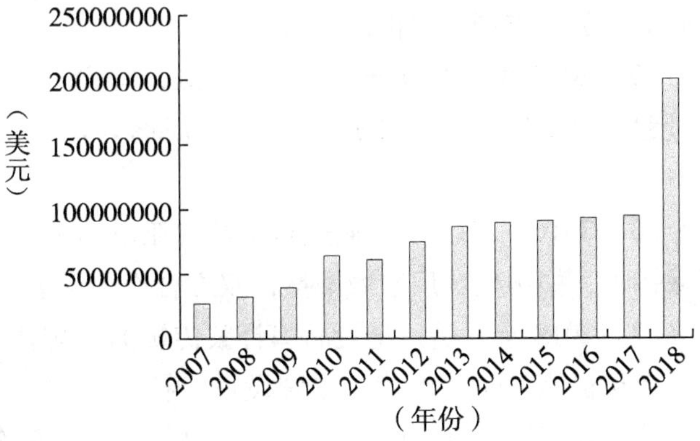

图 6－1　脉链集团 2007—2018 年的产品海外销售情况（忽略汇率波动）

6.2.3 采销联盟机制（阿尔及利亚案例）

根据市场需求，脉链集团品牌业务在电动品类基础上，逐渐发展了机电、焊接、园林、手工工具等品类。在这一时期，脉链集团和客户的关系从传统的代理销售关系转向深度合作，双方联合进行品牌深度推广，以提高品牌的市场活跃度和知名度，脉链集团还组织厂家前往境外五金市场进行考察，和境外客户面对面沟通产品需求。2014 年脉链集团建立了一套较完善的采销联盟机制，品牌方透明产品采购和品牌服务费，品牌市场化定价逐渐形成。

脉链集团与阿尔及利亚经销商的产品采销联盟机制形成过程：

（1）2007 年，双方签订合作协议，本着“田忌赛马”博弈论扬长避短、优势互补的原则，阿尔及利亚经销商正式代理脉链皇冠品牌在阿尔及利亚国内五金市场的试销。

（2）2008 年，在全球金融危机导致汇率大幅上涨的情况下，阿尔及利亚经销商却超额完成当年的经营目标。

（3）2009—2010 年，双方从代理的买卖关系，开始走向合作伙伴关系，采销联盟机制初步形成，同时经销产品从电动工具类开始往其他非电动工具类产品拓展。

（4）2011—2014 年，由市场需求，双方开始尝试多品类采销应用，采销联盟机制逐渐完善。同期，脉链集团进一步推出皇冠品牌产品透明采购和品牌服务，品牌市场化定价逐渐形成。

（5）2015 年，双方合作进一步推进，客户全面融入产品筛选和供应商谈判过程，负责国内产品生产和供应的厂商与阿尔及利亚经销商的合作更加顺畅。

（6）2016—2017 年，通过阿尔及利亚市场销售验证的产品，推荐到其他区域销售，中国生产厂家做增量，双方合作关系进一步紧密化。

（7）2018 年开始，皇冠品牌打破传统的代理模式，在采销服务的基础上推进产品提炼、品质保障、品牌设计、技术二次开发和应用、供应链模块化服务等，在区域联合品牌推广方面，皇冠品牌与阿尔及利亚经销商尝试创新发展合作方式。

6.2.4 海外地推路演（埃及市场案例）

在国内五金专业厂商走向海外方面，脉链集团有“田忌赛马”博弈论的成功应用。由于政治、经济、军事、文化等方面的原因，许多开展跨境贸易建设的国家（如埃及、叙利亚、利比亚、伊拉克、伊朗等）经常遭受战乱，严重影响了脉链集团的海外市场销售。为此，脉链集团制定了正确的海外市场竞争策略，根据“两利相权取其重，两害相权取其轻”的原则，选择适销对路的海外市场营销模式，组织国内五金生产厂家、国内专业区域经销商，前往海外市场联合进行地推路演，联合参加国际五金博览会、展览会等，支持海外客户的品牌推广、销售拓展，取得了良好的成效。

2013—2019 年脉链集团在埃及五金市场的销售数据如图 6－2 所示。图中数据显示 2017 年脉链集团销售额仅为 700 多万美元，原因是 2017 年埃及国内发展形势不稳定导致销售额暴跌，为了规避发展风险，脉链集团培训当地经销商，地推路演其他公司产品的销售，使其销售额逐渐回升；同时面对埃及市场政局不稳及汇率波动的不利影响，脉链集团打破了传统的品牌差价销售思维，从单纯推广品牌，单纯卖产品，转变为提供服务，把中国市场的地推路演经验应用到了埃及市场。2017 年，脉链集团又联合国内五金生产销售厂商和埃及客户，三方共同面对埃及五金市场，帮助埃及客户培训销售人员，同时针对销售终端，进行一系列推广活动，帮助客户在困局中找到突破点。

年份	埃及销售额（美元）
2013	16000000
2014	16430000
2015	14938607
2016	12571331
2017	7015778
2018	10515812
2019	14198853

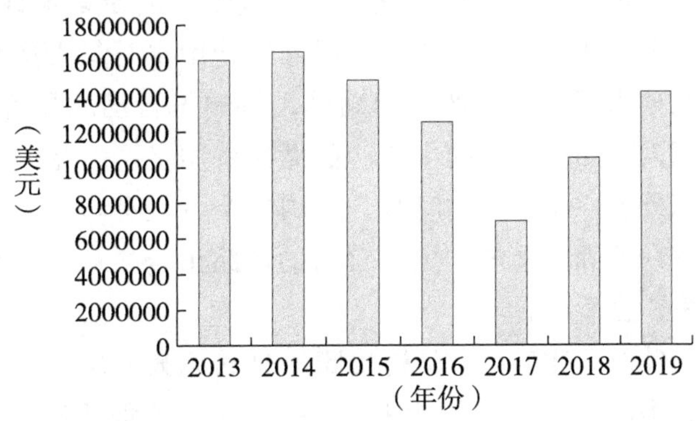

图 6－2　2013—2019 年脉链集团在埃及五金市场的销售数据

6.2.5 客户服务比较优势（安徽脉链案例）

客户服务在商业实践中一般分为售前服务、售中服务和售后服务。售前服务一般是指企业在销售产品之前为顾客提供的一系列服务，如市场调查、产品设计、提供使用说明书、提供咨询服务等；售中服务是指在产品交易过程中销售者向购买者提供的服务，如接待服务、商品包装服务等；售后服务是指凡与所销售产品有连带关系的服务，如产品的质量保修、产品的使用反馈等。“田忌赛马”博弈论在脉链集团客户服务中的应用，就是要相信自己有独到的优势，并且要学会取舍，“懂得取舍，方能收获”，以“一匹马”的失败换得全局胜利，什么都想得到，往往什么都得不到，舍掉小我成就大我方为上策。

在企业创业初期，由于海外市场生产成本高，脉链集团毅然放弃了自己的“产品改进”，去做国外有知名度的“大牌代产”，也就是 OEM 项目，这就等同于做了售前服务，在对国外的产品进行贴牌生产中，主动了解海外产品的性能和海外客户对产品的要求，通过与欧美五金企业的合作，提升国内五金企业的管理水平、技术研发能力和对客户的服务水平。2008 年，脉链集团逐渐退出欧美市场的低价竞争，转战东南亚市场，利用过去十多年做欧美市场 OEM 业务积累的经验，赋能于东南亚客户。

脉链集团在客户服务“田忌赛马”博弈论上的另一个应用是将专业级、半专业级的产品卖到国外，同时将国外工业级、民用级的产品引进中国。创业初期很多国内的小型五金企业虽然产品质量很好，但在国外没有知名度、销路差，还存在退货成本，保修的费用也是其无法承担的。脉链集团通过创业初期为国外顶级产品做贴牌，打响了自己的品牌后，脉链集团转换思维，为国内产品质量好的小众产品做贴牌服务。但是一开始是存在障碍的，因为跟海外客户做生意的时候，中国的企业是有防备心理的。这在国内是一个普遍存在的固定思维，担心自己的产品销售之后被大公司研究、模仿，进而去开发、去生产。

针对上述障碍，脉链集团通过其庞大的海外客户和代理商网络，联系和对接国内五金企业，同时设计相应的产品质量和服务的评估标准。具体操作上，脉链集团一般会邀请海外客户、国内产品的生产商或供应商，三方一起倾听海外客户对市场的具体需求和想法，公开不同产品的价格定位、订货周期和订货量大小等信息，这中间，脉链集团建立一个多方数据资源共享的三通服务云平台，这个三通服务云平台成为目前脉链集团与用友网络合作建立的三通服务“脉链云”平台的雏形。

实际上，上述方式是公开透明的，包括具体的服务模式，客户是否需要服务团队，是否要在国内做仓储，是否需要把货源全部组好配齐等，都做到了公开透明，脉链集团做的就是为买卖双方服务，在服务过程中收取双方一定的服务费。通过此种方式，国内厂商可以看得到产品是真正流通到了海外，而不是被拿去做研究或仿造，因为脉链集团把海外客户带到国内厂商的生产现场去商谈，买卖双方面对面坐在一起商讨，体现了双方合作的诚意，这就等于是把采销的东西变成了服务，而不是只做产品买卖。“尺有所短，寸有所长”，脉链集团为海外客户、国内厂商、脉链集团自身三方，找到了各自的局部优势或专长，并加以有效应用，这也是“田忌赛马”博弈论在脉链集团客户服务领域的一个创新性应用。

上述案例应用最为典型的，就是脉链集团下属的安徽脉链了。安徽脉链从传统产品代理差价思维，转型为帮助安徽地区五金厂商推广品牌、提供本地服务，帮助海外客户联系洽谈国内产品供货商，帮助海外终端客户提炼整合优秀品牌，最终赢得了脉链品牌产品的专业采销服务，安徽脉链产品海外销售额也因此逐年攀升，从 2016 年的销售额 3000 万元人民币，一下子提升到 2017 年的销售额 1.1 亿元人民币、2018 年的销售额 1.6 亿元人民币。

6.3 “脉链云”平台对五金行业的资源整合与分享

“脉链云”平台提供基于“云”的服务，它允许开发者们或是将写好的程序放在“云”里运行，或是使用“云”里提供的服务，或二者皆是。

早在 2017 年年初，脉链集团就开始与知名企业用友网络合作，着手研发五金行业的“云平台”，形成了脉链集团有史以来最大规模的、具有新一代信息技术支撑、采用“田忌赛马”博弈论应用的“脉链云”平台。该云平台以工业互联网为根基，以消费者需求为导向，主动打破外贸压力、国内销售竞争内卷化的艰难现状，打造五金工具产业互联网平台、赋能五金工具产业链伙伴，实现“买全球、卖全球”；云平台致力于向消费者、终端门店、经销商及工厂提供国际化品牌和专业化服务，打造一个多方参与的国际化五金工具采销平台；同时链接国内外的厂家和客户（用户），使各方在云平台上相互进行交流，进行品牌、产品数据资源的整合分享，实现买卖双方的合作。云平台本身不仅能满足脉链集团自身业务的需求，进行脉链集团内部管理与数据交流，还能应用大数据、云计算、区块链、物联网等新一代信息技术，最终满足五金行业产业互联网发展的需求。

值得指出的是，前面描述的基于“田忌赛马”博弈论应用的许多案例，如阿尔及利亚案例、埃及市场案例、安徽脉链案例，以及品牌业务比较优势“田忌赛马”博弈论应用案例，都能在“脉链云”平台中与国内供需双方分享，起到“榜样”的示范效应。“脉链云”平台的构建与运营，其目标就是训练、提升“田忌赛马”博弈论中的“田忌之马”——脉链集团乃至中国五金行业的市场竞争能力与服务水平！

6.3.1 “脉链云”平台致力于国内五金企业的转型与重构

1. 国内五金工具行业的转型升级模式探索

目前，中国拥有将近 2 万家五金生产企业，但多数企业仍然以粗放型的加工出口贸易为主。目前，全球五金工具市场的发展已趋于稳定、行业发展速度正逐渐变缓。

多年来，我国五金工具行业一直都在探索如何转型、寻找更好的发展之路。现今的中国五金工具行业，面临着来自国内外的多重压力。五金行业内部，自身存在着多种较为低端的经营类型，与此同时，还面临着中国消费升级、社会劳动力成本提高等问题；五金行业外部，由于全球化竞争加剧，对整个行业的专业度提出了更高的要求。当前，中国互联网的发展进入黄金期，其发展重心开始从消费互联网转向产业互联网（工业互联网），这给传统五金行业带来了生机和希望。目前，有着巨大市场潜力的中国五金工具行业正在积极寻找新的增长点，同时借助新的互联网技术，开启数字化转型，向高端化、智能化、精密化、系统集成化四个方向进行行业升级。

从全球整体五金工具制造业的发展历程来看，欧美国家有着传统优势，在生产经营模式上也相对成熟。但是，中国五金工具行业的转型无法照搬欧美国家的模式，市场上很多欧美国家风格的五金工具连锁店在中国就出现了水土不服的情况。因此，中国企业需要结合自身发展的特点、国内外环境、消费者需求，开发出属于中国五金工具行业的新模式，“脉链云”平台的使命即是致力于中国五金企业、五金行业的转型与重构。

2. 脉链 DT（数据技术）大平台助力传统五金分销商实现线上线下齐升级

随着云计算、大数据、区块链、物联网等新一代信息技术的发展，世界正从 IT（信息技术）时代走向 DT（数据技术）时代。IT 以自我控制、自我管理为主，DT 以服务大众、激发生产力为主，未来将属于 DT 时代。

（1）界首脉链开业篇

经过数月的筹办，安徽界首脉链从形象到能力已经完成全面升级，虽然受 2020 年新冠肺炎疫情的影响，门店盛大的开业典礼被暂时搁置，但界首脉链已全面恢复营业，开始如火如荼地服务客户了。

界首脉链，原本是安徽相当有实力的五金工业级产品分销商和服务商，服务当地近 80% 的零售门店以及终端客户，在界首当地占据绝对的龙头地位。但即使是实力雄厚的当地龙头五金企业，界首脉链依然无法摆脱传统分销商面临的困局，即经营成本不明晰，资金占用量巨大，业务规模扩张严重受限。

深受其苦又渴求改变的界首经营者，经深入调研和多方考察之后选择加入脉链连锁体系（脉链集团 + 京东工业品合作伙伴店见图 6 – 3），由安徽脉链进行赋能实现全面升级，不仅包括企业形象升级，更包括运营和管理升级。界首脉链的总经理表示，得益于安徽脉链的赋能，界首脉链运营的专业性显著提高，运营成本有可观下降，与安徽脉链的协同也使界首脉链的经营团队从纷杂的后台工作中解脱出来，更专注于市场开拓和业务提升，这种又开源又节流的合作，将大大扩大界首脉链的业务版图并提高其盈利能力。即使是在新冠肺炎疫情期间，2020 年 3 月界首脉链也实现了近 400 万元人民币的销售额，同比增幅达 60%。

（2）安徽脉链转型篇

如果说界首脉链“未来可期”，那么为界首五金插上转型翅膀的安徽脉链又是何许角色呢？安徽脉链是脉链集团的核心伙伴，承担安徽区域的运营工作，与脉链集团一起成长、一起转型，是最早也是全面践行脉链模式的合作伙伴。安徽脉链与脉链集团一起探索工业品销售推广新模式，从传统产品分销商转型为服务商，在行业内具有较大的突破性和创新性。

谈及转型的初衷，安徽脉链总经理回忆道：“在转型之前，安徽脉链只是一个传统的分销商，全靠自己多卖产品赚差价盈利，而产品能卖多少，全看自己有多少业务人员、能跑多少区域，以及价格有多低……总之就是挣辛苦

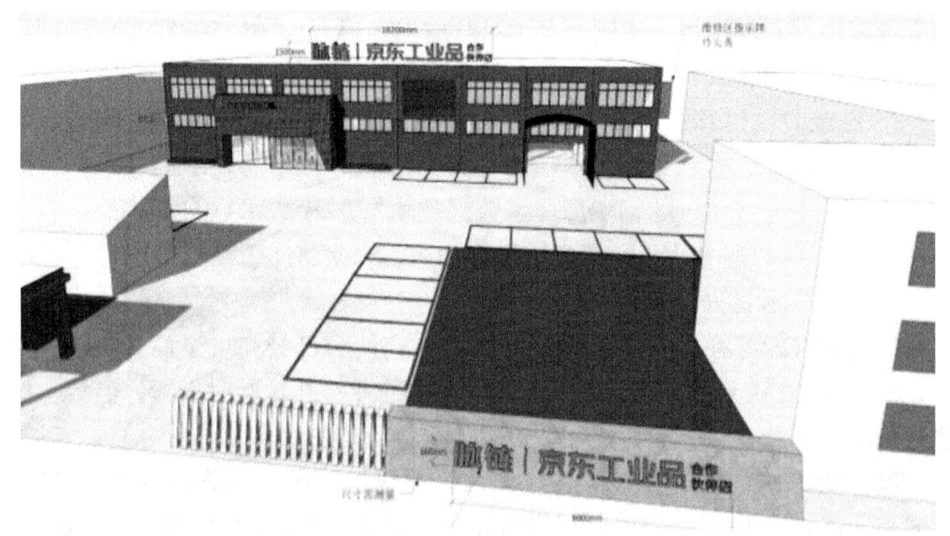

图 6－3 脉链集团＋京东工业品合作伙伴店

钱，想有大增长几乎不可能。而且传统模式下与厂家的合作程度很浅，与其他分销商的关系也相对比较紧张。因为自身需求量有限，能拿到一手货源、一手价格的产品很少，与原厂关系的紧密度一般。而与安徽境内其他代理商或者分销商的关系就更微妙了，除了少数是安徽脉链的上游供应商外，多数都是竞争的关系，我们竞争下游批发、零售小门店，也竞争终端客户，最终就会演变成价格战，没有人能获益。下游批发、零售小门店虽然是我们的客户，但我们也只是供货而已，下游客户的忠诚度也不高。”

对于转型，安徽脉链总经理感触良多：“而安徽脉链转型为服务商之后，与各个环节参与者的关系都变得完全不同了。安徽脉链以为批发、零售小门店提供采销服务为突破口，从单纯的向下卖货，变成帮批发、零售小门店提供采销服务和运营升级赋能，提高批发、零售小门店自身的经营和业务能力，通过批发、零售小门店的业务提升带动安徽脉链的业务提升。安徽脉链与原厂的合作也得到了深化，通过下游订单需求提升可以与更多原厂建立联系，不仅能帮助原厂销售，还能承接原厂的前置服务需求。同时，转型为服务商之后，之前的非良性竞争问题也迎刃而解，那些一起抢客户、做价格竞争的代理商，现在都是安徽脉链的合作伙伴，我们一起共享产品资源、供应链资源和客户资源，共同服务我们的下游客户。转型之后，各个环节参与者将能更好地协同合作，也能更好地共享利益，大家都从中受益。”

（3）安徽脉链赋能界首脉链篇

安徽脉链转型为服务商，绝不是简单的身份的改变，而是通过付出实实在在的努力赋能下游销售渠道，通过下游销售能力的提升，反向影响上游厂商和供应链，最终推动行业升级和进步。当问及安徽脉链的具体赋能项目时，安徽脉链赋能界首脉链的总项目负责人秦凯提供了界首脉链升级前后的对比照片，并指出安徽脉链所有的工作和成果都能从下面这两张照片中窥见一斑，界首脉链转型升级前后对比如图6－4所示。

图6－4　界首脉链转型升级前后对比

安徽脉链对界首脉链的赋能包括但不限于：

①形象赋能。加入脉链的第一步就是对店面形象进行升级，由原来脏乱差的店面升级成脉链专业零售的门店形象。脉链的形象升级绝不仅仅是做门店外形而已，更多的是对门店经营场景的一次彻底升级，包括产品的全面梳理、重新规划产品陈列布局、动线①的合理化调整、标准化的数字条码、统一的零售价签等。

②产品赋能。产品赋能是赋能中很重要的一项，脉链提供的不仅是更多产品的选择，更是产品背后所代表的有竞争力的价格和稳定的供应链，产品的数字化和标准化、仓储配送等服务也全部包含在内。

③业务赋能。业务赋能是脉链服务体系中差异化最明显的赋能，脉链集团不仅给界首脉链做业务培训，提高他们的业务认知，更会与界首脉链一起去开拓市场，一起做客户维护，绝不让赋能停留在教材层面，而是实实在在的能力提升。

---

①　动线：是建筑与室内设计的用语之一。指人在室内室外移动的点，连接起来就成为动线。

④运营赋能。脉链集团会把很多有效的管理提升概括在运营赋能模块，不仅是关注顾客看得见的门店升级，更关注经营者看不见的方面，升级店面也升级仓库，做库位规划和标准化管理，对库存做全面盘点，合理地设置安全库存，甚至基于周转情况制定定价策略和营销策略。安徽脉链还赋能了界首脉链一些全新的业务，帮界首脉链搭建售后和维修体系，成为其新的业务增长点。

为了实现上述赋能，安徽脉链派驻了10人以上规模的核心团队，与界首脉链一起集中办公了较长时间，力求将赋能全部落在实处。集中办公结束后，升级后的界首脉链已经具备独立运营的能力，但安徽脉链对界首脉链的赋能却一直在持续进行，安徽脉链与界首脉链会有定期的业务交流，也会有不定时的专人现场指导，根据业务需要安徽脉链甚至向界首脉链输出了成熟的业务和运营负责人，负责界首脉链的日常运营。

当然，安徽脉链对界首脉链的赋能，绝不只有这些现场的服务，更是通过脉链的云平台系统，将赋能工作标准化和系统化，保证赋能是一个标准的、高效的、可持续、可复制的过程，这一切都通过“脉链云”平台得到了实现。通过“脉链云”平台，界首脉链的采销体系及运营体系全部实现数字化和线上化，安徽脉链对界首脉链的赋能也得以以数字化的方式实现，具备全面复制的可能，使得“服务—赋能—业务提升”的生态闭环得以实现。

（4）界首脉链转型案例的启示

经过近10年的探索和发展，脉链集团的线下体系已经取得了长足的发展，建立了覆盖国内到海外、城市到农村的强大网络渠道，线下采销能力已经完成积累。而脉链集团对于五金工具行业的赋能，也进入到一个全新的阶段，通过不断的技术和研发投入，对线下体系的赋能手段从IT模式转化为DT模式，将更好地助力五金工具的全行业升级。

6.3.2 “脉链云”平台致力于定制脉链模式

脉链集团聚焦五金工具行业超过20年，从最初的关注生产制造，到后来的品牌升级、连锁零售，再到今天聚焦产业互联网，其形成了自身独特的优势。这些优势包括“优+”（全球优选产品+全球渠道+服务赋能）、“互联网+”（在线提供解决方案，智能营运）、“产业+”（智能运营+创新技术+资本赋能）、“工具+”（工具+五金+机电等）。

脉链模式的核心是服务“买全球，卖全球”，即以全球提炼“优势产品+

服务”为核心，链接全球碎片化优质资源，以互联网技术升级重构行业标准、提升行业市场服务能力；同时针对国内整个五金行业的产能过剩、库存积压、利润摊薄的现状，借力云平台链接全球广阔的五金市场，实现脉链模式的转型、产业链重构，此举是脉链集团今日成功制胜的关键与核心亮点。

脉链集团要重构产业链，需实现“三通”，即打通国内国外、打通线上线下、打通城市农村，同时统一模式、统一品牌、统一产品，从而打造工具产业互联网平台，赋能平台伙伴，并降低成本、提高效益。

2017 年，脉链集团与用友网络正式签订战略协议，以打造“脉链云”平台。在合作之初，脉链集团即明确需求：一是形成服务 + 维修体系，实现线上线下融合，统一产品，为工厂、经销商、终端门店提供专业服务；建立全球维修体系，为消费者解决痛点。二是打通线上线下，实现线上打通数据、线下打通服务，并帮助国内厂家“走出去”、国外厂家“走进来”。三是开放“脉链云”平台，统一提炼产品、优化服务、精准研发、建立维修保障体系和人才培训机制，并将“脉链云”平台开放给合作伙伴、赋能经营生态。四是实现产业互联网，在产学研基地引入用友网络精智工业互联网平台，融合线上线下数据、大数据分析、AI、人才培训、员工手机虚拟店等技术，真正实现产业互联网、重构产业链。

经过近两年的建设，基于用友网络精智工业互联网平台，脉链集团建设“工厂—经销商—终端门店—消费者”的产业互联网平台，解决了海外客户、区域客户、经销商、终端门店等向脉链集团或脉链集团许可的第三方供应商提供订单交易、物流跟踪等业务，同时解决了终端客户与脉链集团门店订单交易、物流跟踪，以及脉链集团内部日常采购、库存、销售等业务，并解决了脉链集团总部、工厂、海外公司、区域公司内部业务管理以及不同组织之间的内部交易业务。通过“脉链云”平台的建设，连接了 100 家工厂、17 家物流中心、200 家区域服务中心、20000 个终端连锁门店，真正实现了脉链五金数据国内国外打通、城市农村打通、线上线下打通。在新的时期，脉链模式赋予了五金行业更多的能力和含义，脉链集团通过产业互联网平台建设，开启了数字企业的新征程。

6.3.3 “脉链云”平台致力于行业企业数字化

数字化的本质是用数字连接资源、处理交易、重组流程等，数字化可以推动企业业务创新、管理变革、网上金融嵌入，从而转变生产经营与管理方式，实现更强竞争优势、更高经营绩效、更加可持续发展的进步过程。未来，所有企业都可能是数字化企业，要么是数字化重生/转型企业，要么是数字化原生企业。

从脉链集团转型后的价值来看，其既满足了多个角色的需求，又为未来快速发展打好了基础。首先，基于“脉链云”平台，沉淀数据、预测分析、挖掘价值；其次，为上游工厂提供产品销售、维修数据分析，并协助工厂产品优化升级；再次，加速销售优选产品、减少呆滞库存，提高资金流转速度；最后，为终端门店创建线上商城，打破时空限制，实现24小时客户服务。

当然，对于大部分传统企业来说，所有的转型，尤其是迫在眉睫的数字化转型，必须瞄准发展痛点，让技术与应用场景深度结合。通过脉链集团的数字化转型历程来看，可以看到其有着明确的目标，并结合已有优势，借力产业互联网，引入大数据、云计算、区块链、物联网等新技术，最终打造具有脉链模式的五金工具产业互联网云平台。

6.4 相关研究小结

从两千多年前田忌与齐威王赛马的故事中，可以品味现代企业的竞争与定位。竞争属于博弈理论的范畴，田忌在全局实力比齐威王差的情况下为什么还能赢呢？究其原因，不外乎以下几个方面：

（1）必须进行竞争实力优势分析。田忌拥有的马整体实力比齐威王的马差，这是田忌的劣势，但是田忌的上等马比齐威王的中等马、下等马要跑得快，田忌的中等马比齐威王的下等马要跑得快，这是田忌的优势，也就是田忌的竞争力之一。当前全球经济一体化背景下，企业在整体实力不如竞争对手的情况下，一定要设法对市场进行细分，找到自己局部的优势或专长，也就是战胜对手的竞争力。这方面脉链集团做到了，它把五金市场细分为工业级、专业级、半专业级和民用级四个等级，只选取国际排名前三、行业排名前二、单品排名前一的品牌进行综合服务。

（2）必须全面掌握竞争信息。知己知彼，百战百胜。假如田忌不知道齐威王的出马顺序，齐威王先出下等马，然后是上等马、中等马，那样得胜的将不是田忌而是齐威王，所以这种信息不对称也是田忌获胜的原因之一。这说明了信息化程度的高低，将直接影响企业的竞争力的强弱，对信息进行科学化收集、管理与应用，就会增加企业在行业中的领先地位。这方面脉链集团做得很到位，脉链集团与用友网络合作研发的“脉链云”就是典型的信息服务平台，基本上实现了线上线下、国内国外、城市农村的五金市场信息互联互通，实现了“线上脉链云、线下数字园”的数据整合与共享，完全摆脱了市场信息的不对称。

（3）必须全面掌握游戏规则。有企业家断言，“三等企业做产品，二等企业做品牌，一等企业做规则”，经营者都将“做规则”视为经营的最高境界。田忌赛马中，田忌提出并说服齐威王采用这种“三局二胜”的游戏规则作为比赛的胜负标准，假如改变游戏规则，以接力赛的方式决定双方胜负的话，那摘取胜利桂冠的将是齐威王而不是田忌。这方面也可以从脉链集团的发展进程中体现出来，鉴于国际国内五金市场需求的变化特点，脉链集团采取了“欧美高档五金品牌进入国内高端市场，中档、中高档五金品牌出口东南亚、非洲跨境贸易市场，普通五金品牌进入国内民用市场”的策略，并且制定“脉链云”服务标准与服务规则，正确诠释了“田忌赛马”博弈论的应用。

（4）必须制定正确的竞争策略。田忌根据“两利相权取其重，两害相权取其轻”的原则选择放弃局部，如果没有第一场的战略性放弃，就不会有后两场的精彩胜利，放弃的背后就是集中优势资源去做自己的强项，是为了全局的成功。脉链集团在市场运作中，也是进退自如、有舍有得的成功典范。2008 年第一轮全球金融危机，欧美市场的购买力大幅下降，中国人工成本上涨，材料成本也上涨，国内的部分五金企业到了“欧美业务做了没钱赚，不做工厂就得关闭”的境地，此时此刻，脉链集团果断退出欧美低价竞争的市场，把在欧美市场里积累的半专业级及专业级产品知识，应用在东南亚、南美等跨境贸易品牌业务上，取得了“田忌赛马”博弈论的成功应用。

（5）人才是根本要素。如果田忌不懂得竞争实力优势分析或比赛游戏规则，也没有一个清晰的竞争策略，以上无论是缺少哪一环，田忌面临的都将是失败，整个比赛过程体现了田忌惊人的资源优化配置能力和策略创新能力。竞争力的核心是人力资源及其所具有的知识管理能力。在人才质量建设方面，脉链集团何尝不是如此呢？从 2000 年开始，脉链集团为外资公司做 OEM 贴牌业务，建立了半专业生产体系、品质体系和供应体系，脉链集团通过 OEM

打造了一支具有专业技术品质的团队，培养了一批精干的外贸销售人才；每当企业发展到关键时期，总有技术骨干、管理专家、业务能手鼎力撑起脉链集团，挽脉链集团于狂澜。在人才资源的护佑下，当时脉链集团下属的皇冠集团于2005年开始尝试自有品牌的库存式销售。2007年，仅仅在东南亚地区皇冠集团就有了2600万美元的销售规模。至此，脉链集团逐步形成了一整套品质、地域差异化的竞争方法。

7　脉链集团“三大创新”赋能跨境贸易建设

7.1　影响及驱动五金行业未来演化的主要因素分析

五金行业及其周边环境的变化都会对五金行业产生较大的影响，这些影响可以看作驱动因素，其中少数属于某一类因素，绝大多数同时属于好几类因素。

7.1.1　产品的技术创新与成本及效益的变化

（1）产品的技术创新

产品的技术创新往往会扩大行业的客户群、进一步扩大行业规模、扩大竞争对手之间的产品差别化，从而重构已有的竞争结构。新产品的成功上市往往会巩固企业的市场地位，反之那些固守着老产品或不善于推出新产品的企业，其利益则会受损。对于电子通信、网络技术、五金等行业来讲，产品的技术创新就是一个关键的驱动因素，如复印设备、照相器材、五金工具、电子游戏、玩具、药品、冷冻食品、个人计算机以及个人计算机软件等。

（2）成本及效益的变化

成本的高低是决定企业获利水平的重要因素，成本的控制是指合理科学利用生产资源和管理资源，将成本尽可能降低，增强产品的竞争力。通过对产品成本的分析，更好地掌握成本的变化，找出影响成本升降的各种因素，最终通过降低产品成本，提高企业经济效益。

从管理角度上看，成本管理能为企业正确地进行最优决策、有效经营和成本控制提供服务。可以肯定，成本控制是提高五金企业经济效益的有效途径，对五金行业发展产生巨大的影响。

7.1.2 五金企业内部的管理变革、专利保护与市场规模的扩张及缩减

（1）管理变革

管理变革可以大大改变一个行业的结构，使生产制造商以更低的成本生产新产品，推出新产品，优化现有产品的各项功能，拓宽整个行业的前沿领域。管理变革还可以带来资本需求、有效生产的最低工厂规模控制、垂直一体化的利益链构建、知识学习与管理服务经验曲线的积累等方面的变革。

（2）专利保护

产品的某项具体业务工艺流程或某项生产技术的知识产权如果没有得到有效控制和保护，一旦扩散，落到相关竞争对手手中，将造成难以估量的损失，企业的竞争优势会遭到严重侵蚀。知识产权的扩散渠道包括科技杂志、贸易公报、通信网络等传播媒体，以及企业生产现场的考察交流、供应商和客户的语言交流、公司技术骨干的离职等。当知识产权的拥有者以营利为目的，私自将该技术转让给他人，甚至与其他行业经营者合作生产或经营时，原有企业产品的知识产权就被泄露了。当然，收购一家具有行业高水平技能专利或生产能力的公司，就可以得到该项产品的技术专利。近年来，跨境贸易引起的产品技术知识产权转移，正成为全球化市场和全球化竞争的重要驱动因素之一。随着开展跨境贸易建设各国能够获得产品技术知识产权的企业数量的增加，这些企业将长久提升行业的生产制造能力和服务能力。

（3）市场规模的扩张及缩减

市场规模的扩张与缩减是行业变革的一个因素，它会影响行业供应和购买需求方面的平衡、进入与退出机制的平衡，影响竞争经营者增加销售量的难度。若需求长期攀升会吸引新的经营者进入市场，鼓励既有经营者增加生产能力。市场规模的收缩则会导致行业的某些经营者退出该行业，迫使剩下的经营者降低生产规模，减少产品产量和服务范围。

7.1.3 其他因素的变化

（1）营销方式的变化

如果经营者能够成功引入产品营销的新模式，那么，他们就可以激发购买者的购买兴趣，扩大产品需求，提高产品的竞争力，降低单位成本。这其中的每一点都可以改变经营者的竞争地位，迫使其竞争对手修订经营战略。

近年来，互联网技术正日益成为各种营销方式的新媒介。

（2）政策环境的变化

政府和行业管理者的行动常常会带来行业惯例和经营战略方面的重大变化。政府对部分行业某些业务限制的放松将有助于相关行业提高竞争力。在国际市场上，东道国政府可能通过向外资公司打开国内市场或向外资公司关闭国内市场以保护国内公司等方式，推动竞争变革。

（3）产品使用方式的变化

产品使用方式的变化是指产品购买者购买的产品使用方式发生的变化。产品使用方式的变化可能改变竞争的态势，如迫使行业中的经营者改变客户服务（信用、技术支持、维护或修理）的方式、改变行业产品销售的特约经销商和零售商结构、迫使经营者扩大或缩小产品线、带来不同的销售及促销途径等。如今，互联网在家庭和工作的普及中正创造着众多服务方式，如电子购物、在线经纪服务、电子邮件服务、简报服务、数据服务、互联网供应商服务等。同时，国民预期寿命的提高带来的人口特征的变化正导致下列各类市场需求的扩大，如公寓租赁、拟订退休服务计划、设立互助基金、开展健康服务。

（4）消费者生活态度和生活方式的变化

消费者生活态度和生活方式的变化可以刺激行业变革。社会上日益高涨的禁烟情绪已经成为烟草行业变革的一大主要驱动因素。消费者对绿色食品的需求和营养价值的担忧已经迫使食品商改变其食品加工技术，重新定位添加健康原料，以提供更加健康美味的产品。消费者对身体健康的关注已经产生了一些全新的行业，如健身设备、户外服装、运动馆和休闲中心、维生素及营养物补充以及经过调试的保健饮食方案。总之，消费者生活态度和生活方式的变化通常有利于促使经营者加快反应速度，增强创造力，将其产品目标定位于新环境、新趋势。

（5）竞争格局的变化

一家或多家外资进入某个曾经为本土经营者统治的市场几乎无一例外地会改变其市场的竞争环境。同样地，当另一个行业中一家有着相当实力的本土经营者通过并购或建立自己的新企业进入本行业时，这家企业通常会以某种创造性的方式运用其经营技巧和各类资源，从而使得竞争态势朝着新的方向发展。新企业的进入往往会开始一场全新的竞争，带来一些新的经营者并会建立一些新的游戏规则。同样地，旧企业的退出也会改变行业的竞争结构，减少市场经营者的数量（这样可能会提高没有退出市场的经营者的市场地位），导致剩余经营者纷纷尽力争取现有的消费者。

（6）行业规模的长期变化

人口是决定行业规模长期变化的关键因素。人口数量增加会促使需求的增加，人口数量减少会促使需求的减少。人口结构的变动主要影响需求的构成，从而影响消费者对某些商品的需求。例如，人口的老龄化会减少对时髦服装、儿童用品等商品的需求，但会增加对保健用品的需求。另外，需求的、替代的、辅助的商品出现，也会引起行业规模的长期变化。

（7）消费者偏好的变化

消费者最近出现的商品标准化程度偏好代替了以前的高度差别化偏好。在某些情况下，越来越多的消费者认为，标准化商品的价格更具有预算性，比那些具有许多特色和服务的高价商品要好。这种发展态势往往会将消费者的关注度从昂贵的差别化商品转移到便宜的类似的商品，并开辟一个价格竞争较为激烈的市场。

7.1.4 服务创新：五金行业如何实现新增长

服务创新是创造和开发经营者自身价值、提高并完善其综合实力、改善其竞争环境的活动。比如社交化生产服务是社交网络的应用，是一种新的行业协作模式取代旧式中心化的行业结构；比如线上线下融合的O2O服务与传统行业融合发展，伴随着5G、移动终端普及、城镇化的重大机遇，彰显了巨大的市场潜力；数字服务具有知识经济和数字经济的双重属性，是娱乐、文化产业发展的载体，主要包括数字出版、在线教育、科技博客等。

自2019年以来，由于受到中美贸易战、新冠肺炎疫情等不确定因素的影响，我国经济社会发展面临着诸多压力，作为与百姓生活息息相关的中国五金行业，在新的发展中，面临着怎样的挑战？如何破局顺应时代、市场的变化，实现新的增长？

作者认为，可以通过以下几个方面来实现五金行业的服务创新。

（1）结构调整，渠道变迁

“我们代理的是家居五金制品，这一两年销售数据在下滑，感觉被家装、一体化家居产品分流了很多客户，所以我们这次过来也是想和厂家一起想想办法，也让厂家给我们鼓鼓劲，增加一些信心”。不久前在国内知名五金制造企业的经销商大会上，有地方的经销商这样说。实际上，经销商的反应最直接地体现了时代，特别是制造业的发展变迁。近年来，市场结构的调整、采购模式的变化、互联网技术的崛起，均对原有的生产流通方式产生了极大的冲击。一方面，全装修房屋比例增长，改变了制造企业的市场竞争方式；另一方面，互联网技术的冲击，使线下、线上消费并存。这种新旧营销模式并行的时期，旧模式必然会感受到一丝压力，同时也亟待寻求新的营销思路和发展出路。

业内人士表示，经销商、零售门店等传统营销渠道还是存在优势的。他们深入市场一线，与消费者结合得更加紧密，能够更直观地感受市场，直面消费者的需求，这是生产厂家自身以及互联网都不具备的特性。因此，经销商在转型中要更好地把握和运用自身优势，整合资源，进一步提升服务水平和能力，提高经营自主性，成为集营销、服务于一体的角色。

（2）市场破局，新品类增长

五金市场变化带来的有忧，更有喜。相对于传统的燃气热水器，壁挂炉这一定位高端的、面向中等收入以上群体的五金制品，近年来的发展可谓突飞猛进。

奥维云网有关统计数据显示，2018 年 1—11 月，地产精装修市场总规模达 214.5 万套，同比增长 35.6%。精装修直接带来的热水器销售规模达 52.1 万台，同比增长 26.9%。在非集中供暖区域的高端楼盘，为满足人们对供暖的需求，壁挂炉受到推崇，市场份额增长较快，同比增长 166.3%。其中，二线城市为壁挂炉配套主力阵地，占比超 60%；从增速来看，三线城市的壁挂炉增长速度最快，规模同比增长 616.2%，未来壁挂炉有向三线城市蔓延的趋势。

对此，中国五金制品协会理事长石僧兰指出：“当前，我国中等收入人群已经形成，这是促进高质量发展和消费升级的最大助推力。如何更好地适应市场、满足需求，就要纵深地研究这部分消费者的真正需要。”事实上，当下行业、品类的表现也恰恰证明了这一点。特别是在当前消费分级化趋势日益明显的前提下，企业既要夯实消费群体基础、培养口碑，也要注意行业之间的创新与合作、技术之间的交互运用等，特别是在高端市场的探索上更要开展积极有效的工作。

（3）行业日益全球化

行业走向全球化的原因很多。一家或多家在本国市场上颇为卓著的公司，可能会积极地实施长远战略以获得一个在全球市场范围占统治地位的市场位置。某一个行业的产品需求可能会在越来越多的国家增长，贸易壁垒可能会降低，技术转移可能会成为更多国家、更多公司大规模进入本行业的方便之门。国家明显的劳动力成本差异可能推动有关公司在低工资的国家和地区建立劳动密集型的生产工厂。有全球规模销售量的厂商可能拥有重要的成本经济属性，而全国规模的销售量则不尽然，因为跨国公司往往能够在国与国之间以极低的成本转移其生产、营销和管理方面的技术，所以有时他们会拥有本土经营者所没有的竞争优势。因此，全球化竞争通常会改变行业中重要竞争经营者的竞争模式，并且给各个竞争经营者所带来的利益是不均衡的。

（4）行业的不确定性和商业风险的降低

一个新兴行业往往具有以下这些明显特征：成本结构不明确，潜在的市场规模不明确，解决技术问题的时间和资本不明确，必须予以重视的分销渠道不明确。新兴行业往往只吸引愿意承担风险的具有企业家精神的公司。不过，随着时间的推移，如果行业的先驱者取得了成功，如果行业产品活力的不确定性降低了，那么，保守一些的公司也会被吸引进入该行业。一般来说，这些“后来者”往往是一些大型的、有着强大的财务资源的公司，他们寻求的是投资于具有成长性的有吸引力的市场。行业的不确定性和商业风险的降低还会影响国际市场上的竞争。在一家公司进入市场的早期阶段，保守主义占统治地位，各个公司往往能够通过采用降低风险的战略，如执行出口许可证制度和经营合资企业来达到在进入国外市场时降低风险的目的。然后，随着经验的不断增加和风险的下降，公司逐渐采取更大胆的行动，建立生产工厂、并购其他企业，以在每一个国家的市场上建立强大的市场竞争地位，并开始将各个国家的营销战略连接起来，形成全球营销战略。

7.2 “脉链云”“买全球、卖全球”策略分析

7.2.1 “脉链云”平台的创新功能设计

“脉链云”平台的运营参与主体，除了生产工厂、区域经销商、终端连锁门店、终端消费者之外，还包括维修服务中心、区域物流中心、产学研组织、金融组织等第三方服务机构。“脉链云”平台的功能模块设计如图 7－1 所示，“脉链云”——五金综合服务云平台如图 7－2 所示，从工厂到消费者的“脉链云”全程服务流程如图 7－3 所示。“脉链云”平台的主要子模块功能设计包括以下几个方面：

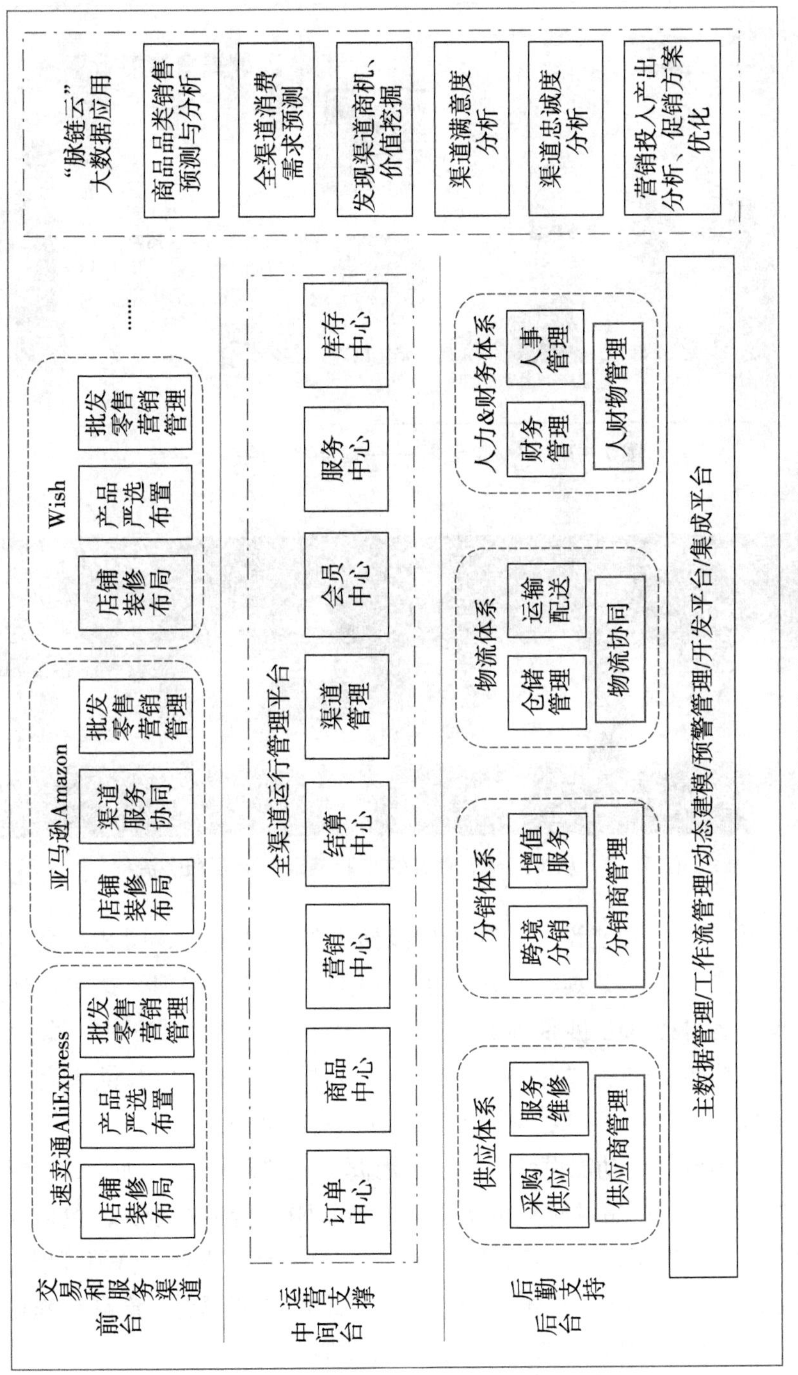

图7－1　“脉链云”平台的功能模块设计

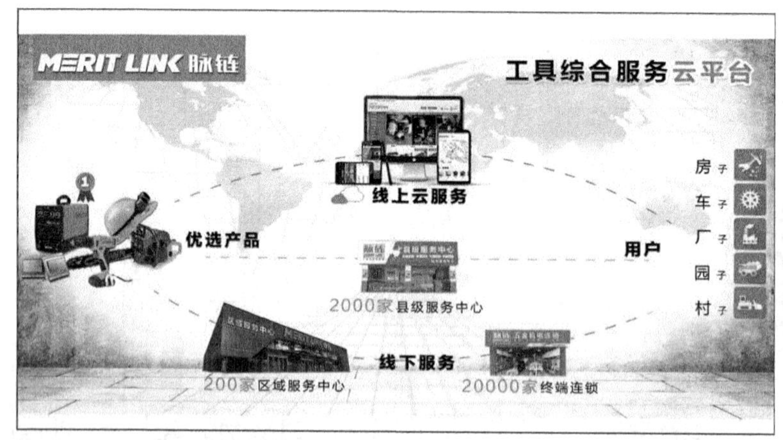

图 7－2　“脉链云”——五金综合服务云平台

图 7－3　从工厂到消费者的“脉链云”全程服务流程

（1）生产工厂功能设计。其产品包括小型电动工具、园艺工具、随车工具、建筑工具、防爆工具、各种扳手、钳类、旋具、锉刀、锯类、锤子、斧子、卷尺、各种砂布、砂带等五金工具，涉及各类大、中、小、微型生产制造企业，这些企业进入“脉链云”平台，主要是实现工厂与供应商之间的高效协作，以及工厂与工厂之间的协同制造、协同研发。

（2）区域经销商功能设计。区域经销商进入“脉链云”平台，主要是承接五金工具上游厂家产品供应，实现全渠道新采购、新批发服务，包括五金工具产品管理（如品牌优选、品牌经销、库存管理）、订单管理、营销管理、终端管理、产品维修联盟服务（如维修网点查询、维修视频观看、产品维修排行、维修满意度查询）、产品培训服务、供应链金融服务等。

（3）终端连锁门店功能设计。终端连锁门店应用“脉链云”平台，可以实现全渠道新零售服务，包括产品管理（如零售开单、价格管理、陈列管理、库存管理）、连锁门店加盟服务、“脉链云”平台金融服务、产品优选（爆款排行、新品速递、高值精选、专家推荐）、移动商圈服务等。

（4）终端消费者功能设计。消费者进入“脉链云”平台，可以实现产品询价、在线下单、产品性能检测、产品 DIY 服务、维修网点查询、产品促销查询等。

（5）其他“脉链云”平台参与者的功能设计。如维修服务中心的功能设计是由五金工具产品特有属性所需要进行的售后服务工单、交易结算等功能设计；区域物流中心主要是五金工具产品仓储、运输、配送的功能设计；产学研机构主要是技术输出、人才输出的功能设计；金融机构主要是网银支付、贷款融资的功能设计等。

7.2.2 全球第一小商品市场中的“义乌脉链”

（1）中国五金制品制造专卖店样板

在中国义乌小商品城义乌脉链展厅里，来自浙江永康的康飞公司员工布置完样品展示，该公司总经理兴致盎然地说：“百闻不如一见，今天我们康飞五金终于入驻脉链集团的中国制造专卖店。”

提起义乌，人们的印象是中国的小商品是从这里源源不断地走向全球的。但回顾其从成立到现在就会发现，义乌脉链正在成为中国五金制品制造专卖店的样板，正在成为“全球五金制品优选卖当地、当地五金制品优选卖全球”的重要基地，正成为脉链全球平台的桥头堡。

杭州巨星科技股份有限公司（证券代码 002444，简称“巨星科技”）是一家专业从事中高档手动工具、电动工具等五金工具开发、生产和销售的企业，是国内五金工具行业规模最大、技术最高和渠道优势最强的龙头企业之一，是亚洲最大、世界排名前六位的手动工具企业。巨星科技的四大品牌“手动工具、激光产品、智能工具、服务机器人”入驻义乌“脉链云”平台和实体专卖店之后，这家全球知名的工具集团认为“入驻‘脉链云’平台，在义乌脉链展示，不是简单的五金制品陈列，而是让全球客户近距离感受中国五金制造的魅力”。

继巨星科技入驻后，中国制造的五金工具知名企业纷至沓来，一批覆盖全品类、全等级五金工具品牌集体亮相义乌脉链。中国制造的“隐形冠军”

企业和“小而精”的中小企业踊跃入驻。义乌脉链正在成为中国制造专卖店的全球样板，展现了“脉链云”平台的强大“磁力”。

（2）全球五金制品和品牌优选卖义乌

“想不到在义乌，居然能找到这么好的进口工具。”一家装饰集团的老板对一款墨西哥产品“TRUPER 修枝剪”格外感兴趣，他正在为自己的豪宅寻找高品质的园林工具，今天终于在义乌脉链找到了自己心仪的产品。

义乌脉链建立了“带你到中国”的展厅，为全球优选产品和品牌通过义乌进入中国提供“一站式”服务。依托“脉链云”平台，在国内拓展销售网络，对接强大的国内市场，让全国人民都能买到国外的爆款优选产品。

易能格斯（Energolux）品牌在欧洲占据了较大市场份额，但在中国只能以 OEM 方式为其他品牌贴牌。参观完义乌脉链后，Rusklimat 集团的总经理安德烈赞叹：“入驻脉链能拓展在中国的销售网络，打响自己的品牌，这是很好的商业尝试。”义乌脉链展现了“买全球、卖全球”的全球“脉链云”平台效果，为全球企业拓宽了进入中国市场、开展国际合作的渠道。这里既有 Metabao、TRUPER 等知名企业，也有一大批像 Energolux 这样的“隐形冠军”。

（3）义乌优选卖全球

凯尔达总经理在展厅里，惊喜地看到一排排亮闪闪的水晶，连忙问道：“你们能不能帮忙定制奖杯?”得到肯定回复后，他说：“以前为了采购小商品浪费了大量人力财力，现在在‘脉链云’平台上，能顺利采购到全国各地的特色小商品。”

“脉链云”平台既促进了“买卖全球”的贸易往来，也积极带动了当地特色卖全球。浦江是全球的水晶之都，水晶制品是义乌的特色之一。义乌脉链汇聚了义乌当地特色和优势产业，正多姿多彩地向全球展示着与开展跨境贸易建设国家客户的互动体验。义乌脉链实体店的商贸对接现场如图 7－4 所示。

“和脉链合作，让我们有机会，把浦江当地的最好水晶推向全球。”浦江东灿水晶公司的总经理由衷说道。脉链从五金工具切入，搭建了“买卖全球”的线上线下平台，提供了全球优选的产品和最专业的服务。正是在这个平台上，义乌脉链为当地的“隐形冠军”企业和“小而精”的中小企业提供了便利，支持他们融入全球价值链，实现了义乌当地特色小商品卖全国、卖全球，共享世界经济发展成果。

图7－4 义乌脉链实体店的商贸对接现场

7.3 脉链集团管理创新赋能跨境贸易建设

脉链集团从村办企业起步，一步步发展成为国内五金行业的龙头企业，离不开其不断赋能创新的“田忌赛马”博弈论企业管理理念。脉链集团在发展中不断开拓自身优势，将自身的优势发挥到极致，从而在与对手的博弈中取胜。以下将从脉链集团的人、财、物、产、供、销，连锁经营，“脉链云”平台赋能企业管理等方面对其进行深度剖析。

7.3.1 人、财、物、产、供、销赋能——产销分离机制

脉链集团最初的供销模式为自产自销，各个厂区和分公司独立自主地完成从生产到销售运输的一整套流程，随着脉链集团不断发展壮大，自产自销机制带来了产品单独运输成本高、客户订单杂乱、单独销售部门众多、公司财务统计愈加困难等问题。这导致了脉链集团原有的多厂区多分公司的优势不断下降。

为此脉链集团于2006年成立了浙江格致商贸有限公司，进行产销分离模式的创新运用，即每个厂区和每个分公司的产品与订单统一交由浙江格致商贸有限公司进行统一的销售、运输，厂区和分公司只负责把产品生产出来而不再成立单独的销售部门去销售产品。统一的销售和运输模式大大节省了运

输成本，客户订单的处理变得简便，统一的销售部门使公司的财务统计一目了然。这充分发挥了脉链集团的多厂区、多分公司的优势，让其能专心生产并加强与客户的合作。

7.3.2 连锁经营赋能——脉链连锁模式运营管理

自改革开放以后，我国基础设施建设不断完善，国内对五金制品的需求不断提升，2008 年为拓展国内市场，并为广大消费者提供一站式购物、服务体验，脉链集团成立了上海脉链五金工具有限公司。当时的脉链集团将自己销往欧美的产品内销国内市场，结果遭遇失败，脉链集团发现国内对产品的需求大多集中在建筑领域，而脉链集团销往欧美的产品多为家庭自用，产品不能满足国内市场的普遍需求。对此脉链集团首先想到的是进行新产品研发，自己补充销售渠道。但随着脉链集团深度调查国内很多内销厂家，发现他们多数都是只生产两到三款产品，但他们都将自己产品的技术和成本控制到了极致，这时脉链集团如果再去研发新产品，则为时已晚。但脉链集团拥有在海外销售的丰富资源，拥有大量的海外客户和自己的品牌口碑。而很多海外客户需要这种专业性极高、价格又相对低廉的产品。脉链集团于是与国内众多专业性高的厂家进行脉链连锁模式运营管理。脉链集团为国内的五金厂家引进自己海外的客户，将国内优质的产品销往国外。这不但使脉链集团打开了国内市场，提高了自身的知名度，同时给其自身带来了极大的利益，促进了脉链集团的发展。

脉链集团的脉链连锁模式，将其海外的销售资源、客户、品牌口碑等优势充分利用，避开了其产品在国内的劣势，整合了国内的五金厂家资源，达成了合作共赢的目的。

7.3.3 互联网时代——“脉链云”平台赋能企业管理

脉链集团高层管理者深深感受到，当今社会正由传统的线下贸易模式，快速地向“传统线下贸易模式 + 线上电商贸易模式（即 O2O 模式）”方向转变。脉链集团在拥有了脉链连锁模式后发现，随着脉链集团的不断发展壮大，其合作伙伴不断增多，所需要了解和处理的信息也愈加烦琐多样，然而脉链集团发现其对于国际国内、城市乡村的五金市场信息的了解速度严重滞后。

对此，脉链集团运营模式再次向互联网云平台模式转型。

脉链集团通过与用友网络的强强联合，合作研发出信息服务平台——“脉链云”平台，基本上实现了线上线下、国内国外、城市农村的五金市场信息互通，实现了“线上脉链云、线下数字园”的数据整合与共享。“脉链云”平台赋能数字化，融合了企业线上、线下的力量。脉链集团拥有线上“脉链云”和线下产学研服务，加上脉链集团所拥有的“采购云”“连锁云”“人才培养云”“营销云”“制造云”“研发云”“财务云”的云平台技术，广泛服务于工厂、经销商、终端门店和消费者等群体。

“脉链云”平台的形成使脉链集团能充分掌握市场信息，犹如田忌赛马中孙膑先一步了解到双方的实力差异，从而调整方法，以己之长攻彼之短。“脉链云”平台新的“田忌赛马”博弈论演示如图 7 –5 所示。

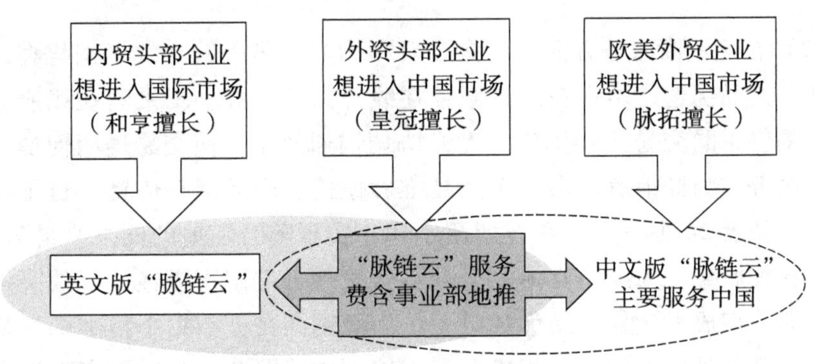

图 7 –5　“脉链云”平台新的“田忌赛马”博弈论演示

7.4　脉链集团技术创新赋能跨境贸易建设

7.4.1　“脉链云”平台的新一代信息技术创新

在大数据互联网的时代，建立云平台的商贸模式已经形成主流。如何让自身的云平台为自身带来利益，则是众多企业面临的难题。自“脉链云”平台上线后，脉链集团逐步将“脉链云”平台打造成为一个运用云计算、大数据、人工智能、物联网等新一代信息技术手段，精准服务全球五金行业工厂、经销商、终端门店和消费者的全球五金行业信息技术服务平台。

“脉链云”通过赋能工厂、赋能经销商、赋能终端门店、赋能消费者，成为产业互联网和产业链云端的解决方案，其主要信息技术创新手段如下：

（1）在制造工厂服务方面，“脉链云”为其提供采购在线、销售在线、智慧仓储、跨境贸易、服务网络、精准研发等高效服务。①采购在线服务：为制造工厂提供采购云端服务，提升协调沟通效率，使交易透明便捷。②销售在线服务：为制造工厂提供专业的服务团队助力制造工厂快速使用“脉链云”，轻松实现无线货架及商机开拓。③智慧仓储服务：为制造工厂提供全网营销渠道一体化管理，降低库存风险，高效调配管控。④跨境贸易服务：帮助制造工厂实现海外市场扩张，拓展 24 小时海外交易机会。⑤服务网络服务：与制造工厂共享国内外渠道服务系统，提升品牌口碑。⑥精准研发服务：为制造工厂提供线上线下全网大数据共享，精准识别市场需求，驱动产品研发。

（2）在经销商服务方面，“脉链云”为其提供采购在线、销售在线、管理在线、产品优选、培训在线、服务在线等高效服务。①采购在线服务：为经销商提供采购交易云端操作，提升协调沟通效率，使交易透明便捷。②销售在线服务：为经销商提供一个产品推荐便捷、产品资料信息一目了然的信息平台，拓展 24 小时产品在线展示销售，实现随时随地的网络交易云平台。③管理在线服务：为经销商提供全套运营管理云端解决方案，有效降低经销商的运营管理成本。④产品优选服务：为经销商在大数据中精准筛选畅销产品，智能推荐延伸，关联销售机会。⑤培训在线服务：为经销商强化员工知识技能，提高工作效率，激发其员工成长晋级动力。⑥服务在线服务：提高经销商的服务体验，保证经销商在采购过程中，有任何问题都能得到解决。

（3）在终端门店服务方面，“脉链云”通过智慧零售、产品优选、智慧运营、精准营销、培训在线、线上增量等服务为其提供帮助。①智慧零售服务：为终端门店提供全套的管理云端解决方案，提升其日常管理能力及效率。②产品优选服务：运用大数据，为终端门店精准筛选畅销产品，推荐智能产品及促销方案。③智慧运营服务：运用大数据，为终端门店优化布局陈列，指导库存结构及备货需求。④精准营销服务：运用大数据，为终端门店精准识别客户行为，帮助终端门店精准触达不同消费群体。⑤培训在线服务：为终端门店员工提升知识技能及提高工作效率，激发员工的成长晋级动力。⑥线上增量服务：为终端门店带来“总部 + 厂家 + 经销商联动的全渠道终端门店专注体验”服务，享受线上红利。

(4) 在消费者服务方面，“脉链云”平台为其提供：智慧新零售、智能优选、服务管家、客服在线、专业评价、万众创客等服务。①智慧新零售服务：为消费者提供线上购物、线下体验，线上下单、线下服务的舒适服务体验。②智能优选服务：让消费者所有采购操作在线上完成，提升协调沟通效率，使交易透明便捷。③服务管家服务：注重为消费者提供一个放心的购物环境，不用担心售后问题。④客服在线服务：“脉链云”平台24小时均有智能客服在线解答，专业客服解决一切“疑难杂症”。⑤专业评价服务：为消费者提供产品的专业性评价，帮助消费者买得放心，用得称心。⑥万众创客服务：为消费者提供一键开店服务，让消费者也能轻松当老板，推广分享，售后无忧。

基于数字园“脉链云”的不同服务基础设施运行如图7－6所示。

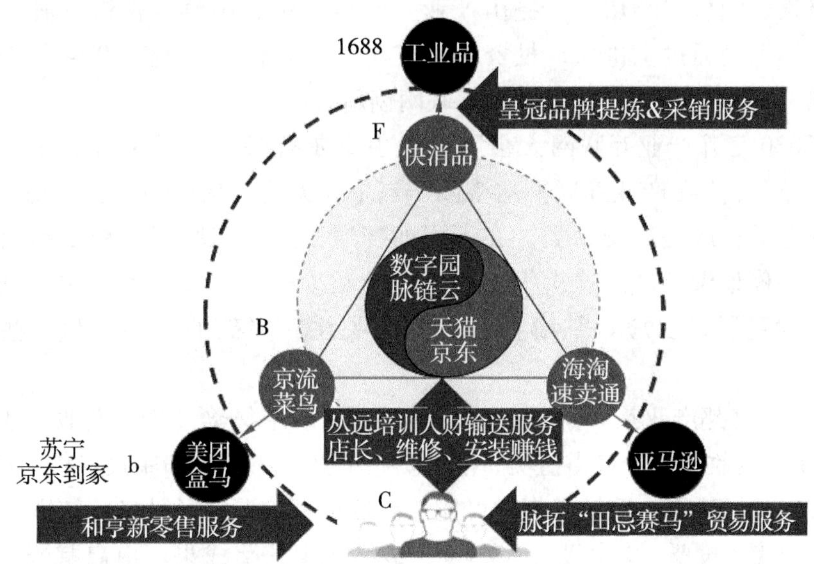

图7－6 基于数字园“脉链云”的不同服务基础设施运行

脉链集团成为国内五金行业的龙头企业后，并没有故步自封，死守已有的商贸体系，而是在其他五金企业都在观望的时候，积极探索并运用互联网大数据，凭借其雄厚实力，率先对云平台商贸模式进行尝试，成功创建了其产品国内外销售云平台——“脉链云”。就像“田忌赛马”中，当孙膑了解到齐威王马匹的实力后，先人一步进行赛马的战术部署，最终赢得了胜利。正是这种先发制人的策略，让脉链集团在市场的博弈中先人一步，领跑行业。

7.4.2 案例拓展："脉链云"平台荣获"2020 亿邦产业互联网"千峰奖

2020 年产业互联网千峰竞起，互联网巨头纷纷布局工业品互联网或产业互联网。如：国企央企电商纷纷打开 5 万亿元的网上云端采购闸口，阿里犀牛智造工厂将智能制造拉通电商大数据（犀牛智造是一个专为中小企业服务的智能化制造服务平台，涉及云计算技术、人工智能技术）。

2020 年 11 月 29 日，由国内最大的电子商务专业媒体——亿邦动力网主办的"新范式 2020 亿邦产业互联网大会"在武汉开幕。会议以"新范式"为主题，展望 2021 年，代言产业互联网先进生产力。亿邦动力从生产、流通、消费三端切入，提出产业互联网短链、中链、长链三种产业链接模式。大会通过主论坛、投资人之夜、"2020 亿邦产业互联网"千峰奖颁奖典礼等系列活动，探索产业互联网创新。

"2020 亿邦产业互联网大会"开始由卓尔智联集团总裁齐志平代阎志董事长致辞："在产业互联网这个圈子当中，无论是从产品的技术切入，还是从服务类，或是从交易类，在不同的赛道为产业互联网向前走得更快更好，在不停地做尝试。这次大会我还是看到了很多我以前没有关注到的东西，也学到了很多应该从哪些方面更加关注和突破的方向，和一些新的启发。"

"2020 亿邦产业互联网"的千峰奖设置有双千亿奖（千亿营收 + 千亿市值）、千亿营收奖、千亿市值奖、潜力奖四个奖项。通过 50 + 投资机构对参选企业实现千亿营收 + 千亿市值的可能性高低进行投票，经过亿邦初审、46 位投资机构代表投票、9 位投资人终审，最终产生获奖成果。由启赋资本董事长、创始合伙人傅哲宽，东方富海合伙人周绍军，银河系创投合伙人蔡景钟，北极光投资执行董事裘然，青蓝资本创始合伙人任刚，中金公司研究部董事总经理钱凯，共同揭晓"2020 亿邦产业互联网"——千峰奖的获奖企业名单。

"脉链云"平台在此次千峰奖评选中，荣获"2020 亿邦产业互联网"千峰奖——潜力奖。

参与评审的投资人一致认为，"脉链云"平台专注五金工具机电劳保产业，抓住了"欧美、中国、一带一路"沿线国家市场的发展契机，借鉴"田忌赛马”博弈论方法，聚焦全球五金行业头部企业，抓住头部企业经营特点，围绕国内地县下沉消费服务、海外市场进行服务前置，通过整合五金工具行业的线下服务资源，运用大数据、人工智能等先进技术手段，从产品的销售服务、流通和制造过程进行升级改造，实现“国内与国外”“线上与线下”“城市与农村”的互动融合。

7.5 脉链集团服务创新赋能跨境贸易建设

7.5.1 “脉链云”平台赋能产品维修知识的培训

脉链集团坚持注重客户需求，坚信任何一个产品都可以通过服务体现其价值，做好关于产品维修知识的培训，无形之中会给产品增加竞争力。

在线培训服务：强化经销商知识技能，提高其工作效率，激发其成长晋级动力。

研发人员：采用客户倒推原则，统计销售量高的产品的客户反馈，同时了解终端门店、销售人员的问题反馈，对这些反馈的问题进行分析，再由专业部门针对分析结果进行改进，在最短的时间内优化产品及服务。

客户需求导向：客户需要什么，脉链集团就做什么，从客户体验出发进一步完善脉链集团的培训体系。

7.5.2 “脉链云”平台赋能客户服务

脉链集团站在客户的角度去提供客户服务，充分运用“脉链云”平台新一代信息技术手段，让客户真正地感受到脉链集团确实是在为客户着想、帮客户解决问题。

“我感到很振奋。”脉链集团 DWT 手工工具负责人王苗军兴奋地表示，过去 3 个月，脉链集团同许多外贸企业一样，由于受国内市场，特别是国外开展跨境贸易建设国家受新冠肺炎疫情的巨大冲击，出口订单锐减，产品外贸市场面临前所未有的萎缩。但是脉链人并未绝望放弃，紧紧依托“脉链云”平台，紧盯海外重点客户服务，2020 年 4 月中旬，DWT 手工工具产品终于迎来了海外客户的首次“返单”，继去年年底首单尝试之后，哈萨克斯坦和亚美尼亚的客户又开始下单，DWT 手工工具销售终于逐步恢复了。

负责脉链集团跨境贸易部的李小琴认为，很多事情的成功都是一个日积月累的过程，李小琴指出：“DWT 手工工具品牌的启动并非一蹴而就，而是经过了数轮送样、反馈、改进的循环，直到客户对外观、配色、质量和价格感到满意。”部分 DWT 手工工具展示如图 7 -7 所示。

图 7 -7　部分 DWT 手工工具展示

与脉链皇冠合作 10 多年的哈萨克斯坦客户在当地既有自己的零售门店，也有分级销售网络，销售网络覆盖哈萨克斯坦、乌兹别克斯坦、吉尔吉斯斯坦等中亚国家，有着丰富的手工工具销售经验，长期经营 Stanley 品牌，年销售额可达 80 万美元。这样的客户如果来做采购，不但具有专业性，更具有精准的市场定位。

市场认可才是 DWT 手工工具品牌可持续发展的根本，而客户的需求就是脉链集团努力的目标。尤其是像哈萨克斯坦客户这样的合作方，对于 DWT 手工工具品牌推广来说更是至关重要。以前脉链集团的营销精通于电动工具，对于手工工具并不擅长，靠一己之力寻求突破难上加难。以前脉链集团的采购精通于产品专业知识，对于市场鞭长莫及。但是有了像哈萨克斯坦客户这样的合作方，无论是中国还是海外，脉链集团就能聚力做好服务。哈萨克斯坦客户批量选购脉链集团 DWT 手工工具品牌产品如图 7 -8 所示。

图7-8　哈萨克斯坦客户批量选购脉链集团DWT手工工具品牌产品

“满足市场需求这句话其实还远远不够。”王苗军表示，“只有更精细、更专业地解决客户需求，才会得到市场的认可。脉链集团产品从规划、研发、生产制造、销售等多个环节，以是否解决了消费者的需求，是否真正做到了把消费者体验放在了第一位为基准。”王苗军坦言，“从过去的专业思维扭转到现在的市场思维，是一个纠结和反复的过程。刚开始，虽然说的是市场导向，但潜意识里还是专业思维。只有不断重启市场导向，才能彻底扭转局面，才能让营销顺起来”。

“市场永远是需要好产品的，这是最根本的，也正因为如此，DWT手工工具品牌完全有机会在国际竞争中站住脚。”王苗军表示，已进入存量时代的手工工具有的是优秀的中国制造，我们不仅要通过DWT手工工具品牌把优秀存量推出去，还要提高对市场的认知能力，让客户可以采购DWT手工工具品牌，让工厂可以销售DWT手工工具品牌，脉链集团就是在服务客户的基础上做好品牌规划、运营、研发和制造。

像哈萨克斯坦客户一样，国内经销商和海外经销商们都是既精通产品专业知识，又善于开拓市场。传统的品牌推广靠的是央视广告、公路广告的单打硬推，而在脉链集团的推广中，链接工厂和客户，链接专业和市场，提供优质服务就是最好的推广，让工厂与客户用DWT手工工具品牌和“脉链云”平台来开展业务。相比传统模式，用脉链模式可以为客户节省巨大的成本。

在脉链集团的行业生态里，工厂做销售，客户做采购，脉链做服务。DWT手工工具品牌推广是“脉链云”平台运作实践，品牌推广是服务升级的需要。DWT手工工具品牌正用全新的品牌采销服务走向国际市场，与诸多一线品牌共同竞争。

7.5.3 案例拓展：做不敢做的事，叫“突破”

2020年5月的一天，早晨6点刚过，天蒙蒙亮起，昨夜春雨停歇，九华山下的青阳县刚刚醒来，脉链集团的配送服务中心便有了动静。那是服务中心开门营业的声音。

这个脉链集团的地县级服务网点，位于安徽省池州市青阳县，于2018年12月28日开业，以产品专业、价格透明、服务到家、数据在线等优势获得了客户的一致好评。赢得了青阳的五金工具工厂的称号。

把家安在合肥市、来青阳担任脉链集团配送服务中心总经理才一年多的陈杰，和几位同事一起，准时抵达配送服务中心。每天他们宁肯比旁人早起床半个小时，也要先把当天的工作准备得利利索索。

这个配送服务中心是2019年刚成立的（青阳县脉链集团配送服务中心见图7－9），面积近1000平方米，配送服务中心货架摆得整整齐齐，五金制品、配附件、机械设备分门别类，摆放得井然有序，这是经过脉链集团总部和区域中心仔细研究，最大化方便进出库和盘点需求而设计出来的布局方案，是陈杰和同事们一起，根据布局方案亲手搭建的。配送服务中心仓库外停放着一排配送车，仓库年转库近10次，比行业平均值要高出3倍，而且在持续提升。现在，由于业务量提升、品类增多，仓库面积显得有点紧凑了，陈杰与房东谈妥了，准备再租下隔壁1000平方米的面积。

每天早上7点，青阳县街道上的行人已经熙熙攘攘，配送服务中心早已开门营业，正在为一天忙碌的工作做准备。店长和同事们一起用粗布蘸水，仔细地擦拭着柜台、展架和产品样品。这家配送服务中心是脉链集团在青阳县为西安生产工厂、经销商、终端门店和消费者服务的窗口。配送服务中心内所有产品明码标价、管理规范、奉行服务至上原则，脉链集团让无序的五金店变得井然有序，在消费升级时代，赋能当地五金工具同行从价格厮杀转型优质服务输出。

此时，陈杰的电话铃声突然响起，来电话的是10千米外百花村的张老板。张老板过去是开爱玛电动车门店的，从来没有经营五金工具的经验。2020年3月，他参加了安徽脉链的M计划，新开了一家脉链五金工具店。4

图7–9　青阳县脉链集团配送服务中心

月份这家新店的营业额就超过了5万元。张老板在电话里喜笑颜开：“店里库存快见底了，尽快再送2万元的货吧!”张老板的新店从设计装修、产品陈列、运营管理、员工培训、系统使用等，都是使用脉链集团统一标准。此外根据青阳县百花村的需求，张老板店里所有的产品都是从“脉链云”平台上挑出来的畅销品。

半年多时间，像百花村这样的M计划加盟店在青阳县已经有13家了。脉链产品和品牌服务在青阳县有口皆碑，很多人大老远从乡村来到这里采购。加盟店快速铺开后，很多消费者不需要跑县城，在家门口就能购买到脉链所有的产品；加盟店的老板不但不用发愁采购、销售、运营等日常经营琐事，而且可以在线查询青阳县脉链所有6万种产品的库存和批发价，直接在线下单。配送服务中心的配送车，当天就会把货物送到每个加盟店。

像青阳配送服务中心这样的脉链地县级服务中心，正悄然兴起，服务着无数乡村街道工业区的家庭店。

早在2019年3月青阳脉链配送服务中心成立时，脉链集团就召开了一次推广会，当时青阳县只有30家家庭店。一年下来，乡村店已经达到500家（青阳县脉链家庭店见图7–10），其中，月活跃店达到了200家，剩下300家不活跃的，主要在乡村经营建材、卫浴、日杂等产品。陈杰对此信心满满：这些产品在界首脉链全都齐备，只要导入“脉链云”平台，青阳就能拿到优势价格，不活跃乡村店的运营很快就能全部激活。

图 7-10 青阳县脉链家庭店

有时，去百花村的脉链配送服务中心的配送车刚刚装完货发车，陈杰还没顾得上喝口水，青阳县鸿兴建筑又通知需要配送产品上门，工程负责人拿出一个大清单就离开了，离开前留话说："我急需这些产品，今天务必送到工地。"以往每当此时，陈杰基本都会觉得毫无头绪，因为里面很多产品他根本就不知道是什么，更别提专业配送了，但现在他只会觉得坦然，因为只要配送服务中心的员工拿着清单分头向市场里走去，隔壁水管店的老板隔着门就喊"把清单给我看看，我来帮你配"；没走几步，另一家建材店老板也探出头来："这些我马上送到脉链去。"没多大工夫，清单上所有产品，无论大小多少，都装上了脉链配送服务中心的配送车。

脉链连锁店不仅能在五金市场内调货，还是同行的供应商。2020 年新冠肺炎疫情期间，许多地方的供应链都断了，市场里缺货，就连市场上两家知名的连锁门店都来青阳脉链批发产品。一年来，青阳的同行们都知道，脉链不是他们的竞争对手，而是为他们服务的行业平台。开业初期，像鸿兴建筑这样的客户，青阳脉链一个也没有。脉链集团总部、安徽脉链和青阳团队就收集了众多信息，一家家调研，提供试用产品。2019 年 7 月 19 日，脉链集团又召集许多知名五金品牌企业一起，召开了一次建筑业客户推介会，几个月下来，除了鸿兴建筑外，稳定合作的建筑业客户还包括国家重点项目青阳高铁站等 70 家。其中，青阳高铁站将建设成为连接池州和黄山高铁的重要车站，3 年内每个建设阶段所需的产品都不一样，涵盖土建、钢筋、机械、设备、工具等所有品类，这么多建筑业客户选择青阳脉链，除了脉链集团产品齐全外，最看重的是其提供的服务，因为像青阳这样的地县级脉链服务中心，都提供 7 × 24 小时的综合售后服务，无论多晚，只要保修，售后团队必会到达。

转眼已过正午，配送服务中心的员工们拿起快要冷掉的外卖，抓紧吃了起来。陈杰曾考虑过开一个食堂，但无奈大伙儿都在外面为当地的家庭店和众多客户服务，无法准时赶回来，所以就干脆给员工发伙食补助。从上午到下午，门店里的零售客户络绎不绝（青阳县脉链配送服务中心的零售业务现场见图 7 - 11）。陈杰刚放下碗筷，熟客老张就上门来买割草机。初夏时节枝繁叶茂，农林、园艺工具需求量大增，装修、工程、生产也进入了高潮，青阳脉链配送服务中心的零售业务都有点忙不过来了。

图 7 - 11　青阳县脉链配送服务中心的零售业务现场

多产品一站式采购是吸引客户上门购买的重要原因，6 万个库存保有量满足不同场景的产品需求。脉链集团借鉴消费品零售，推出会员制的积分服务。消费者需要的不仅是产品，还有产品背后的服务！陈杰解开了脉链产品零售火爆的密码。除了送货上门外，维修是工业品和日用消费品最重要的区别。脉链集团推出售后维修当天修好的承诺，消费者自然就更加信任脉链集团。

接待完一波又一波的顾客，时针已指向晚上 6 点。正在配送服务中心总结一天工作的陈杰突然又接到了电话。童埠码头的客户在电话那头，焦急地说设备故障急需维修。陈杰二话不说放下电话，带着工程师就出门了……

晚上 10 点，满天星辰眨眼赞赏着刚回到宿舍的陈杰和同事们。他亲自下厨，炒了几个拿手菜犒劳同事们，同时也抚慰自己。喝点小酒，拿起手机，和远在合肥的家人进行视频交流，是他每晚必做的功课，这时，仿佛一天的辛苦对他来说，根本不算什么。

在青阳奋斗的一年，配送服务中心的员工由 11 位发展到 21 位，配送车从 1 辆到 5 辆，月业绩从 60 万元到 150 万元，陈杰和团队的付出得到了回报。

青阳县是一个幸福指数很高的地方。脉链集团刚下沉青阳时，员工大多是本地人，过着朝八晚六的安逸生活。每天，陈杰都在给团队鼓劲："做没做过的事，叫成长；做不愿做的事，叫改变；做不敢做的事，叫突破。"员工思想慢慢在发生转变，这次新冠肺炎疫情也让团队激情迸发。青阳县周边部分企业工资发不出、老板跑路的消息常常听闻，但脉链配送服务中心不仅工资照发，还在业绩增长后实行绩效考核。增发 30% 的绩效工资，员工收入比以前更多，创业的热情被彻底点燃。

7.6 相关研究小结

本章在分析影响及驱动五金行业未来演化的主要因素的基础上，得出脉链集团未来想要成功从事跨境贸易，需要持续不断地实施管理创新、技术创新和服务创新，通过这"三大创新"不断赋能"买全球、卖全球"策略。具体包含以下几点：

（1）脉链集团联产联销模式，帮厂家售卖产品，帮顾客购买产品。利用"脉链云"平台，引入最好的资源，与同行之间不是竞争关系，而是合作关系（合伙人机制）。

（2）脉链集团最大的优势是服务，有服务才有增量。制造、品牌、研发和线下的产销研都属于服务项目，是"田忌赛马"博弈论在企业服务领域的应用创新。

（3）放大产品价值，获得市场增量。自己和别人的品牌都可以互相利用，必须跳出只做出口业务的思维，做到"出口业务、进口业务两手一起抓"。体现为：一是利用欧美高档产品的技术优势开展进口业务，因为中国劳动力成本和国内消费水平发生了变化，有能力使用欧美高档产品；二是开展跨境贸易建设国家（如东南亚国家）可以实现具有廉价劳动力优势的民用级产品的进口，因为相对于东南亚国家而言，中国制造的产品成本太高；三是国产中高端规模制造优势产品可以实现出口，如脉链的 DWT 手工工具品牌出口俄罗斯、非洲、北美等国家和地区。

（4）全球优质产品的提炼，有助于“买全球、卖全球”目标的实现。

（5）上云是企业数字化转型最有效的途径。数字化、智能化是如今各行各业的大势所趋，必须要抓住这一契机，了解客户的需求，这是服务创新与技术创新的一个结合点。

参考文献

[1] 王瑞，顾秋阳，钟冰平．跨境电商需要什么样的贸易便利化？——来自中国35个城市跨境电商综试区的证据［J］．浙江学刊，2020（4）：100－110.

[2] 李彦，屠年松．交通可达性、边界效应与中国跨境贸易发展——基于沿边地区的空间计量分析［J］．财贸经济，2020，41（4）：144－161.

[3] 沈中奇．贸易摩擦背景下我国出口跨境电商发展的影响因素——基于十大跨境电商出口贸易国的实证分析［J］．商业经济研究，2020（5）：135－138.

[4] 程中海，王小月．中国跨境电商出口贸易便利化影响因素研究［J］．商业经济研究，2020（5）：139－143.

[5] 陈晨，董西梅．跨境贸易电子商务发展现状与对策研究［J］．现代工业经济和信息化，2020，10（2）：17－18.

[6] 梅寒．跨境电商发展及其对我国国际贸易"降本促效"效应研究［J］．商业经济研究，2020（1）：116－119.

[7] 陈子侠，陈良深．基于NX模型的凸轮转子叶片马达定子结构分析与参数优化［J］．机械设计，2019，36（10）：105－109.

[8] 陈子侠，傅培华．全局最优策略下交通线路建设物流设施点布局设计［J］．交通工程，2019，19（5）：54－59.

[9] 陈子侠，蒋长兵．一种基于微信平台的海外代购信息服务系统设计与实现［J］．软件，2019，40（8）：52－58.

[10] 仓媛婕．中非商品贸易互补性与贸易潜力研究［D］．济南：山东师范大学，2019.

[11] 燕婷．互联网普及对"一带一路"区域经济增长的影响研究［D］．北京：北京邮电大学，2019.

[12] 林浩．中国与"一带一路"沿线国家贸易潜力与影响因素研究［D］.

保定：河北大学，2019.

［13］梁颖．“一带一路”视域下中俄跨境电商发展对策研究［D］．哈尔滨：哈尔滨商业大学，2018.

［14］褚娜．“一带一路”铁路货物运输规则一体化研究［D］．扬州：扬州大学，2018.

［15］吴守学．跨境电商物流协同缺失与实现路径［J］．商业经济研究，2018（9）：101－103.

［16］朱燕顺．苏州机电五金市场采购模式优化研究［D］．苏州：苏州大学，2018.

［17］贾伟．民营企业融入“一带一路”的策略研究［D］．沈阳：辽宁大学，2018.

［18］王玫茜．中国与中亚工业品贸易互补性及其影响因素研究［D］．兰州：西北师范大学，2018.

［19］王海峰．中国与哈萨克斯坦贸易发展潜力研究［D］．兰州：西北师范大学，2018.

［20］邱普．建设“供应链＋互联网”商业生态［J］．企业管理，2017（12）：60－63.

［21］张建军，赵启兰．基于“互联网＋”的产品供应链与物流服务供应链联动发展的演化机理研究——从“去中间化”到“去中心化”［J］．商业经济与管理，2017（5）：5－15.

［22］柯政．“选考”制度下的“田忌赛马”：原因与对策［J］．教育发展研究，2016，36（18）：32－38.

［23］王红艳，张辰彦，郑茜文．跨境零售商代发货双渠道供应链协调研究［J］．财会月刊，2016（23）：32－35.

［24］周映筱．“一带一路”下物流园区选址研究［D］．北京：北京交通大学，2016.

［25］刘小军，张滨．我国与“一带一路”沿线国家跨境电商物流的协作发展［J］．中国流通经济，2016，30（5）：115－120.

［26］吴成霞，赵道致，潘新宇．大数据服务商参与的三级供应链动态合作策略及其比较［J］．控制与决策，2016，31（7）：1169－1177.

［27］陆国红．跨境电商与物流产业链的融合发展［J］．商业经济研究，2016（6）：70－73.

［28］李旭东，王耀球．跨境电商多元模式下跨境物流企业服务功能整合优化［J］．商业经济研究，2016（5）：78－80.

［29］穆胜．产业互联时代的“超级供应链”［J］．中外管理，2015（7）：62－65.

［30］王玉翠，王星．集聚产业转移与地区产业结构升级的实证分析——以浙江省永康市五金产业的对外转移为例［J］．经济师，2014（11）：187－188，190.

［31］许晓舸．外贸视角下中小五金企业产业集群联盟构建研究［D］．广州：广东工业大学，2013.

［32］颜永新，徐晓燕．零售商双渠道适应性及协调研究［J］．系统管理学报，2012，21（5）：602－608.

［33］徐广业，但斌．电子商务环境下双渠道供应链协调的价格折扣模型［J］．系统工程学报，2012，27（3）：344－350.

［34］杨萍，史小星，李尧．竞速机器人比赛的博弈策略研究［J］．机械设计，2011，28（3）：1－2，5.

［35］陈子侠．基于模糊组合权的模糊 TOPSIS 方法在供应商选择中的应用研究［J］．上海管理科学，2010，32（6）：58－61.

［36］陈云，王浣尘，沈惠璋．互联网环境下双渠道零售商的定价策略研究［J］．管理工程学报，2008（1）：34－39，57.

［37］陈子侠，蒋长兵．杭烟物流送货线路的划分模式与算法研究［J］．系统工程理论与实践，2004（3）：46－51.

［38］陈子侠．城市卷烟配送线路的网格划分算法［J］．上海交通大学学报，2003（7）：1013－1017.

［39］陈子侠．考虑售后服务和配送成本的选址问题系统的建模仿真［J］．计算机工程，2003（7）：23－24，68.

［40］蒋志芳．对“齐王赛马”问题的求解［J］．南京经济学院学报，2002（1）：34－36.

［41］陈子侠．日本开展物流配送的经验及其启示［J］．商业经济与管理，2002（1）：22－25.

［42］陈子侠．电子商务环境下物流配送的特性及实例分析［J］．商业经济与管理，2001（5）：19－22.

［43］王维妙．“一带一路”和外贸企业“走出去”战略［J］．经营管理者，

2016，5（15）：198－199.
［44］陈子侠，官小云，彭建良．物流节点规划设计［M］．杭州：浙江大学出版社，2019.
［45］陈子侠，蒋军，彭建良．物流技术与物流装备［M］．2版．北京：中国人民大学出版社，2015.
［46］陈子侠．现代物流学理论与实践［M］．杭州：浙江大学出版社，2003.
［47］陈子侠，蒋长兵．现代物流管理教程［M］．北京：中国物资出版社，2007.
［48］陈子侠．基于GIS物流配送线路优化与仿真［M］．北京：经济科学出版社，2007.
［49］史蒂文·泰迪里斯．博弈论导论［M］．李井奎，译．北京：中国人民大学出版社，2015.
［50］王则柯，李杰．博弈论教程［M］．2版．北京：中国人民大学出版社，2010.
［51］范如国．博弈论［M］．武汉：武汉大学出版社，2011.
［52］朱·弗登博格，让·梯若尔．博弈论［M］．黄涛，等译．北京：中国人民大学出版社，2010.
［53］蒲勇健．应用博弈论［M］．重庆：重庆大学出版社，2014.
［54］汪贤裕，肖玉明．博弈论及其应用［M］．北京：科学出版社，2008.
［55］谢识予．经济博弈论［M］．上海：复旦大学出版社，2007.
［56］朱彭年．印迹［M］．杭州：浙江人民出版社，2019.
［57］霍泰安．定制家具五金连接件使用手册［M］．广州：华南理工大学出版社，2016.
［58］招富刚．广东省阳江市五金刀剪产业技术路线图［M］．广州：华南理工大学出版社，2014.

附录

1　中国五金制品行业特色产业集群数据统计

1.1　中国五金制品行业特色产业集群简介

中国五金制品行业特色产业集群是我国经济社会发展初级阶段自发形成的一种发展模式。中国五金制品协会自 1996 年正式授予张家港大新镇“中国五金之镇”开始，在轻工行业率先开始推广行业特色产业集群建设。20 世纪 90 年代，五金制品行业在历经多年的发展以后，呈现出迅速发展的态势：①企业所有制开始转变为以民营为主；②行业重心开始自发地向中国经济持续高速增长的广东、浙江、江苏、上海、山东等地转移；③当地政府开始认识到特色行业的发展已成为推动本地经济增长的助推器，有利于吸纳劳动就业，有利于行业结构的优化升级，有利于区域经济的良性发展，有利于行业结构调整，因而形成了行业协会与地方政府共同建设特色产业集群的可喜局面。

截止到 2018 年 11 月，中国五金制品协会与地方政府共建有 52 个特色产业集群。据不完全统计，产业集群的年销售额已超过 3500 亿元人民币，安置就业人员约 200 万人，生产企业总数量近万家。近三年销售额的平均增长速度为 10%~15%。

按照中国五金制品协会制定的《中国五金行业特色区域称号命名管理办法》的命名类别来划分，部分获得“中国五金特色产业集群”授牌的特色区域有（详见 1.2）：

（1）中国五金制品之都具体为：中国燃气具之都（顺德）、中国厨具之都（嵊州）、中国锁都（温州）、中国阀门之都（玉环）、中国拉链之都（晋江）、中国打火机之都（宁波）、中国弯头管件之都（孟村）、中国日用五金之都（佛山）、中国纽扣之都（桥头）、中国五金饰扣之都（永嘉）、中国五金之都（永康）、中国丝网之都（安平）、中国家居五金之都（勒流）、中国炊具之都（永康）、中国玛钢管件之都（太谷）。

（2）部分中国五金产业基地具体为：中国五金基地市（揭阳）、中国五金制品产业基地（小榄）、中国水龙头生产基地（水口）、中国不锈钢制品生产基地（新会）、中国金属外壳打火机生产基地（温州）、中国打火机生产基地（夏邑）、中国剃须刀生产基地（温州）、中国五金制品生产基地（余姚）、中国卫浴生产基地（玉环）、中国滑轨产业基地（勒流）、中国铰链产业基地（勒流）、中国工具产业基地（金华）、中国厨卫配件产业基地（奉化江口）、中国淋浴房产业制造基地（中山）、中国建筑五金产业基地（遂昌）、中国拉链生产基地（汕头）、中国拉链产业基地（义乌）、中国五金产业工贸城（临沂河东）、中国刀剪产业基地（阳江）、中国五金制品产业基地（黄骅）、中国水暖卫浴五金产业基地（址山）、中国玛钢管件生产基地（平阴）、中国工具五金（旋具）产业基地（乾潭）、中国不锈钢餐具生产基地（阳信）、中国挂锁产业基地（浦江）、中国工具五金生产基地（临安）、中国建筑五金产业基地（乐陵）、中国不锈钢制品产业基地（潮安、新兴）、中国厨房设备产业基地（朱台）。

（3）部分中国五金之乡（镇）具体为：中国淋浴房之乡（萧山南阳）、中国拉链之乡（桥头）、中国五金之镇（大新镇）、中国五金（配件）之乡（义桥）、中国工具五金之乡（义桥）。

1.2 部分中国五金特色产业集群统计

中国五金特色产业集群统计表

序号	名称	区域	授牌时间	规模
1	中国金属外壳打火机生产基地	浙江温州	2001年9月	打火机生产企业500多家，80%的产品销往世界80多个国家和地区，占世界金属外壳打火机市场份额的70%，占国内市场份额的95%
2	中国剃须刀生产基地	浙江温州	2001年9月	《2019胡润中国500强民营企业》榜单中，飞科电器以市值160亿元人民币位列第443位

续表

序号	名称	区域	授牌时间	规模
3	中国锁都	浙江温州	2002 年 8 月	温州锁具产品占全国市场份额 65% 以上，产品远销世界 60 多个国家和地区
4	中国拉链之乡	浙江桥头	2002 年 12 月	桥头拉链企业已发展到 200 多家，每年以 30% 的速度增长，产值突破 16 亿元人民币
5	中国纽扣之都	浙江桥头	2002 年 12 月	到 2011 年年底桥头镇纽扣企业年产量为 11.85 万吨，年产值 13.84 亿元人民币，出口额 1.5 亿元人民币
6	中国五金制品产业基地	浙江余姚	2001 年 10 月	余姚五金制品中厨卫及水暖器材、电动工具、不锈钢轨带等产值规模超 50 亿元人民币
7	中国五金之都	浙江永康	2000 年 10 月	已形成电动工具、衡器、有色金属、小家电及厨具、不锈钢制品、汽摩配件、防盗门、滑板车等子行业。全市有近万家五金生产企业，从事五金行业人数超过 50 万人
8	中国工具产业基地	浙江金华	2003 年 5 月	以永康中国科技五金城及义乌中国小商品城为依托，全市工具五金辐射全国和世界 80 多个国家和地区。拥有年产值超亿元的企业 35 家，拥有多个国家驰名商标和国家名牌
9	中国阀门之都	浙江玉环	2003 年 3 月	低压阀门占国内出口市场 50% 左右，内销市场占有率 50% 以上，已覆盖全国各个市场。阀门行业年产值 70 亿元人民币，出口 30 亿元人民币。产品包括铜阀门及配件、水暖器材、柱塞阀三大类
10	中国卫浴生产基地	浙江玉环	2005 年 7 月	水暖卫浴在玉环、路桥等地迅速发展，产值达 240 多亿元人民币，占全国卫浴产值的 16.5%

续表

序号	名称	区域	授牌时间	规模
11	中国拉链产业基地	浙江义乌	2005年5月	义乌拉链生产企业300多家，销售额发展到2008年的73.5亿元人民币，产品70%出口国际市场，成为中国拉链最重要的生产基地
12	中国厨具之都	浙江嵊州	2005年9月	年生产销售厨具系列产品数量占国内市场的20%，现有企业450多家，年销售额130亿元人民币，为国内规模最大、配套能力最强的中国厨具之都，产品包括家用燃气灶具、吸油烟机、集成灶、消毒柜、不锈钢水槽、烤箱、蒸箱、橱柜等
13	中国建筑五金产业基地	浙江遂昌	2005年10月	遂昌金属制品和建筑五金生产5大类、400多个品种、几千种规格的金属制品，实现工业总产值70多亿元人民币
14	中国厨卫配件产业基地	浙江奉化江口	2006年6月	全国最大的厨卫配件基地，年产值20多亿元人民币，厨卫配件成为当地一大优势行业
15	中国淋浴房之乡	浙江萧山南阳	2007年9月	有200余家企业，年产各类淋浴房60余万套，规模以上企业15家，产值6亿元人民币，占全行业的75%
16	中国打火机之都	浙江宁波	2008年10月	宁波市现有打火机生产配套企业300余家，形成了以慈溪市、余姚市为主要集聚区域的产业集群，产量和出口量占全国的1/3
17	中国工具五金（旋具）产业基地	浙江乾潭	2010年8月	螺钉旋具及配套产品在全世界占有率达15%～20%，全国占有率60%以上，是目前亚洲最大的螺钉旋具生产基地，产品销往欧美、大洋洲、南美洲、东南亚60多个国家和地区

续表

序号	名称	区域	授牌时间	规模
18	中国挂锁产业基地	浙江浦江	2011 年 8 月	全县年产挂锁 12.5 亿把，占全国的 60% 以上，实现销售收入 40 亿元人民币，外贸出口交货值 9.7 亿元人民币，占全国的 42%，已成为全国最大的挂锁生产、加工、出口基地
19	中国五金（配件）之乡	浙江义桥	2013 年 8 月	产品涉及转椅五金件、链条及配件、家电五金件、小五金、机械、汽车及摩托车配件、五金工具、量具等 50 多个门类上万种。除了国内市场销售，还远销欧美、加拿大、日本等 80 多个国家和地区
20	中国工具五金之乡	浙江义桥	2014 年 11 月	现有 500 多家五金制品企业，产品出口到 80 多个国家和地区。其中，转椅五金件产量居亚洲第一，链条、拖车球、游标卡尺、套筒工具产量均居全国第一
21	中国工具五金生产基地	浙江临安	2012 年 1 月	全球知名鲤鱼钳、水泵钳和扳手生产基地，年产能 1.8 亿件，拥有生产企业 60 多家，销售总值 30 多亿元人民币，其中年销售值过亿元的企业 5 家。产品主要出口到欧洲、北美、东南亚等国家和地区
22	中国五金饰扣之都	浙江永嘉	2011 年 7 月	永嘉县五金饰扣是国内型号规模最齐全、产量最大、影响力最深、产业链最完善的五金饰扣生产基地、研发中心、人才集聚和培训中心、营销中心
23	中国炊具之都	浙江永康	2014 年 8 月	永康市有炊具成品生产企业 500 多家，配套企业 1000 多家，炊具年总产量约 2.5 亿只，总产值超 100 亿元人民币，炊具年外贸出口量约 1 亿只，出口总额超 5 亿美元

续表

序号	名称	区域	授牌时间	规模
24	中国五金制品产业基地	广东小榄	2002 年 7 月	拥有固力、华锋、华帝、圣雅伦等全国知名品牌
25	中国水龙头生产基地	广东水口	2005 年 9 月	全国五金卫浴年产值已超 700 亿元人民币，其中水口基地水龙头制造实现总产值超 130 亿元人民币
26	中国不锈钢制品生产基地	广东新会	2004 年 1 月	拥有不锈钢制品生产企业 800 多家，其中规模以上生产企业 315 家，实现年产值近 300 亿元人民币。产品涵盖不锈钢制品、铜制品、铝制品、钢家具等，形成了轧延—剪切—制品—五金配件等较为完善的产业链条
27	中国不锈钢制品产业基地	广东潮安	2004 年 10 月	全镇 1580 家生产企业在 2012 年贡献了 197 亿元人民币的产值
28	中国日用五金之都	广东佛山	2004 年 8 月	有五金企业 1000 多家，从业人员超过 5 万人，产品在国内市场占有相当大的比率，近 50% 的产品直接或间接出口欧美、东南亚、中东等地
29	中国五金基地市	广东揭阳	2005 年 8 月	全市共有五金生产企业近 3000 家，五金工业总产值 258 亿元人民币，五金制品涵盖建筑五金、装饰五金、日用五金等十几个大类，品种达 2000 多个，其中不锈钢制品占全国市场份额的 30% 左右
30	中国燃气具之都	广东顺德	2007 年 7 月	顺德区是国内家用燃气具制造业的重要生产基地，取得生产许可证的燃气具生产企业有 140 家，全区燃气具的工业总产值达 100 多亿元人民币，出口额达 3 亿多美元，从业人员 3 万多人
31	中国拉链生产基地	广东汕头	2007 年 8 月	汕头市拉链年产量超过 4 万吨，形成了从涤纶丝加弹、单丝制造、缝线加工到拉链机械制造等完整的产业链，配套产业齐全，涌现出了一批产值亿元以上的骨干企业

续表

序号	名称	区域	授牌时间	规模
32	中国滑轨产业基地	广东勒流	2007年10月	亚洲最大的金属滑轨生产基地。有近430家滑轨生产企业，年产值47亿元人民币，年出口额3亿美元，占国内市场份额的20%以上
33	中国铰链产业基地	广东勒流	2007年10月	产品占据国内25%左右的市场份额，实现工业总产值逾百亿元人民币，出口创汇10亿美元
34	中国家居五金之都	广东勒流	2013年12月	以勒流为主的顺德五金产业集群已拥有企业2400家、产值近400亿元人民币，产品远销国内外，是国内规模最大的中高端家居五金产业集群，约占国内中高端家居五金市场份额的60%
35	中国淋浴房产业制造基地	广东中山	2008年7月	广东中山淋浴房产业瞄准酒店工程，发展业绩斐然，在我国淋浴房领域占据了龙头地位，并赢得“世界看中国、中国看中山”的美誉
36	中国刀剪产业基地	广东阳江	2009年8月	广东阳江的刀剪生产规模、质量、品种和出口均居国内同行之首，全市日用五金刀剪生产企业1500多家，品种达3600多种，总产值165亿元人民币，刀剪产量占全国65%，出口量占全国85%，产品远销欧盟、美国、日本等120多个国家和地区
37	中国水暖卫浴五金产业基地	广东址山	2009年12月	拥有水暖卫浴五金企业超过330家，聚集效应明显。2008年水暖卫浴五金总产值22.86亿元人民币，上缴税收9715万元人民币，销售收入21.34亿元人民币
38	中国不锈钢制品产业基地	广东新兴	2015年3月	全国最大的不锈钢制品出口基地。拥有不锈钢制品制造企业50多家，拥有出口权企业38家，全县年加工量超过15万吨。2014年新兴县不锈钢制品出口占全国同类产品出口值的18.92%

续表

序号	名称	区域	授牌时间	规模
39	中国丝网之都	河北安平	2001年10月	安平丝网行业产值达到540亿元人民币，拥有丝网工贸企业2万余家，其中规模以上企业102家，丝网产品发展到6大系列、400多个品种，相关从业者达21万人
40	中国弯头管件之都	河北孟村	2006年9月	河北省沧州市孟村县拥有弯头管件生产企业1800多家，从业人员达到6万人，年产值150多亿元人民币
41	中国五金制品产业基地	河北黄骅	2009年10月	黄骅拥有五金制品企业800多家，其中规模以上企业200多家，从业人员近2万人。2008年黄骅五金制品完成工业收入64亿元人民币，占到了黄骅工业经济总量的20%
42	中国五金之镇	江苏大新镇	1996年4月	拥有五金生产企业400余家，年销售额达20亿元人民币，其中外资企业6家，年销售超1000万元人民币的企业17家，形成了以五金工具、医疗器械、轻工刀剪、园林工具、厨房用具五大类产品为主的产品格局，产品系列130多个，品种3000多种，年销量在18000万件以上，产品畅销欧美、中东、南非、澳大利亚、东南亚等70多个国家和地区，在海外享有盛誉，年自营出口达3810万美元
43	中国拉链之都	福建晋江	2004年5月	截至2016年，晋江市拉链总产值为51亿元人民币，有上下游企业352家，从业人员7万多人。此外，晋江还拥有国内拉链行业唯一的拉链学院以及博士后工作站。拉链产品除畅销国内市场外，还广泛出口到欧美等80多个国家和地区，出口额位居全国前列

续表

序号	名称	区域	授牌时间	规模
44	中国打火机生产基地	福建夏邑	2008 年 7 月	2007 年夏邑县共有打火机生产企业 219 家，其中限额以上的打火机企业 126 家，年产值超亿元的打火机企业 5 家，全县共生产打火机 50 亿只，产值 30 亿元人民币
45	中国五金产业工贸城	山东临沂河东	2009 年 3 月	有五金制造加工企业 590 家，加工户 2100 多户，年产值超过 5000 万元人民币的企业 21 家，年产值超过 1000 万元人民币的企业 58 家。2016 年出口创汇额达 1.2 亿美元。主要经营日用五金、建筑五金及机电产品、金属材料、制造加工设备等 23 大类、1.1 万种产品
46	中国玛钢管件生产基地	山东平阴	2010 年 3 月	全县规模以上玛钢管件生产企业达到 10 家，年产值 25 亿元人民币，实现出口 2 亿美元
47	中国不锈钢餐具生产基地	山东阳信	2011 年 5 月	拥有规模不锈钢餐具企业 60 多家，年生产能力达 8000 万打餐具、1000 万件器皿，不锈钢餐具销售额占全省 95%、占全国 50%，高档不锈钢餐具占全国 70%，产品出口 30 多个国家和地区
48	中国建筑五金产业基地	山东乐陵	2012 年 5 月	2011 年，乐陵建筑五金实现销售收入 30.1 亿元人民币，占全市工业规模以上企业总产值 28.1%
49	中国厨房设备产业基地	山东朱台	2018 年 2 月	朱台镇厨房设备产业起始于 20 世纪 90 年代初，经过 20 多年的发展，朱台镇厨房设备加工及配套企业发展至 620 余家，从业人员 6000 余人，年产值达 25 亿元人民币
50	中国玛钢管件之都	山西太谷	2015 年 10 月	全县有铸造企业 100 多家，其中玛钢管件企业 57 家，年产万吨以上的企业 13 家，铸件总产量 60 万吨，总产值 40 亿元人民币，从业人员 30000 多人，产品销售网络遍布全国所有省市 1000 余家

2 脉链集团创业历程与“田忌赛马”博弈论应用

2.1 脉链集团不同阶段“田忌赛马”博弈论应用情况

序号	时间段	“田忌赛马”博弈论应用内容	可适性结论
1	1983—1994 年	1994 年以前，仿做五金工具的一个零件砂轮片，处于初级加工和制造阶段，产能低于市场需求，生产出来的产品纯出口	无“田忌赛马”博弈论应用
2	1994—2007 年	1994 年启动电动工具产品制造，从装配型的制造，到核心零件如电机、精加工、注塑的规模制造；2000 年开始给外资公司做 OEM 贴牌业务，建立了半专业生产体系、品质体系和供应体系；2001 年在金华成立制造公司，跳出永康 DIY 半专业制造品质定位。整个外贸行业处于中国制造蓬勃发展阶段，脉链集团在这一阶段打造了一支专业的技术团队，培养了一批精干的外贸销售人员，同欧美大部分五金超市、工具店开展了业务合作。脉链集团关注到欧美五金市场的空白点，从 2005 年开始尝试自有品牌的库存式销售，在 2007 年实现了 2600 万美元的销售规模，至此脉链集团形成了一套品质差异化和地域差异化的竞争方法	在东南亚、南美等地尝试小规模的“田忌赛马”博弈论应用
3	2007—2017 年	(1) 2008 年全球金融危机，欧美市场的购买力大幅下降，同时中国人工成本上涨，材料成本也上涨。在这一时期，脉链集团逐渐退出欧美市场的低价竞争，把在欧美市场里积累的半专业级及专业级产品知识，应用在跨境贸易的品牌业务上。 (2) 一带一路沿线国家的五金制品市场，发展要晚于欧美市场 20 年、晚于中国市场 10 年以上，但随着这些国家基础设施的大规模建设，对五金工具形成了一个巨大的需求空间。脉链集团的品牌业务从单品类到多品类，跳出内部制造发展外部优势品类，因为脉链集团从 OEM 业务过程中学习和提炼了一套完整的产品评估、质量控制和供应链管理技术，支撑了外部的采购业务发展。	

续表

序号	时间段	“田忌赛马”博弈论应用内容	可适性结论
3	2007—2017 年	(3) 品牌业务在电动品类基础上，根据市场需求倒推，逐渐发展了机电、焊接、园林、手工工具等品类。在这一时期，脉链集团和客户的关系从传统的代理销售关系转向深度合作，双方联合地推，提高品牌的市场活跃度和知名度，脉链集团组织厂家前往境外五金市场考察，和境外客户面对面沟通产品需求。2014 年建立了一套较完善的采销联盟机制，脉链集团品牌方透明产品采购和品牌服务费，品牌市场化定价逐渐形成。 (4) 2007—2017 年，根据市场对工具的不同质量需求以及跨境贸易市场的工具风格，脉链集团发展了以 CROWN 专业为主、DWT 半专业为辅、TOSAN 工业定位的多品牌策略，同时设立了脉拓、托盛两家专业化、品牌化的采销服务公司，海外客户体验到了脉链集团的透明化采销服务后，纷纷提出将原来各自需直接对接中国厂家的产品业务转化为脉链集团品牌业务。这样一来，海外客户只需对接脉链集团一个窗口就可以大大节省人力成本、沟通成本，通过脉链集团品牌服务，降低了质量风险；脉链库存共享方式又节省了组货成本。2017 年脉链集团品牌业务销售达到了 9400 万美元。 (5) 国内五金专业厂商走向海外市场这方面，也有“田忌赛马”博弈论的成功应用。由于政治、经济、军事、文化等方面的原因，许多开展跨境贸易建设国家（如埃及、叙利亚、利比亚、伊拉克、伊朗等）经常遭受战乱，严重影响脉链集团的海外市场销售。为此，脉链集团制定了正确的海外市场竞争策略，根据“两利相权取其重，两害相权取其轻”的原则，选择与海外市场适销对路的营销模式，组织国内五金生产厂家、国内专业区域经销商，前往海外市场联合进行地推路演，联合参加国际五金博览会、展览会等，支持海外客户的品牌推广、销售拓展，取得了良好的成效	(1)“田忌赛马”博弈论应用——品牌业务比较优势 (2)“田忌赛马”博弈论应用——采销联盟机制（阿尔及利亚案例） (3)“田忌赛马”博弈论应用——海外地推路演（埃及市场案例）

续表

序号	时间段	“田忌赛马”博弈论应用内容	可适性结论
4	2017 年至今	(1) 客户服务在商业实践中一般分为售前服务、售中服务、售后服务。售前服务一般是指企业在销售产品之前为顾客提供的一系列活动，如市场调查、产品设计、提供使用说明书、提供咨询服务等；售中服务则是指在产品交易过程中销售者向购买者提供的服务，如接待服务、商品包装服务等；售后服务是指凡与所销售产品有连带关系的服务，如产品的质量保修、产品的使用反馈等。“田忌赛马”博弈论在脉链集团客户服务中的应用，就是要相信自己有独到的优势，并且要学会取舍，“懂得取舍，方能收获”，以“一匹马”的失败换得全局胜利，什么都想得到，往往什么都得不到，舍掉小我成就大我是上策。 (2) 服务国内五金工具市场的需求。中国既是工具制造大国，有一批专业的制造厂家，存有一批经得起市场考验的优质产品；同时也是工具需求大国，随着消费升级，市场对工业级专业工具的需求在提升。因此，脉链集团策略性地部署了专门服务中国市场的子公司——上海脉链。 (3) 服务国外工业级五金工具进口。国内专业品质的产品与欧美大牌比较，国内产品有成本优势，也符合跨境贸易市场的消费升级要求。国内消费升级，中国的整个工具消费市场，逐渐从专业品质升级到工业品质。目前国内有大量专业的工程队、装修队和施工队，他们对产品的品质和专业化服务水平的要求很高，将国外工业级产品进口，全面满足国内市场需求。 (4) 新一轮“脉链云”平台对“田忌赛马”博弈论的应用。通过前 10 年的产品生产制造和外贸营销，脉链集团开始跳出制造、跳出工具、跳出品牌，并与知名信息化企业用友网络合作，建立了打通国内国外、城市农村、线上线下的三通服务平台，以基于工业互联网的供应链社会化合作的思维替代单一的企业思维，打造一个由	(1) “田忌赛马”博弈论应用——客户服务比较优势（安徽脉链案例） (2) “田忌赛马”博弈论应用——“脉链云”平台五金资源整合

续表

序号	时间段	"田忌赛马"博弈论应用内容	可适性结论
4	2017 年至今	社会化专业团队、专家团队组成的服务平台，把脉链集团的皇冠品牌、脉拓贸易、和亨新零售、丛远人才培养与资本业务对外开放，以产业互联网的方式，服务于工厂、经销商、终端门店、消费者，实现产品在线、知识在线、服务在线、交易在线、利益在线，实现资源共享、责任共担、多方共赢的目标，实现中国内贸专业品牌海外应用、内贸产品海外应用、工业产品海外进口、民用低成本产品进口的采销服务。线上"脉链云"，线下数字园，线上线下组合实现"买全球、卖全球"	

2.2 脉链集团不同品牌"田忌赛马"博弈论应用主要产品清单

品牌名称	生产商名称	产地	具体产品名称	用途	材质	产品等级	品牌竞争情况/销售量单位：台（个，套，把），售价单位：人民币
CROWN	浙江恒泰皇冠园林制造有限公司	浙江金华	皇冠 CROWN 190mm 电圆锯 CT15188	木材切割	铁底板、全铜电机、铝机壳、氯丁橡胶线	专业级	销售排名前 10，7 个产品价位在 120 ~ 140 元，一般月销量 30 台左右
CROWN	浙江恒泰皇冠园林制造有限公司	浙江金华	皇冠 CROWN 235mm 电圆锯 CT15210	木材切割	铁底板、全铜电机、铝机壳、氯丁橡胶线	专业级	

续表

品牌名称	生产商名称	产地	具体产品名称	用途	材质	产品等级	品牌竞争情况 / 销售量单位：台（个，套，把），售价单位：人民币
CROWN	浙江恒泰皇冠园林制造有限公司	浙江金华	皇冠 CROWN 30－150A直流 mini 焊机 CT33102	焊接	全铜电机、铝机壳、氯丁橡胶线	专业级	销售排名前 10，价格在 300 元以下，月销量在 300 台以上
CROWN	浙江恒泰皇冠园林制造有限公司	浙江金华	皇冠 CROWN 20V DC 双速电钻 CT21056LH	拧螺丝，钻孔	塑料机壳、永磁体电机	专业级	价位在 550～600 元，月销量 400～500 台
CROWN	浙江恒泰皇冠园林制造有限公司	浙江金华	皇冠 CROWN 12VDC 电钻 CT21053LH	拧螺丝，钻孔	塑料机壳、永磁体电机	专业级	价位在 300～400 元，月销量200 台以上的有 6 家经销商，4 家经销商月销量在 100～200 台
CROWN	永康市皇冠电动工具制造有限公司	浙江永康	皇冠 CROWN 10mm 电钻 CT10143C	拧螺丝，钻孔	塑料夹头、塑料机身、全铜电机、橡胶线	专业级	价位 160～250 元，月销量前 10 名的有 4 家经销商月销量 1000 台以上，其他经销商月销量 200 台以上
CROWN	浙江恒泰皇冠园林制造有限公司	浙江金华	皇冠 CROWN 16VDC 电钻 CT21055LH	拧螺丝，钻孔	塑料机壳、永磁体电机	专业级	月销量 400～500 台

续表

品牌名称	生产商名称	产地	具体产品名称	用途	材质	产品等级	品牌竞争情况／销售量单位：台（个，套，把），售价单位：人民币
CROWN	浙江恒泰皇冠园林制造有限公司	浙江金华	皇冠 CROWN 12VDC 电钻 CT21052LH	拧螺丝，钻孔	塑料机壳、永磁体电机	专业级	价位在 300～400 元，月销量 200 台以上的有 6 家经销商，4 家经销商月销量在 100～200 台
DWT	浙江恒泰皇冠园林制造有限公司	浙江金华	DWT 12V DC 单速电钻 ABS－12li	拧螺丝，钻孔	塑料机壳、永磁体电机	半专业级	价位在 300～400 元，月销量 200 台以上的有 6 家经销商，4 家经销商月销量在 100～200 台
DWT	浙江精创工具有限公司	浙江永康	DWT100mm 角磨 WS08－100A	打磨	铝头壳、塑料机身、全铜电机、橡胶线	半专业级	价格在 150～250 元，月销量前 10 名的，有 4 家经销商月销量 400 台以上，最高 574 台（雷亚品牌）
CROWN	浙江皇冠电动工具制造有限公司	浙江金华	皇冠 CROWN 180mm 角磨 CT13489	打磨，切割	铝头壳、塑料机身、全铜电机、橡胶线	专业级	价格在 450～550 元，威克士月销量 210 台，其他都在 50 台以下
CROWN	永康市皇冠电动工具制造有限公司	浙江永康	皇冠 CROWN 26mm 轻型电锤 CT18108	吊顶钻孔、空调安装	塑料机身、全铜电机、橡胶线	专业级	价格在 300～600 元，月最高销量 700 台，品牌雷亚；其他品牌 100～350 台
DWT	江苏大艺	江苏	DWT20V 锂电扳手 DCW－21SLi	螺帽紧固	塑料机壳、永磁体电机	半专业级	价格在 500～600 元，月销量 20 台以下

续表

品牌名称	生产商名称	产地	具体产品名称	用途	材质	产品等级	品牌竞争情况／销售量单位：台（个，套，把），售价单位：人民币
DWT	永康市品正工贸有限公司	浙江永康	DWT 110 × 100 砂光机 ESS02 – 100A	打磨	塑料机壳，全铜电机，橡胶线	半专业级	价格在 150 ~ 260 元；月最高销量 650 台，价格 158 元，品牌为宝力德
DWT	武义华丽电器制造有限公司	浙江武义	DWT110mm 云石机 DMS12 – 115	瓷砖切割	铁底板、全铜电机、铝机壳、氯丁橡胶线	半专业级	销售排名前 10，价格在 70 ~ 210 元，月最高销量 1864 台，价格 79 元，品牌为芝浦
TRUPER	TRUPER	墨西哥	3/4"（19mm）PPR，POLY，CPVC 管子割刀（12857）"	用于切割普通碳素钢管、塑料管、紫铜管		专业级	销售排名前 10，价格在 1.5 ~ 12.55 元，月销量最多的价格 9.9 元，月销量 1958 个，有 9 款月销量 200 个以上
PRETUL	TRUPER	墨西哥	10 英寸 250mm 活扳手 PET – 10PB	用于紧固和拧松螺母的一种专用工具	沾塑柄	家用	同品牌产品 2 个，价格为 55 元和 58 元，销售排名前 10 的，价格在 6.9 ~ 25.8 元，月销量都在 800 个以上，月销量最高为 8648 个。价格在 25 ~ 50 元的，月销量最高为 1232 个，品牌为易之力，高于 30 元价格的月销量 100 个以下
PRETUL	TRUPER	墨西哥	12 英寸 300mm 活扳手 PET – 12PB	用于紧固和拧松螺母的一种专用工具	沾塑柄	家用	
TRUPER	TRUPER	墨西哥	10"（250mm）粘塑手柄活扳手 PET – 10X	用于紧固和拧松螺母的一种专用工具	沾塑柄	专业级	

续表

品牌名称	生产商名称	产地	具体产品名称	用途	材质	产品等级	品牌竞争情况／销售量单位：台（个，套，把），售价单位：人民币
PRETUL	TRUPER	墨西哥	300A 焊钳 PPE－300P	夹持电焊条，焊接时传导焊接电流的器械		家用	销售排名前 10，价格在 30～50 元，月销量 40～100 个
PRETUL	TRUPER	墨西哥	42 件套工具组套 SET－42	组套工具广泛适用于汽车机械快修、造船、电力、电讯、电子等行业		家用	销售排名前 10，价格在 14.9～259 元，月销量 800～900 套
PRETUL	TRUPER	墨西哥	5" 127mm 游标卡尺公制 VER－6P	测量工件的内外尺寸		家用	销售排名前 10，价格在 15～69 元，月销量最高为 1504 把，15 元左右的有 3 个产品，月销量 500 多把
PRETUL	TRUPER	墨西哥	6" 150mm 双色套柄长尖嘴钳 PPC－6PX	用于夹持和弯折薄片形、切断金属丝等		家用	

续表

品牌名称	生产商名称	产地	具体产品名称	用途	材质	产品等级	品牌竞争情况 / 销售量单位：台（个，套，把），售价单位：人民币
PRETUL	TRUPER	墨西哥	8" 200mm 双色套柄长尖嘴钳 PPC－8PX	用于夹持和弯折薄片形、切断金属丝等		家用	销售排名前 10，价格在 5.7～46 元，月销量 100 个以上，价格在 15～25 元，月销量 20～50 个
PRETUL	TRUPER	墨西哥	8" 200mm 双色套柄钢丝钳 PEL－8PX	用于夹持和弯折薄片形、切断金属丝等		家用	
PRETUL	TRUPER	墨西哥	8 寸双色套柄鲤鱼钳 PCH－8PX	用于夹持扁形或圆柱形金属零件等		家用	
PRETUL	TRUPER	墨西哥	9" (22cm) 发黑本体压线钳，适合电缆线 10a18AWG，10 个夹子口 PE－CA－9P	剥护套线芯电线、排线、绝缘端子压接等		家用	

续表

品牌名称	生产商名称	产地	具体产品名称	用途	材质	产品等级	品牌竞争情况 / 销售量单位：台（个，套，把），售价单位：人民币
TRUPER	TRUPER	墨西哥	6 寸双色套柄斜咀钳 PCD－6PX	用于切断金属丝等		专业级	
PRETUL	TRUPER	墨西哥	铁管压胶枪，光滑推杆 PICA－9L	一种打胶（挤胶）的工具		家用	销售排名前 10，价格在 7.3 ~ 39 元，月销量最多 1587 个

2.3 脉链集团的创业、创新历程

时间	企业地点	主要事迹	主要举措	主要产品	团队成长	文化沉淀
1983—1984 年	浙江省永康县溪岸乡上胡村	（1）皇冠创始人徐朝省，凭借“吃苦耐劳、开拓创新”的精神和“敢为人先”的胆识，开始了艰难的创业之路，在上胡村的祠堂内创办溪岸公社上胡砂轮厂，是当时永康县为数不多的村办企业之一。	企业没有冠名，属于家庭小作坊；有的只是永康人独有的拼搏精神	砂轮片（无品牌）	创业者：徐朝省	吃苦耐劳、开拓创新、敢为人先

续表

<table>
<tr><th>时间</th><th>企业地点</th><th>主要事迹</th><th>主要举措</th><th>主要产品</th><th>团队成长</th><th>文化沉淀</th></tr>
<tr><td>1983—1984 年</td><td>浙江省永康县溪岸乡上胡村</td><td>（2）产品：砂轮片，没有品牌，以内销为主，年销售额 10 余万元。
（3）物流：当时物流业不发达，发货只能靠骑自行车到邮局邮寄</td><td></td><td></td><td></td><td rowspan="2">吃苦耐劳、开拓创新、敢为人先</td></tr>
<tr><td>1985—1991 年</td><td>从永康县溪岸乡至永康县城</td><td>（1）企业不断壮大，厂址由上胡村搬迁到溪岸乡政府所在地，又从溪岸乡搬迁到永康县城。
（2）厂名：上胡砂轮厂－永康县溪岸树脂砂轮厂－永康县树脂砂轮厂。
（3）纳税：每年纳税近 50 万元，成为当地的纳税大户。
（4）市场：开始发展出口贸易</td><td rowspan="2">成立浙江永康佳美树脂砂轮有限公司，开始开拓世界市场</td><td>砂轮片（还是无品牌）</td><td>几条生产线＋会英语的业务人员</td></tr>
<tr><td>1992 年</td><td>永康市</td><td>（1）厂名：由于公司规模壮大，砂轮厂开始自建厂房，与一家美国公司合资成立“浙江永康佳美树脂砂轮有限公司”。
（2）商标：有了第一代皇冠商标（产品：砂轮片－机器的附件）。
（3）市场：成立合资公司，有了自有品牌，加上合资的运营模式所带来先进理念、科学技术和管理模式，使皇冠牌砂轮片畅销国内外</td><td>皇冠牌砂轮片（有了自有品牌）</td><td>几条流水线＋管理人员</td><td></td></tr>
</table>

续表

时间	企业地点	主要事迹	主要举措	主要产品	团队成长	文化沉淀
1994 年	永康市	公司抓住电动工具在中国刚起步的市场机遇，创建了永康市皇冠电动工具制造有限公司，开始从事电动工具的生产经营业务。这是公司产品转型初始阶段	抓住市场先机，往价值链前端转移，成立了永康市皇冠电动工具制造有限公司，开始从事电动工具生产经营业务	电钻、角磨（DIY，无特色）	几条流水线 + 管理人员	
1995 年	永康市	开始出售整机，一年销售额突破 1000 万元人民币				
1996 年	永康市	受市场行为不够规范、部分客户信誉缺失和公司自身经营管理经验偏差的影响，公司暂时陷入了困境				
1997—1999 年	永康市	（1）公司取得自营许可证。 （2）市场：立足中东、南美、东南亚、北美市场，凭借自营出口业务的优势，经过全体员工的同心协力，公司逐步走出困境。 （3）内部管理：开始组建产品开发部，加强产品开发。 （4）公司处在探索和发展阶段	在失败中成长，开始渴望打造出具有自身特色的拳头产品		董事长徐伟强 + 销售部门 + 技术部门	

续表

时间	企业地点	主要事迹	主要举措	主要产品	团队成长	文化沉淀
2000 年	金华市	(1) 产品升级：为满足市场和客户的需求，产品从单一的电钻和抛光机扩大到角磨、冲击钻、电动扳手、抛光机四大机型。 (2) 市场转型：销售从中东、南美、东南亚市场扩展到欧美市场，产品符合欧美市场的认证要求。 (3) 认证：由于产品出口到欧美市场，需要产品的认证和证书，所以所有产品都需要取得专业认证。 (4) 商标：随着公司规模壮大和市场需求扩大有了第二代皇冠商标。 (5) 公司：成立了金华市皇冠电动工具制造有限公司，产品线逐渐延伸到园林工具/切割工具/轻型电锤/电刨	不满足于现状，不满足于产品同质化，带着这样的诉求，企业又从永康来到了金华，以全新视角和发展的诉求，开始半专业产品体系的打造。解决产品跨区域转移和发展的问题，公司优化管理问题，供应商系统打造问题和扶持问题	DIY 产品往半专业产品系列转型	销售部门 + 技术部门 + 品质部门 + 采购部门 + 管理团队	智慧、诚实、发展、共享 赢得别人信任是成功的关键。以人为本，以创新为魂，以市场为先，永续经营
2001 年	金华市	(1) 公司市场转型：金华市皇冠电动工具制造有限公司，对外整合资源，与香港巨星工具有限公司合资，组建成立“浙江皇冠电动工具制造有限公司”。	转型过程既艰辛又精彩，皇冠特色产品出炉、产品系列进一步拓宽，产品质量有了质的			

续表

时间	企业地点	主要事迹	主要举措	主要产品	团队成长	文化沉淀
2001 年	金华市	(2) 这一年，皇冠技术骨干与管理人员在公司市场转型过程中发挥了关键作用，使公司市场转型和产品升级获得显著成效，产品在欧美市场的销售得到快速推广	飞跃，团队也经受住了考验。同时开始与大品牌进行 OEM 合作			
2002 年	金华市	(1) 厂区：永康皇冠搬入新厂房，皇冠整体销售额突破一亿元人民币。 (2) 在 OEM 项目上，与百得、TTI 公司合作。 (3) 产品：为了满足市场上的需求，推出 1050W 冲击钻、2100W 电木铣。 (4) 公司管理：公司加强流程管理，从研发、物流、制造等各个环节强化质量控制，使产品重新得到客户认可				

续表

时间	企业地点	主要事迹	主要举措	主要产品	团队成长	文化沉淀
2003 年	金华市（九峰街自建厂房）	(1) 厂区：浙江皇冠搬入新厂房。 (2) 产品：为了优化产品线，将角磨和抛光机系列从永康皇冠转移到浙江皇冠生产，永康皇冠推出全新产品曲线锯 CT4410 和低速钻 CT2161，皇冠整体销售额达到 3 亿元人民币（半专业系列）				
2004 年	金华市	(1) 创办皇冠报：开始注重企业文化建设。 (2) 品牌：形成自有品牌概念，创建了自有品牌，之前都是做 OEM。 (3) 市场：产品主要销售南美、中东、中亚、非洲、东南亚等市场。 (4) 内部管理：为提升公司产品质量和内部管理规范化，开始与一些全球知名品牌如博世进行角磨项目合作，并于 2007 年扩大至抛光机项目的合作	开始思考核心竞争力以及未来 10 年的路怎么走。 开始创建“CROWN”品牌，配合品牌化，公司开始注重文化建设与宣传，培训文化也在这个阶段正式形成			

续表

时间	企业地点	主要事迹	主要举措	主要产品	团队成长	文化沉淀
2005年	金华市（武义百花山工业园区）	（1）新公司成立：为满足市场上对各类产品需求，公司在2005年与浙江恒泰机械制造有限公司合资，成立了浙江恒泰皇冠园林工具有限公司，开始大规模生产经营园林工具。 （2）信息化：为实现信息集成，为企业决策提供信息化平台，公司在2005年导入ERP系统（ERP系统最主要是数据管理，包括采购入库、出库，销售、物流等数据，还包括一些客户的信息）	品牌摸索阶段+管理创业阶段。 2016年6月，正式组建专业团队，正式踏上品牌化的历程，开始探索产销分离的市场化经营行为	CROWN半专业产品系列	“田忌赛马”博弈论应用	
2006年	金华市	（1）公司：成立浙江格致商贸有限公司（销售公司），开始探索产销分离的模式（品牌摸索）。 （2）健全培训体系：注重中高层管理人员的培训，为2007年集团改革培养了一批专业管理人才。 （3）厂区：恒泰皇冠新厂房破土动土。 （4）为提升皇冠企业形象，设计了第三代皇冠标志	开始探索产销分离的品牌摸索模式			

续表

时间	企业地点	主要事迹	主要举措	主要产品	团队成长	文化沉淀
2007年	金华市、上海市	(1) 为了更好地协调集团本部与分子公司之间的关系，在上海成立脉链集团上海总部，同时恒泰皇冠厂房建设完工并投入使用。 (2) 尝试推行管理人员竞聘上岗制度和价格联动机制，探索内部市场化机制的建立。 (3) 成立上海从远投资集团有限公司。 (4) 建立了信息交流平台，开通了皇冠博客	启动脉链连锁模式运营管理			
2008年	金华市、上海市	(1) 国外销售公司成立。上海从远分别成立上海脉拓商贸有限公司和上海托盛商贸有限公司（品牌国际化）。 (2) 国内销售公司成立。为拓展国内市场，并为广大消费者提供一站式购物、一站式服务，成立上海脉链五金工具有限公司（经营连锁化）。				

续表

时间	企业地点	主要事迹	主要举措	主要产品	团队成长	文化沉淀
2008 年	金华市、上海市	(3) 为使提升产品竞争力，而成立了浙江北辰电机制造有限公司。 (4) 为全面提升供应商队伍的经营管理水平和抵御风险的能力，维护和促进集团产业链的可持续发展，成立了皇冠零部件供应商协会。				
2009 年	金华市、上海市	(1) 设立为集团员工互助的基金会。 (2) 集团办公大楼由浙江皇冠厂区搬迁至恒泰皇冠厂区。 (3) 与俄罗斯 INTERSKOL 公司联合成立 ICG 公司。 (4) 成立了集团工会，并选举了工会成员。 (5) 在上海开了第一家公司直营店“脉链九星旗舰店”		品牌化、市场化、股份化		
2010 年	金华市、上海市	与金华职业技术学院合作，成立并举行了“皇冠学院”挂牌暨皇冠教学车间启用仪式				

续表

时间	企业地点	主要事迹	主要举措	主要产品	团队成长	文化沉淀
2011 年	金华市、上海市	(1) 为提升皇冠制造设备机械化，自动化，搬迁了压铸车间，是整个集团机械化程度最高的车间，同时也是整个行业内机械化生产的佼佼者。 (2) 组织国内经销商团队参观金华制造基地，同时为国外客户组织了一次全球经销商大会。 (3) 开设了皇冠机械制造班和皇冠市场营销班。 (4) 组建了 DWT 国际公司		聚焦产品和服务		工具创造价值、一脉相链为创造者服务
2012 年	金华市、上海市	(1) 完成管理模式、品牌整合。 (2) 实验室摸索。 (3) 研发中心摸索				脉链精神：自信、开放、包容、创新。 脉链八字策略：透明、专业、规则、培训
2013 年	瑞士	成立脉链集团瑞士分公司，成为脉链品牌和设计的海外总部				
2014 年	上海市、安徽省、河南省、浙江省等	脉链集团中国八大区域增资扩股，标志着脉链集团全面开启中国国内市场的五金连锁业务模式		立足五金工具行业，成为国际化集团公司		
2015 年	上海市、安徽省、墨西哥	(1) 成功打造脉链业务模式的样板。 (2) 脉链集团与墨西哥 TRUPER 工具集团达成业务战略合作伙伴关系				

续表

时间	企业地点	主要事迹	主要举措	主要产品	团队成长	文化沉淀
2016年	上海市、安徽省、河南省、浙江省等	脉链集团股改整合，平台转型完成，提供专业服务				产业互联网公司目标确定
2017年	上海市	脉链集团与用友网络签订战略协议，打造“脉链云”平台			云事业部	
2018年至今	上海市、安徽省、河南省、浙江省等	脉链集团完成了产业互联网的转型升级，采用产业互联网手段，赋能全球的五金制品生产制造工厂、经销商、终端门店和消费者，其目标：服务于中国最优质五金资源出口海外，服务于海外最优质五金资源进口中国			五金行业生态链